어느 은둔 교육철학자의
일상과 독서록, 페이스북에 담은 고전

바이러스를 품은 **명상**

신창호

박영story

프롤로그

– 일러두기와 여는 말–

1. 이 글은 2018년 8월 15일부터 2020년 4월 5일까지 약 20개월 600여 일 간의 바이러스 시대에, 연구하고 교육하고 봉사한 내용을, 페이스북을 시작하며 올린, 순수한 나 개인의 학문 수상록이다.

2. 이 명상록은 아주 짧은 기간의 상황을 정돈한 것일 수 있다. 하지만 여기에 드러난 사유와 실천의 흔적은 50여 년을 살아온, 내 삶의 축소판으로 보아도 무방하다. 아마, 죽는 날까지도, 내 인생의 범주는 큰 변화 없이 이런 삶의 반복일 확률이 대단히 높다. 확률이 아니라, 그럴 것이다. 현재 상황으로 볼 때, 다른 일은 할 줄 아는 게 없다! 정말이다!

3. 명상록의 내용은 페이스북에 올린 사항을 가능한 한 그대로 옮겼다. 필요에 따라 다른 기록을 보며, 약간 보완하였다. 그만큼 나 개인의 감정과 이성이 점철(點綴)되어 있고, 연구 노트와 독서 기록 중심으로 정돈되었다. 관심 없는 분들에게는, 공감하지 못하는 부분도 상당히 있으리라. 책으로 펴내는 이유는 간단하다. 페이스북에서 나누지 못한 인생을, 세상의 다른 친구들과 공유하고 싶었다. 논리적인 글이 아니라 명상록이므로, 아무 곳이나 펼쳐, 읽고 싶은대로 읽고 공감할 수 있다면, 더할 나위 없겠다.

4. 나는 평생 학인(學人)으로 살았다. 학문이나 교육 이외에 세상 사람들보다 잘 할 수 있는 것이 별로 없다. 남들은 능수능란하게 수행하는 사업을 잘하지도 못하고, 기술과 기능을 제대로 익힌 것도 거의 없다. 직립보행(直立步行) 이외에는 취미도 아예 없다. 할 줄 아는 것이 없는 만큼 잘 속아 넘어 간다. 요즘처럼 가짜뉴스가 판치는 시대에는, '사실－현실－진실'을 도무지 파악하지 못하는, 지적 저능아로 전락하기 쉽다!

5. 학문에 종사하지 않는 분 가운데, 이 명상록을 끝까지 읽고 싶은 분은, 쉽게 생각하고 읽으시라! 별것 없다! 에세이에서 언급한 '학문', '연구', '교육'과 같은 용어를, 자신이 종사하는 일로 전환하여 이해하면 그만이다. 예를 들어, 친구들과 어떤 '거래'를 할 때, 그 '거래'를 그냥 '학문'이나 '연구'와 맞바꾸어 읽으면 된다.

6. 명상에서 인용한 고전(古典)의 문장은 원문을 줄이기도 하고, 번역 과정에서 현대적 의미로 의역하기도 했다. 필요에 따라 이해하기 쉽게 끊어 읽었다. 명상의 깊이와 폭을 고려하여, 일부러 한자나 영어 등을 많이 썼다. 지나치게 쉼표(,), 느낌표(!), 물음표(?) 등도 넣어, 끊어 쓰기를 심하게 만들었다. 한 숨 돌리면서 생각해 보려고. 현재의 문법이나 맞춤법에 의거한 글쓰기로 보면, 빵(0)점에 가까운 글이 될 수도 있다. 깔끔하게 글 쓰는 사람들은 비난하겠지? 관계없다! 나만의 감수성과 논리성을 담은 글이므로. 너무 명료해 보이면, 명상록이나 수상록으로서 맛이 떨어지지는 않을까? 이런 착각도 해 봤다.

7. 세상은 늘 어지러웠다. 인간이 세상을 응시하는 한, 난세(亂世)가 아닌 적이 없다! 공존공생(共存共生)을 추구한 이상적 사회질서를 의식하며, 나는 그렇게 생각한다. 태평(太平)시대라고 내세우는, 중국 고대의 요·순(堯·舜) 때도 평온한 시대는 아니었다고 판단한다. 인류의 이상을 평안(平安)하게 담으려고 '요·순'이라는 기준을 설정했을 뿐이다. 동서고금을 막론하고, 완전한 평화는 존재할 수 없다! 현실은 늘 갈등과 투쟁의 강물이 흐른다. 정도의 차이만 있을 뿐이다. 완만하냐? 급물살이냐?

8. 인간은 늙어갈수록 이상을 꿈꿔서는 곤란하다. 현실을 열심히 살자! 지난 4년간 내가 바이러스의 숙주가 되어 깨달은 진실은 그것뿐이다!

9. 다시, 나는 바이러스로 인해 삶을 새롭게 깨달았다. 최소한 4년째 그들과 함께 살고 있다. 그에 관한 내용은 이 명상록을 엮어나가면서 수시로 언급할 것이다.

10. 바이러스가 창궐(猖獗)하는 시대에, 보잘 것 없는 한 학자가 무엇을 할 수 있을까? 세상을 위해, 어려운 사람들을 도울 수 있을까?

2020. 4. 곡우절(穀雨節)
왕숙천이 내려다 보이는 청옹정사(淸瓮精舍)에서
신 창 호

차 례

1

화는 입을 통해 나가고 병은 입을 통해 들어온다.

2018년 8월 15일(수)

1945년 8월 15일 광복(光復) 이후 73주기, 대한민국 정부 수립 70주년.

상당수의 사람들이 일상에서 즐기는 페이스북(facebook)! 오늘, 작은딸에게 그 사용법을 배웠다.

처음 시작하며 글을 올려 본다.

'병종구입(病從口入), 화종구출(禍從口出).'이란 말이 있다.

중국 위진(魏晉) 시대의 사상가, 부현(傅玄, 217~278)의 「구명(口銘)」에 나오는 글이다. 인간에게 발생하는 병(病)이나 화(禍), 즉 질병이나 재앙과 같은 불행한 사태는 대부분 입이라는 매개체를 통해 생긴다. 특히, 일상에서 누리는 음식과 쓰는 말은 입을 통해 들어가고 나온다. 마구 먹어대는 음식, 그 불량식품의 끝을 보라! 마구 내뱉는 말, 그 막말의 결과를 보라!

비슷한 표현으로, '구화복문(口禍福門)'이란 말도 많이 쓴다. 입이 화(禍)와 복(福)의 문이란 뜻이다.

그 핵심이 말하고 먹는데 필수적인 '혀[舌]'다. 세 치에 불과한 혀를 어떻게 움직이는가? 지껄이고 있는가? 놀리고 있는가?

'설위이해본(舌爲利害本)!'

그렇다. 혀는 인생의 이익과 손해를 만드는 근원이다.

설시참신도(舌是斬身刀)!

혀를 잘못 사용하면 내 몸을 죽이는 독 묻은 칼이 된다.

그만큼, 인생은 모든 일에서, 평소에 입조심하며 신경 써야 한다. 그러면, 보다 행복한 삶이 설계 가능하다. 자신은 기쁘게, 타자와는 더불어 즐길 수 있다.

나는, 2016년 3월 이후, 바이러스가 내 몸에 '팬데믹(pandemic)'으로 작용하면서, 묵언수행(默言修行)을 결정했다.

금구옥언(金口玉言)!

그것은 '자발적 격리'이자 '고독한 여행자'의 길이다.

2

페이스북을 연다는 것 자체가 신세계로 달리는 흥분이다.

2018년 8월 16일(목)

페이스북을 처음으로 시작하다 보니, 흥분된 마음 금할 길 없다. 사진을 여러 장 올려본다!

먼저, 이강(李剛) 선생이 직접 그려 보내준 <팔준도(捌駿圖)>다. 힘차게 박차 오르는 저 말들처럼, 나 자신과 제자들 모두가, 학문 연구에 더욱 매진하기를, 그 학문 열정을 가슴에 품어 본다.

2018년 7월말에서 8월초, 페이스북을 시작하기 일주일 전쯤, 나는 티베트를 다녀왔다. 이른바 '신장(新疆)자치구의 텐산(天山), 우루무치(烏魯木齊), 하미(哈密) 등을 거쳐, 감숙성의 둔황(燉煌)에 이르기까지 유람했다. 여러 가지 이유가 있었지만, 티베트라는 좀 험난한 곳을 선택하여, 그간 바이러스로 쓰러진 생명력을 다시 차오르게 만들고 있는, 내 몸의 건강 확인과 인생의 의미를 되새겨볼 겸, 사색 여행을 다녀왔다. 빙하와 만년설, 그리고 신성한 호수를 담은 사진 하나, 다시 보니 새롭다.

그리고 추가로 올린 사진 둘, 백일홍(百日紅)과 청맥(靑麥)!

백일홍은 내 마음의 저변에서 낭만을 잃지 않게 지켜주는, 꽃나무다. 아주 단단하게 보이는 나무에 피는 꽃. 어릴 적 시골집에 살 때, 마당 끝에서 활짝 피어, 늘 나를 맞아준 꽃나무! 이름만 보아도, 석 달 열흘가량, 100일 정도 분홍빛 꽃을 지속한다. 아버지는 그 연속되는 생명력과 수수한 아름다움에 대해 가끔씩 일러주셨다. 그런 이유 때문인지 어머니도 백일홍을 무척이나 아끼셨다. 배롱나무라고도 한다.

또, 잊을 수 없는 곡식, 보리다. 보리밥, 그것도 꽁보리밥! 참 많이 먹었다. 겨울 논밭을 견뎌내고 있는 보리 싹은 밟아주어야 한다. 그렇지 않으면, 싹은 얼어 부풀어 오른 땅 아래로 뿌리를 박지 못한다. 말라 죽는다. 그때 보리가 자랄 수 있도록 꾹꾹 밟아 도와준 기억으로부터, 누렇게 익은 보리쌀에 이르기까지, 가난의 즐거움 가운데 녹아 있는 내 애환(哀歡)어린 삶은, 언젠가 여유를 만들어 다시 기록해 놓으리라.

♦ 팔준도(捌駿圖)

◆ 티베트의 빙하와 만년설

◆ 암드록쵸 호수

◆ 백일홍

◆ 청보리밭

3

오래 고인 우물은 썩게 마련이니 바꿔야 한다.

2018년 8월 17일(금)

『주역(周易)』은 우주자연의 변화무상(變化無常), 인생만사의 길흉화복(吉凶禍福)을 담은 고전이다. 그 가운데 「서괘전(序卦傳)」이 있다. 서괘전은 말 그대로 괘의 순서, 즉 64괘의 차례와 성립 근거를 개략적으로 설명해 놓은 기록이다. <정괘(井卦: ䷯)>와 <혁괘(革卦: ䷰)>를 풀이한 곳에 의미심장한 말이 눈길을 끈다.

> "우물은 아래쪽에 자리하고 있는 사물이다. 그러므로 오래되면 흐려지고 더러워져 마실 수 없다. 그런 우물을 관리하는 방법은 간단하다. 오래되고 낡은 만큼, 그 우물을 다시 깨끗하게 갈아야 한다. 보수(補修)·수리(修理)가 요구된다. 이런 변혁(變革)이 사물의 생명력을 이어가는 근원적 힘이다!"

당연하다! 아주 정당한 세계 인식이다. 이 원리로 인해, 정(井)괘 다음에 혁(革)괘가 자리한다. 정괘에서 정(井)은 문자 그대로

'우물'을 의미하고, 혁괘의 혁(革)은 '바뀜'을 상징한다. 우물이라는 사물의 생명은, 사람이 퍼 올려 마시는 것이 핵심 용도다. 혁[가죽]은 짐승의 생가죽을 생활에 필요한 가죽 제품으로 만들듯이, 원래의 상태를 유용하게 질적으로 바꾸어 그 생명력, 목숨[命]을 거듭나게 하는 데 중점이 두어진다.

개인적 삶이건 사회적 생활이건, 낡은 사안이 존재한다면, 개혁하고 혁신하여 변혁을 꾀하라! 특히, 인간의 생활을 부정적으로 유도하는 요인이 절정에 이르렀다면, 반드시 혁명하라! 썩어 사지(死地)에 이른 과거의 목숨을 정지시키고, 새로운 활력(活力)으로 현재의 생명을 요청하라!

삶에 변혁의 싹을 틔우시라!

나중에 자세하게 언급하겠지만, 적어도 지난 3년, '바이러스(Virus)'는 나를 숙주(宿主)로 삼아, 내 몸에 창궐(猖獗)했다. 나는 그것과 함께 살면서 조용히 저항했다. 면역 기능이 회복되고, 거의 꺼져 가던 목숨이 살아났다. 아직도 자세하거나 구체적으로 내용이 잡히지는 않는다. 하지만, 죽다 살아난 만큼, 다양한 차원에서, 변혁에 관한 생각이 자주 스친다. 물론, 그 변혁은 젊은 시절 강렬하게 열망했던 정치·경제적 시스템, 사회구조의 변혁이나 혁명과는 차이가 있다. 몸의 변혁이다. 그런데, 바이러스와 나는, 늘 동행한다! 영원한 동반자다.

4

아직도 사대주의 유교는 건재한가

2018년 8월 24일(금)

경기도 가평에 있는 조종암(朝宗巖) 대통묘(大統廟)에 다녀왔다. 사대주의(事大主義)의 상징이다. 명나라를 숭상하고 청나라를 배척하려는 조선 유교의 사유가 뼛속까지 담긴 곳! 조선은 중원(中原)의 정통성을 한족(漢族) 중심의 명나라에 부여하며, 세상을 지배하는 중심으로 인정했다. 반면, 오랑캐 여진족이 세운 청나라는 인간 이하의 버릇없는 존재로 무시하며 배제했다. 주자학을 신봉하던 당시의 문법(文法)이 그랬다.

물론, '사대(事大)'라는 정치 외교적 방침도 의미심장한 만큼 재고가 요청된다. 하지만, 중심과 주변의 역동성을 이해하지 못한, 시대정신을 전혀 고려하지 못한, 나의 선조들, 그 조선의 지성인이 한탄스럽기도 하다.

조종암 곳곳에 새겨진 수많은 사대의 글귀들! 오히려, 저 윗부분에 새겨진, '사무사(思無邪)'의 참뜻이 그립다!

그냥, 유학의 진정성, 공자(孔子) 정신을 기리면 안 되는가?

"시 300여 편을 한 마디로 말하면, 사무사(思無邪)"라고 했는데.

어떤 이데올로기에도 휩쓸리지 말고, "사악함이 없게 하라!"

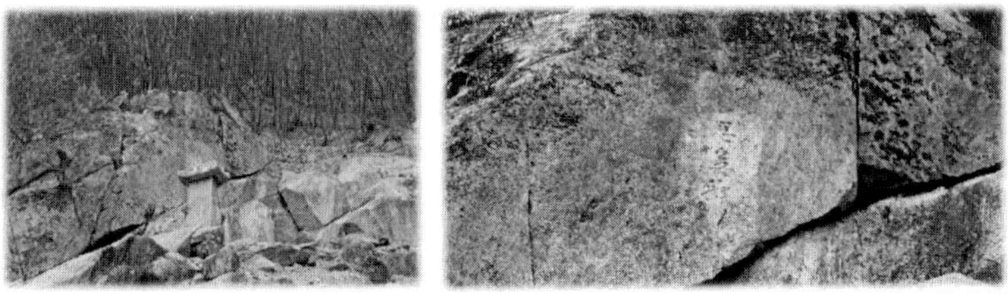

♦ 조종암

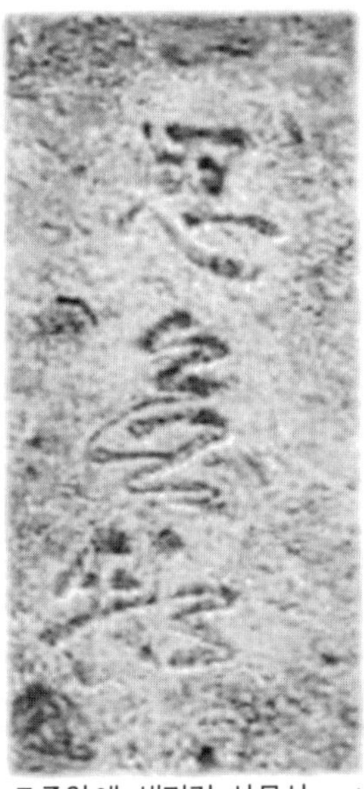

♦ 조종암에 새겨진 사무사(思無邪)

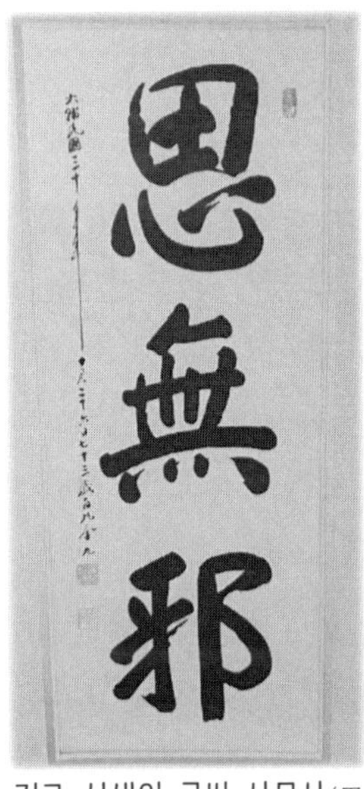

♦ 김구 선생의 글씨 사무사(思無邪)

5

인생은 무진기행의 노래를 끝까지 부르는 걸까

2018년 9월 1일(토)

전라도 <순천문학관 김승옥관>에 들렀다. 무진기행(霧津紀行)! 사람이 세속적인 삶을 벗어날 수 있을까? 고립된 개인은 복잡하다. 세상의 모든 바이러스가 내 몸을 숙주삼아 스멀스멀 자라날 때, 현실에 던져진 나의 존재는 뭘까?

김승옥! 대학시절 <서울 1964 겨울>이라는 작품도 나를 일깨웠다. 1960년대 초반, 내가 세상에 태어날 무렵과 비슷한 시기를 다루어서 더욱 그랬는지도 모른다.

김승옥의 문학 세계를 한참이나 헤매다, 인근의 '낙안읍성(樂安邑城)'에도 잠시 머물렀다. 더불어 즐기며 편안하게 살 수 있는 마을! 락안(樂安)!

6

함께 논의한 저술은 서로를 보듬는다.

2018년 9월 6일(목)

제자들과 함께 논의하며 쓴 책이 출간되었다. 『존 듀이 교육학의 원류를 찾아서』.

미국 교육철학의 초석이 된, 존 듀이의 「나의 교육신조」에 관한, 국내 최초의 독해로 생각된다. 듀이의 교육신조를 부분적으로 다루거나 논의한 연구는 많이 있다. 하지만 전체를 한꺼번에 해석하며 풀이한 경우는 거의 보지 못했다. 대학원 강의 시간에 집중적으로 다루며 석·박사 과정 제자들과 토론했으나, 그래도 부족한 게 많다.

전체를 훑어보았다는 데서 쾌감을 느낀다. 그만큼 공부를 한 셈이니까. 연구 근거를 마련해 준 듀이 선생에게 감사하고, 직접 탐구한 제자들이 대견하다.

7

아름다운 곳은 더불어 즐기자

2018년 10월 8일(월)

여유당(與猶堂) 정약용(丁若鏞, 1762~1836)의 고향, 남양주 조안면 능내리를 다녀왔다. 매년 대여섯 번은 탐방하는 곳이지만, 실학박물관과 다산 선생의 묘소 등을 참배할 때마다, 새로운 기운이다.

뒤편에는 다산이 즐겨 찾던 운길산 수종사(水鍾寺)가 자리하고, 앞쪽으로는 열수(洌水: 한강) 가에 '다산생태공원'이 아름답게 조성되어 있다.

수종사 대웅보전

여유당 정약용 선생 초상

8

석가모니의 자리에 고요한 고행이 채찍을 더한다

2018년 10월 22일(월)

강화도 석모도(釋母島)에 있는 보문사(普門寺)를 다녀왔다.

석모도는 이름 그대로 일러주듯이 '석가모니 어머니 산'이다! 이는 신라의 불모산(佛母山), 백제의 불갑산(佛甲山)과 더불어 한반도의 불교사에서 3대 성지 가운데 하나다.

오늘은 보문사에 사람이 많지 않았다. 찬찬히 둘러 볼 수 있었다. 그만큼 고요하게, 부처님의 고행이 나를 또 일깨우는 듯하다.

9

가을에서 겨울로 접어드는 시기엔 날씨가 차갑다.

2018년 11월 1일(목)

음력(陰曆, lunisolar calendar)을 보니, 9월 24일. 절기(節氣)로는 '상강(霜降)'-'입동(立冬)' 무렵이다.

상강은 '한로(寒露)'와 '입동(立冬)' 사이의 절기로, 양력으로 10월 23일 전후에 자리한다. 이때는 쾌청한 가을 날씨가 지속되면서도 밤에는 기온이 급격하게 낮아진다. 수증기가 지표에서 엉겨 서리가 내리며, 온도가 더 낮아지면 첫얼음이 얼기도 한다. 단풍도 절정에 이른다. 국화도 활짝 핀다. 늦가을을 맘껏 구가하는 계절이다.

입동은 겨울의 시작이다. 겨울잠을 자는 동물들은 땅속에 굴을 파고 숨어든다. 산과 들의 나뭇잎은 여지없이 떨어진다. 풀들은 말라간다. 특히, 나무들은 낙엽을 생산하며, 겨울 동안 영양분 소모를 최소화하기 위해 준비한다.

사람 살이도 마찬가지다. 이 무렵엔, 인간들도 겨울나기 준비를 한다. 김장을 담근다. 밭에서 무와 배추를 뽑아 갖은양념으로 버무린다. 입동 전후 5일 내외에 담근 김장 맛이 아주 좋단다.

어쨌건, 계절의 결절점(結節點), 기후 탓인가? 날씨가 상당히 차갑다!

10

눈 오는 날에는 함박눈만큼이나 풍요를 기다린다.

2018년 11월 24일(토)

올해, 첫눈이 쏟아진다. 풍요가 깃들려나?

베란다의 장독, 말린 무시래기, 그리고 국화와 수국이 기운을 느끼는 듯, 움찔댄다.

여전히 바깥에는 눈이 오고 있다.

첫눈 내린 왕숙천과 말린 시래기

11

몇몇 학술 활동이 사유는 굳건하나 실천은 온건하다.

2018년 11월 26일(월)

지난 3년 간 고생했던 『주역절중(周易折中)』(전 12권) 번역본이 출간되었다. 중국 한(漢)나라에서 청(淸)나라에 이르기까지 주역 학술의 종합으로 볼 수 있는 만큼, 학계에 기여할 수 있기를 기대한다.

이어서 12월에는 한국국학진흥원의 지원을 받은 『경이란 무엇인가』가 출간을 기다리고 있다. 내면의 깨달음을 위한 유학적 열망! 마음에는 주인이 있어야 한다! 나는 유학을 공부하며 늘 생각에 휩싸인다. 정말, 학문의 길이 아득하다! 사유는 굳건하나 실천은 온건하다. 이 우주자연과 인간세상에서 시공간을 종횡으로 가로지르는 삶의 가늠자가 경(敬)일 수 있을까? 국학진흥원의 요청을 받아들여 정돈하기는 했으나, 여전히 부족하다.

아울러, 『사서(四書), 이치를 담은 네 권의 책』도 나온다. 몇 년 전에 펴낸 『한글 논어』, 『한글 맹자』, 『한글 대학·중용』을 바탕으로 하고, 원문 번역을 중심으로 다시 정돈했다. 어찌 보면, 앞에서 낸 출판사에게 아주 미안하다. 원래는 네 권이었던 책을 각각 한 권씩 단행본으로 출간했는데, 그것을 다른 출판사에서 한 권으로 축약하여 묶어서 내니, 영 도리가 아닌 듯하다. 우연한 기회에 통화가 되어 사과하긴 했으나 이 자리를 빌려 다시 죄송한 마음을 전한다.

굳이 변명을 하자면, 인간관계 때문이다. 이게 참 어렵다. 후배가 출판 기획을 하면서, 사서를 한 권으로 묶는 아이디어를 제시했다. 원고를 달란다! 이런저런 상황을 잘 모르는 이 우둔한 학인이 그에 따르다 보니, 이 지경이 되고 말았다. 그래도 어떤 유튜브의 '오늘을 읽는 책'이라는 코너에서, 국민대 정선태 교수가 너무 과찬의 평가를 해 줘서 고맙다. 우리말로 훌륭하게 번역한 책이란다.

나는 늘 생각해 왔다. 한글로 문명을 일구어 가는 사람들은 한글을 통해 그 문명을 향유할 수 있어야 한다! 한문으로 저술된 모든 동양 고전은 한글로 재탄생되어야 마땅하다. 우리 문화를 그 속에 녹여 넣는 일을 수반하는 것은 필수다. 이런 작업은 번역을 통해, 또는 일정한 시각으로 독해하면서 이루어질 수도 있다.

중요한 것은 시대정신을 담은 의미 전달이다. 독자들의 가독성을 고려하여 고전을 다시 쓰는 일이다. 그것은 공자가 말한 "술이부작(述而不作)"의 '술(述)'이다. 현대적 재해석이자 새로운 문화 패러다임의 생산이다. 한글 사서는 이런 차원에서 기획되었다. 그만큼 부담 없이, 한글로 고전을 즐기고, 열린 마음으로 삶의 지혜를 터득할 수 있다면, 나는 더할 나위 없이 만족한다. 한글 삼경(三經)도 준비 중이다. 진도가 아주 늦다!

12

신년을 맞이할 때는 현실을 미화하고 이상을 기획한다.

2019년 1월 1일(화)

2019년 기해년(己亥年)이 밝았다. 또 새로운 한 해다. 반갑습니다. 새해! 근하신년(謹賀新年), 해피 뉴 이어(Happy New Year)!

소중한 일은 많다. 그 가운데 무엇보다 앞세울 일은 나와 가족들 건강 문제다. 어머니는 92세, 요양원 생활 6년째다. 치매(癡呆)가 없으니 그래도 다행이다. 노환(老患)으로 근력과 기운이 없다. 아내는 올해 환갑을 맞는다. 22년째 함께 희로애락을 즐기고 있다. 10여년 전 갑상선 수술을 했다. 수시로 축 늘어진 몸으로도 큰 불평이 없다. 묵묵하게 그냥, 약으로 버텨내고 있다. 내조(內助)가 고마울 따름이다. 큰딸은 독일 유학(留學)생활에 몰입하고, 작은딸은 대학 진학을 고민해야 한다. 큰형님과 누나, 작은형님 가족들, 사촌들, 친인척들, 모두 건강하기를 소망한다.

두어 달 후, 3월이 오면, 내 몸은 다시 바이러스를 추억할 것이다. 아주 강력하게 뇌리를 스치며, 분명 기억을 강화하리라.

아마, 2016년 3월 7일 오후 무렵인가 보다. 교육학과 전공필

수 과목인 <교과교육론> 강의 중이었다. 강의 막바지에 학생들과 질의응답을 시작하려던 순간까지만, 어렴풋이 기억난다. 그리고 쓰러졌다. 고려대병원 응급실로 실려 갔다. 간농양(肝膿瘍) 수술을 하고, 한 달간 입원했다. 그리고 퇴원한 지 꼭 3년째다. 아직도 그 후유증이 남아 거동(擧動)이 좀 불편하다. '불편하다'는 소리도 복(福)에 겨운 신음이다. 살아 있다는 자체에 감사할 뿐이다!

당시에는 거의 죽는 줄 알았다. 면역 체계가 망가지고, 바이러스 감염이라는데, 무슨 바이러스가 침투했는지, 아무도 그 원인을 특정(特定)하지 못했다. 아직도, 그때, 내가 무슨 바이러스에 점령당했는지 모른다. 그냥 간이 절반 이상 썩었다는 사실 이외에는. 참 막막한, 시간과 공간에 갇혀 있던 시기였다.

매일, 항생제(抗生劑) 투여와 혈액 채취가 이루어졌다. 내가 기억하고 있는 항생제 주머니 수만 해도 하루 4개. 20여일 정도 투여했으니, 80봉지는 족히 될 것이다. 매일 채취해 가는 혈액도, 손가락만한 병으로 5개 내외가 되었으니, 100여 병은 채혈해 간 것 같다. 주사 바늘로 인해 몸 전체가 구멍투성이가 되었다. 너무 많은 구멍이 나서, 주사 바늘을 꽂을 수 없을 정도였다.

그렇게 입원 2주일 동안은 거의 죽어 있었다. 의사·간호사들이 고생하셨다. 수시로 케어(care)해 준 덕분에 이렇게 살아 있다. 다시, 24시간 돌봐준 그분들에게 고마움을 전한다. 그래도 3년째가 되었으니, 상당한 건강 회복을 기대하며, 내 삶을 깊이 고려해 본다.

올해도 할 일이 꽤 많다. 개인적으로 이행해야 할 몇 가지 연구들도 있고, 한국연구재단의 토대 연구 2차 년도라 『맹자집주상설(孟子集註詳說)』과 『중용장구상설(中庸章句詳說)』 연구번역의 초고도 마무리해야 한다. 대학원 제자들 지도, 담당 강의, 각종 학회

일 등도 부여되어 있다. 과거부터 누적된 것과 새로 시작하는 일 등이 섞여, 해야 할 업무가 꽤 쌓였다.

맡겨진 일은 열정(熱情)으로 임하자. 건강을 유지하면서. 이 다양한 일들은 특별하게 수행되기보다는 기존의 관례대로, 무리하지 않은 선에서 진행해 나갈 것 같다. 이유는 간단하다. 흔히 말하듯, 창의적으로 새롭게 펼쳐가기에는 몸이 따르지 않는다!

신년 아침에, 올해 계획 및 소감을 간단하게 적다 보니, 지난해부터 번역하고 있는 칸뽀 쇢다지(堪布 索達吉)의 『금강경』 해설과 영 모순된다. '집착(執着)을 끊어라!'고 했는데, 다시 집착이다. 교육하고 연구하며, 또 봉사하며, 그렇게 쳇바퀴 돌 듯 살아가는 학자의 삶이 그럴 수밖에 없으리라. 어쨌건 학자로서의 삶과 동떨어진 사안에 대해서는, 가능한 한 집착을 끊도록 노력하자.

개인적으로 사회적으로, 이 세상이 더욱 아름다운 모습이기를 기도하며, 새해 아침을 맞이한다.

하늘을 우러러보았다. 구름이 약간 보인다. 흐림은 아니다. 그러나 옅은 푸른색 바탕이 여지없는 천공(天空)이다!

새해 아침에, 일본 근대문학의 선구자이자 국민 작가로 추앙받는 나쓰메 소세키(夏目漱石)의 『마음』을 읽었다. 이유는 간단하다. 다시, 허약해진 마음을 추슬러 보려는, 안타까움 때문이었다. 또 다른, 진짜 욕심을 내면서 읽으려고 한 동기도 있다. 소세키의 이 작품 자체가 고독한 지식인의 자전적 소설과 같아, 내 자서전을 쓰기 위한 사전 정지작업으로서, 참고하기 위해서였다. 조금 있으니, 페이스북의 한 친구가 사진을 보내왔다. 동해안 낙산사 일출이다.

◆ 『마음』의 번역본 표지

◆ 낙산사 일출

13

티베트 불교의 큰 스승과 인터뷰 하며 배웠다.

2019년 1월 20일(일)

엊그제 중국 상하이에 왔다. 오래 전에 약속한, 티베트 불교의 최고지도자인 '칸뽀 쒀다지(堪布索达吉, Khenpo Sodargye, 1962~)'와 면담하기 위해서다. '칸뽀 쒀다지'는 일반적으로 '켄포 소달지'로 소개되어 있으나, 티베트어가 중국어로 음역(音譯)되면서 생기는 여러 난점으로 인해, 그는 나에게, 한국어 표기를 할 때는 '칸뽀 쒀다지'로 써주기를 부탁했다.

1월 20일 오후, 나는 중국 상하이(上海)의 모처에서 '쒀다지' 상사(上師)를 만났다. 칸뽀 쒀다지는 세속의 나이로는 나보다 한 살 위였다. 하지만, 그 정신 수양의 세계는, 내가 범접하기 힘든 현격한 차이가 있었다. 달라이라마 이후, 50대의 중견 종교지도자로서, 현재 티베트 불교의 최고지도자 가운데 한 분으로 추앙받는다. 칸뽀라는 호칭이 고승, 학자, 교수 등, 말 그대로 '상사(上師)'였다. 나는 상사를 '스님'으로 번역하지 않고 그냥 '큰 스승'으로 표현했다.

무슨 연유인지는 모르겠으나, 그 전날부터 인터뷰 장소를 여러 번 옮겼다. 칸뽀가 종교적 · 정치적으로 워낙 거물급 지도자여서, 움직임 하나하나에 대해, 중국 당국과 협의해야 한다는 말은 들었다. 아마, 중국 내에서 티베트와의 여러 관계로 인한 보안 문제 때문은 아닌지, 그렇게 추측만 했다.

약간은 비밀스러운, 어느 기업체의 회장 사무실 같은 공간에서 만남이 이루어졌다. 그곳에는 몇몇 티베트 불교 관계자들이 이미 도착하여 칸뽀를 기다리고 있었다. 칸뽀를 수행하는 비서진인지, 아니면, 칸뽀의 방문 소식을 듣고 찾아온 불자들인지는 모르겠다. 분명한 것은, 이구동성(異口同聲)으로 한결같이, '일생에 한 번 칸뽀를 만나기 어렵다! 이건 인생 최대 최고의 영광이고 행운이다!'라며 연신 합장을 했다. 칸뽀는 티베트 불교에서 보면, 거의 부처님의 현신(現身)이었다. 실제로 사람들이 그렇게 인식하며, 맞이하는 듯했다. 나도 잠시 그런 황홀경에 젖었다.

만남은 오후 3시 정도부터 저녁 8시 무렵까지, 무려 5시간이나 이루어졌다. 통상 1시간도 제대로 만나지 않은 경우가 많은데, 5시간이나 할애하다니. 정말 감사했다. 나중에 들은 얘기지만, 몇 마디 얘기를 주고받은 이후, 칸뽀는 나에게 무한 신뢰를 보낸 것 같단다. 한국의 학자로, 또는 도반(道伴)처럼 느낀 모양이다. 나는 생각했다. 그것은 나 개인에게 베푸는 인정이라기보다 대한민국에 보내는 자비(慈悲)이자 사랑이고 믿음이다!

인터뷰 형식은 아주 간단했다. 3시간 정도는 미리 준비해간 질문으로 질의응답하며, 전체 면담 상황을 촬영했다. 사실, 저녁 식사는 예정에 없었다. 아마 칸뽀께서 인터뷰가 끝날 무렵, 즉석에서 준비시킨 것 같다. 거창하게 차린 것이 아니라, 아주 소박하게 일반 회사원이나 신도들이 먹는 조그마한 구내식당에서 금방 만든 요리가 나왔다. 만찬을 즐기며, 2시간가량이나 남은 얘기를 더해갔다. 칸뽀께서는 불교를 비롯하여 현대인에게 주는 삶의 지혜에 이르기까지 폭넓은 부분에 대해 친절하게 응대해 주었다. 사전에 그의 이력을 조사하긴 했으나, 직접 만나 보니, 인문·사회·자연학에 이르기까지 정말 박학다식(博學多識)했다. 거기에다 엄청난 혜안(慧眼)을 지녔다.

본격적으로 인터뷰를 하기 전, 차를 한 잔 마시면서, 덕담을 나누고 선물도 교환했다. 나는 한국 전통문양이 그려진 부채를 가져갔다. 속세의 번뇌를 시원하게 날려버리는 의미를 담았다. 칸뽀는 조그마한 황금색 불상을 내게 건네주었다. 탁상용으로 제격이었다. 그리고 나는 칸뽀의 『금강경 강의』를 번역한 초고를 제본하여 가지고 갔고, 그 자리에서 보여주었다. 칸뽀는 아주 만족하며, 즉시 출판 허락을 해 주었다. 동시에 곧 서문도 써주기로 했다. 또한 칸뽀는 그의 모든 저서를 한국어로 출간해도 좋다고 허락하였다. 일석이조(一石二鳥)가 아니라 감개무량(感慨無量) 자체였다.

줘다지 칸뽀께서는 인연이 되면 올해(2019년) 6월이나 9월쯤 한국을 방문하고 싶어 했다. 그간 미국을 비롯하여 유럽 주요국을 순방하며, 세계의 주요 대학은 여러 차례 방문했으나, 한국은 한 번도 방문하지 못했단다. 나는 매우 환영하며, 적극적으로 초청하겠다고 답했다. 한국을 방문하게 되면, 한국의 불자(佛者)는 물론, 청년 대학생들에게 강연이나 좌담회를 통해, 시의적절한 덕담을 부탁드렸다. 칸뽀께서는 아주 흡족하며 일정을 맞춰보겠다고 했다.

동시에, 나도 초청을 받았다. 칸뽀는 티베트 불교의 본산이자 세계 최대 불교대학인 '오명불학원(五明佛學院)'의 총 관리자 역할도 맡고 있었다. 한국 대학으로 비유하면 총장이나 이사장쯤의

지위 같았다. 연구년을 이용하거나 시간이 되면, 언제든지 와서 수련하며 연구하라고 허락해 주었다. 전반적인 체류를 지원해 주겠다고 했다. 엄청난 영광이다.

무엇보다도 칸뽀께서는 내 손을 세 번이나 잡으며, 학자로서 서로 비슷한 생각과 생활방식에 대해 공감했다. 옆에서 보고 있던 칸뽀의 비서진이 일러주었다. 이런 일이 거의 없다고 한다. 평생에 한 번 칸뽀의 손을 잡아보기도 힘든데, 한 자리에서 세 번씩이나 손을 잡으며 얘기하시다니, 보통 인연이 아니란다.

말할 수 없는 감동이 밀려왔다. 짧은 만남인 듯하지만, 나의 온몸은 칸뽀의 천진난만한 미소에 갇혀, 아주 길게 향기를 품었다. 이 소중한 인연에 감사할 따름이다. 칸뽀에 관한 자세한 인상과 느낌은 조만간에 출간할 책에서 밝히리라.

50대 중반의 내 인생에서, 또 하나의, 삶을 전환하는 계기가 되려는가!

당시에는 중국 측에서 촬영한 인터뷰 영상을 정돈하여 한국으로 보내주는 대로 정리하여 책으로 출간할 예정이었다. 나중에 확인해 보니, 인터뷰 내용은 중국 측에서 이미 인터넷 사이트 바이두(百度, Baidu)에 업로드 해 놓았다. 그 후, 2019년 5월에 칸뽀께서는 직접 서문을 써서 보내주셨고, 2019년 8월에 나는 그 서문을 맨 앞에 첨부한 칸뽀의 『금강경 강의』를, 『능단, 집착을 끊어라』라는 제목으로 출간했다.

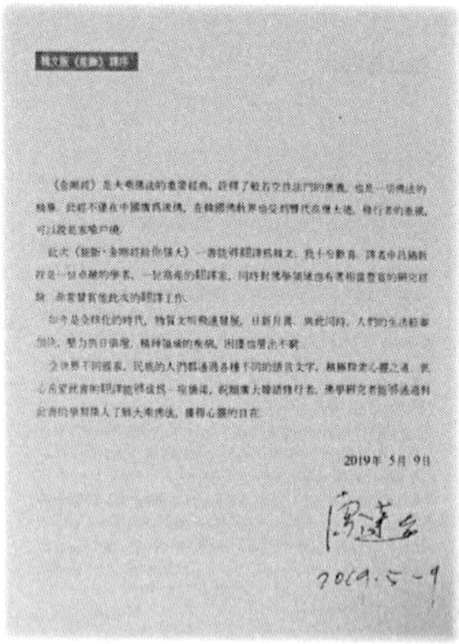

2019年 5月 9日

◆ 칸뽀의 『금강경 강의』 한국어판 서문

◆ 대담 직전 기념 촬영

◆ 대담과 만찬

14

대한민국 임시정부 유적지와 중국 혁명의 성지를 둘러 보다.

2019년 1월 21일(월)

어제, 칸뽀와의 일정을 무사히 마쳤다. 하지만, 상해에 온 김에, 그냥 귀국하기가 좀 아쉬웠다. 특히, 올해가 대한민국 100주년인데, 임시정부 유적지를 둘러보는 것이 좋겠다는 생각이 들었다.

그리고 그 주변에 있지만, 일반 여행자들이 잘 모르거나 일정상 거의 가지 않는 곳에 들르기로 했다. 바로 중국 혁명의 아버지 쑨원(孫文, 1866~1925)을 기리는 기념관과 마오쩌뚱(毛澤東, 1893~1976)의 옛 거주지다. 쑨원에 대해서는, 몇 년 전, 나의 제자가 쑨원의 삼민주의(三民主義) 교육사상으로 석사학위를 한 적이 있어, 더욱 친근했다. 마오쩌뚱은 더 이상 설명할 필요도 없는 존재다.

그들의 역사적 발자취와 곳곳에 새겨진 중국 공산당(共産黨) 벽보를 통해, 오늘 중국의 사회주의가 어디로 방향을 잡고 있는지도 가늠해 보았다. 그들의 꿈, '중국몽(中國夢)'은, 이미 오래 전에 시작되었다. 이른바, '대동(大同)'의 이상 사회가 아니라, '소강

(小康)'이라는 현실 사회를 되살린 것이다. 샤오캉(小康)!

샤오캉(소강)은 『예기(禮記)』「예운(禮運)」에 등장하는 아주 오래된, 유학 고전의 개념이다. 중국 지도자들은 이를, 오래된 미래로서 현대 상황에 맞게 부활시켰다. 『예기』「예운」에 실려 있는 소강 사회는 다음과 같이 묘사된다.

> "지금은 천하를 공유하는 큰 법도는 이미 없어지고, 천하를 사사로운 집으로 생각하여 각기 자기의 어버이만을 친애하며 각기 자기의 아들만을 자애한다. 재화와 힘은 자기만을 위해 바친다. 천자와 제후는 세습하는 것을 예로 하며, 성곽을 견고하게 하여 스스로 지킨다. 예의를 기강으로 내세워 그것으로 임금과 신하의 분수를 바로 잡으며, 부자 사이를 돈독하게 하고, 형제를 화목하게 하며, 부부 사이를 화합하게 한다. 제도를 설정하여 토지와 마을을 구획하고 용맹함과 지혜 있음을 어질다고 하고, 공은 자기를 위한 일에 이용한다. 그런 까닭에 간사한 꾀와 전쟁이 일어난다. …… 이에 의리를 밝히고, 믿음을 이루며, 허물 있는 것을 드러내 밝히고, 어짊을 법칙으로 하며, 겸양의 도를 가르쳐 백성들에게 떳떳한 법이 있음을 보여 주었다. 이 떳떳한 법칙에 좇지 않는 자가 있으면, 권세의 지위에 있는 자일지라도 배척하여 내쫓아서, 백성들이 그를 백성에게 재해를 미치는 임금이라고 하게 한다. 이런 세상이 소강이다."

'샤오캉' 사회는 100여년 전 쑨원이 민주주의 혁명을 고민하면서 '천하위공(天下爲公)'을 내세울 때, 이미 싹트고 있었는지 모른다. 모든 국민이 풍족하고 편안한 생활을 누리는 사회! 마오쩌뚱 시대를 지나고, 덩샤오핑(鄧小平, 1904~1997) 시대가 되면서 중국지도자들은 그 실현을 고민한다. 1979년 12월 6일, 일본의 오히라(大平正芳) 수상이 중국을 방문했을 때, 덩샤오핑은 '샤오캉(小

康)'이라는 용어를 구체적으로 제시한다. 인민들이 먹고사는 문제, 즉 '의식주가 해결되는 수준'인 '온포(溫飽)'에서 상당히 부유한 수준으로 가는 중간 단계의 생활수준을 상정한다. 이 개념으로 '샤오캉'을 꺼낸 것이다. 덩샤오핑은 중국 현대화의 목표로 '샤오캉(小康)'의 상태를 제기했다. 20세기 말까지 1인당 국민소득 800달러를 달성하여, 그것을 실현하려고 했다.

덩샤오핑을 이어 등장한 장쩌민(江澤民, 1926~)은, 20세기 들어선 직후 2002년, 이를 기억하며 한층 발전을 모색한다. 2020년까지 전면적 '샤오캉' 사회를 달성하겠다! 이런 선언 이후, '샤오캉'은 중국 발전의 상징어로 자리하고 있다.

2018년 현재, 중국 국가주석인 시진핑(習近平, 1953~)은 장쩌민의 선언 이후, 정확하게 10년 뒤인 2012년 공산당 총서기에 선출되었다. 그 직후, 그는 '위대한 중화민족의 부흥'을 의미하는 '중국몽'의 실현에 나서겠다고, 보다 업그레이드 된 정치적 선언을 한다. 중구어멍(中國夢)!

그들은 활기차게 외친다! "중구어멍 워더멍, 워더멍 중구어멍(中國夢 我的夢, 我的夢 中國夢)! ― 중국의 꿈이 곧 나의 꿈, 나의 꿈이 곧 중국의 꿈!" 그 자부심 가득한 꿈은, 시진핑 시대, 중국인의 대표적인 통치 이념이다. 시 주석은 불과 1년 남짓 전, 2017년 10월, 중국 공산당 제19차 전당대회에서 인민들을 향해 약속한다.

"지금부터 2020년까지가 '샤오캉' 사회의 전면적 실현을 위한 결정적 시기입니다. 2035년엔 모든 인민이 평등하게 발전하는 권리를 보장하고, 도시와 농촌 간의 격차를 현저하게 줄이겠습니다!"

이 외침은 간절하면서도 호소력 짙다. 자신감 있는 지도자의 약속이다. 결단하며 강조하는 연설이 두려울 정도다. 나는 직감했다. 그 실현을 온전하게 장담할 수는 없을지라도, 상당히 의미 있고 용기 있는, 인민들에게 힘을 불어넣는 발언이다. 시 주석의 평전이나 인생이 담긴 여러 책들을 보면서, 그렇게 느꼈다.

중국몽은 '국가(國家)－사회(社會)－공민(公民)'이라는 3대 영역, 즉 '국가부강', '민족중흥', '인민 행복'의 세 가지 목표 실현을 추구한다. 그것을 구현하는 작업은 '사회주의 핵심 가치관(社會主義核心 價値觀)'으로 제시된다. 즉, 3대 영역에 각각 4개씩 안배한, 12개의 소영역 실천이다.

국가(國家)에는 '부강(富强)', '민주(民主)', '문명(文明)', '화해(和諧)'를, 사회(社會)에는 '자유(自由)', '평등(平等)', '공정(公正)', '법치(法治)'를, 공민(公民)에는 '애국(愛國)', '경업(敬業)', '성신(誠信)', '우선(友善)'을 적절하게 배분하여 그것을 지향한다.

이와 같은, '샤오캉' 사회, 즉 중국몽은 인류의 이상을 아주 합리적으로 담은 것처럼, 거대했다. 그래서 중국이 무섭다. 미국을 능가하려는 야심이, 그 천하 최고 국가를 지향하는, 그들의 꿈! 긴장을 놓치지 않고 지켜봐야 하리라.

♦ 대한민국 임시정부 청사 유적지

♦ 쑨원 기념관 내의 동상과 글씨

♦ 마우쩌뚱의 옛 거주지와 흉상

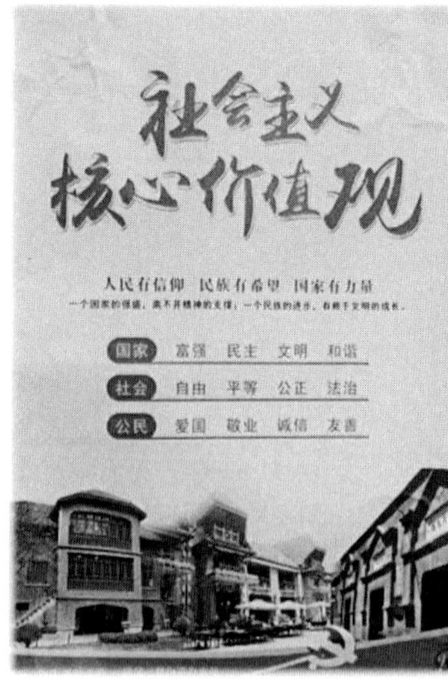

♦ 중국몽과 사회주의 핵심 가치관

15

100여년 전
의병 전투의 성지는 고요했다.

2019년 2월 4일(월)

설날 전날이다. 음력으로 또 한 해의 마지막이다.

오늘은, 잠시 짬을 내어, 양평으로 달렸다.

1907년 일본 제국주의에 맞서 싸운, 양평 의병(義兵) 전투의 성지(聖地), 사나사(舍那寺)를 찾았다.

사람이 거의 없어, 아주 고요하다.

16

강원도는 오묘한 힘이 도사린다.

2019년 2월 10일(일)

강원도 인제의 용대리에 와 보았다. 명태덕장!

진부령, 미시령, 한계령이 연달아 어깨동무하고, 인근에 백담사(百潭寺)가 있다.

북위 38도 위쪽이다.

♦ 명태덕장

♦ 38선 표지석

17

생각의 집을 만들고 착한 존재를 마주하라.

2019년 2월 11일(월)

이제 음력으로 설날(2019. 2. 5)도 지나고 절기로는 입춘(立春, 2. 4)이다. 거기에다 2019학년도 1학기는 3년 만에 맞이하는 연구년! 강의는 하지 않는다. 해외 대학에 학술교류를 나가지도 않는다. 건강을 회복하는 일이 급선무다.

이런 점을 고려하여, 하루에 하나씩 학문이나 교육, 연구 등과 연관된 고전(古典) 구절을 되씹으며, 삶을 성찰해 보려 한다. 페이스북(facebook)에 친구들과 나누기도 하고, 대학원 제자들과 카카오톡(kakaotalk)을 통해서도 공유할 것이다. '세상은 커다란 학교다!'라는 말도 있듯이, 강단(講壇)은 아니지만, 사이버(cyberspace, 假想空間) 상의 이런 활동도 넓은 의미의 교육 연구다. 한 은둔 교육철학자의 고전 교양일 수 있으리라.

맨 먼저 펼쳐 볼 고전은 『예기(禮記)』「학기(學記)」다. '학기(學記)'는 문자 그대로 '학[學: 배움]'에 관한 기록이다. 학문에 관한 원초적 화두(話頭)이자 진지한 반성과 성찰! 그런 만큼 교육의 이념과 원리, 목적과 목표, 내용과 방법 등에 관한 근원을 엿볼 수 있다.

'학(學)'은 지난 50여 년간 내 삶의 주춧돌이 되어준, 가장 친한 벗이었다. '배움'이라는 말의 의미 그대로 내 몸 속으로 파고드는 지식의 유형들, 뼈와 살 속으로 배어드는 삶의 편린들, 어떻게 녹아드려나? 융·복합된 주춧돌이 될 수 있겠지. 남은 인생에서도 그 주춧돌 위에 구성할 기둥이자 대들보가 되어줄 친구! 생애의 끝자락에는, 이 주춧돌과 기둥, 대들보 위에 간소하나마 구수한 향기가 우러나오는, 지붕 하나 올릴 수 있기를 소망한다.

사유의 집을 짓고, 그 생각을 펼치며, 세상의 건전한 존재와 마주하기 위한, 첫 번째 성찰은 아래의 여섯 글자다.

"발려헌(發廬憲)!
구선량(求善良)!
생각의 집을 만들어 펼치며 정당성을 확보하라!
착한 존재를 기꺼이 마주하라!"

나는 고등교육기관에 종사하는 교육자이자 연구자다. 그러므로 대학에서 뿐만 아니라, 언제 어디서건, 누구에게나, 최소한 학문을 몸소 실천해야 하는 의무와 책임, 권리를 가진다. 어쩌면 학자라는 이름을 달고 사는 한, 그것은 내 인생의 생명력을 대변한다. 고전을 연구하여 제자를 비롯한 여러 사람들에게 전달하고 공유하며, 그들이 시대정신을 구가할 수 있는 사유를 펼칠 수 있도록 동기를 부여한다. 때로는 격려하기도 한다. 흔히 말하는 공존공생(共存共生)이다. 그 학문의 과정에서 사유의 정당성이 확보된다. 함께 나눌 수 있을 때, 우리는 서로 부딪치는 만큼, 존재에 대해 충실할 수 있다.

좋다! 내 생각이 정당하다고 하자. 거기에다 양식 있는 사람을 만나 함께 일을 도모한다고 하자. 그러면 사업을 어떤 방식으로 펼쳐 나갈까? 나의 성장과 세상 풍요를 예비할 수 있을까?

혼돈의 시기에, 역동적 질서를 탐색하는 순수한 열정이 숨쉬고 있어도, 아직은 회의(懷疑)가 도사린다.

18

훌륭한 사람은 물론 멀리 있는 존재들도 관심을 가지라.

2019년 2월 12일(화)

두 번째 성찰,
"취현체원(就賢體遠)!
훌륭한 사람들에 관해 탐구하라! 멀리 있는 존재들에 대해서도 관심을 두라!"

현명한 분들을 존중하고 공경하는 마음은 누구나 충분히 수긍할 수 있다. 된 사람이나 사람다움을 간직한 인간이라면, 당연히 그래야 한다. 이른바 사회 지도급 인사나 주변의 어른에 대한 존경은, 동서고금(東西古今)을 막론하고 인간으로서 기본 윤리다.

그런데, 거리를 두었던 사람들, 또는 낯선 사람들에게는 어떤 태도를 취할 수 있을까? 훌륭한 사람들을 존경하는 마음으로 그들의 마음을 살필 수 있을까? 얼마나 더 마음공부를 하고, 몸 단련을 거쳐야 할까?

19

다듬고 배우는 만큼 사람의 길을 알 수 있다.

2019년 2월 13일(수)

세 번째 성찰,
"옥불탁, 불성기(玉不琢, 不成器)!
인불학, 부지도(人不學, 不知道)!
옥돌은 다듬지 않으면, 그릇으로 만들어 사용할 수 없다!
사람은 배우지 않으면, 인간의 길이 무엇인지 알지 못한다!"

그러므로 다듬고 배워라? 쉬운 문제만은 아니다! '다듬어야 한다고?' 뭘? 어떻게?

아주 오래된 사유의 방법이자 기록의 양식이긴 하지만, '육하원칙(六何原則: 5W1H; Who, When, Where, What, Why, How)'으로 생각해 보라. 누가? 언제? 어디서? 무엇을? 어떻게? 왜?

'배워야 한다고?' 다시, 육하원칙으로 생각해 보시라. 누가? 언제? 어디서? 무엇을? 어떻게? 왜?

원석(原石)의 돌은 갈고 닦아야, 전혀 다른 양상의 보석(寶石)으로 빛난다. 사람도 세상의 이치와 사물의 존재 이유를 탐구하면, 그만큼 재능(才能)을 발휘할 수 있으리라. 하지만, 시대는 시시각각 변화를 거듭한다. 인간의 마음은 보이지 않지만, 사물에 감응하는 순간, 가마솥 안에서 부글부글 끓는 죽과도 같다. 우리 시대의 역동성(力動性)과 당신 마음의 유동성(流動性)을 진지하게 탐미(耽味)하시라!

20

항상 배움을 고려하며 노력하라.

2019년 2월 14일(목)

네 번째 성찰,
"염종시전우학(念終始典于學)!
늘 배움을 염두에 두고 노력하라!"

배움은, 결코, '단순하게 학생이 선생으로부터 특정한 내용을 전달받는 과정'만을 의미하지는 않는다. 그것은 배움의 수준으로 볼 때, 저차원에 해당한다. '배움'이라는 말 자체가 '배다'라는 의미에서 나왔다. '배움'이라는 개념을 떠올릴 때마다, 자장면을 먹을 때 필수품처럼 등장하는 노란색 단무지가 떠오른다.

'배다'라는 말은 무에 된장이 배어 장아찌가 되듯이, 필요한 사안을 내 몸에 배도록 하는 '자기 노력' 행위에 가깝다. 그만큼 익숙하지 않거나 능숙하지 않은 부분에 대해, 익숙하고 능숙하게 처리할 수 있는 삶의 능력을 확보하는 작업이다.

이러한 배움의 성격을 전제한다면, 인간은 과연 일생을 배움으로 정진할 수 있을까? 완전히 배어들어 찌들었는데, 무엇을 더 배게 할 수 있을까? 별도로 배움의 단계가 있는가? 그것이 사람의 책무라면, 그렇게 하는 것이 도리다. '사람'이 보다 고차원의 '사람됨'으로 나아가고, 훨씬 고차원인 '사람다움'을 향하는 거대한 사업!

21

직접 맛보고 진지하게 탐구하라.

2019년 2월 15일(금)

다섯 번째 성찰,
"유가효, 불식, 부지기지(有嘉肴, 不食, 不知其旨)!
유지도, 불학, 부지기선(有至道, 不學, 不知其善)!
아무리 맛있는 음식일지라도, 먹어보지 않으면, 그 맛을 알지 못하리라!
아무리 의미 있는 내용일지라도, 배우지 않으면, 그 가치를 알지 못하리라!"

일용할 음식(飮食)과 인생의 철학(哲學)! 달리 말하면, 물질과 정신, 이 두 가지는 인간을 존재하게 만드는 근원이다. 음식은 물질적 영양분을 통해 육체를 건강하게 유지하고, 철학은 정신적 자양분을 통해 정신을 건전하게 지속한다. 그 먹거리와 배움거리가 삶의 관건이다.

맛난 요리는 물론 아름다운 인간의 길이, 내 앞에 놓여 있다! 세상은 우리 앞에 이미 주어져 있다! 직접 맛보고 음미(吟味)하라. 직접 탐구하고 체득(體得)하라. 그것이 물질적이건 정신적이건, 내가 직접 만지고 다루며, 탐색하고 연구하여 터득하지 않는다면, 무슨 소용이 있겠는가?

세상에 존재하는 사물의 진정한 가치는, 내가 경험한 사실을 직접 내 몸으로 녹여 넣어 펼쳐내는 가운데, 더욱 빛날 수 있다.

오후에는, <아람청소년센터> 청소년 사업 후원 설명회가 있었다. 나는 거기에 이사(理事)로 봉사하고 있다. 시간이 허락하면, 인사도 하고 약간의 교육도 한다. 아람청소년센터는 범죄를 저지른 청소년들, 이른바 '비행청소년'을 보호하는 대안학교나 마찬가지다. 예전에는 청소년 범죄자를 청소년 교도소인 소년원에 수용했는데, 최근에는 법무부에서 민간에 위탁하여 상당히 교육적으로 접근하고 있다.

작년부터 내 제자이자 그 지역의 성직자로 활동하는 임용덕 목사가 주관하여 운영한다. 정부의 재정적 뒷받침이 제대로 이루어지지 않아, 문제란다. 임 목사님이 엄청난 개인 비용을 들여 재정적 희생을 감수하며, 청소년들을 올바르게 인도하려고 하지만, 지칠 때도 많은 것 같아, 안타깝다. 정부에서, 또는 지방자치단체에서 현실적인 인적·물적 지원을 해야 청소년 비행을 예방하고, 건강한 사회를 이룰 수 있을 것으로 기대한다. 그래도 몇몇 기업체를 비롯하여 관심 있는 분들의 헌신 덕분에 겨우 유지해 간다.

올해는 사단법인 <더불어 함께 사는 세상>과 협력하는 동시에, 대기업인 삼성이 후원해 준다고 한다. <더불어 함께 사는 세상>의 김영숙 대표에게도 많이 도와달라고 간곡히 부탁드렸다. 나도 옛날에 대안학교 운동을 하던 경험을 기초로, 자문에 응하고는 있다. 하지만, 많이 부족하다. 그래도 임 목사님이 잘 이끌고 있어 비록 범죄를 저지른 청소년일지라도, 일반 청소년 못지않게 잘들 생활하고 있다.

♦ 아람청소년센터 봉사

22

가르침과 배움은 서로를 품는다

2019년 2월 16일(토)

여섯 번째 성찰은 가르침과 배움의 '이입(移入)－포용(包容)－용융(熔融)'을 고민해 본다.

"교학상장(教學相長)!
효학반(斅學半)!
가르치는 일과 배우는 일은 서로 북돋아 준다!
가르치는 일의 절반은 배우는 일이리라!"

교육의 한가운데 자리하는 사람들에게, 가르침과 배움은 어떤 의미일까? 특히, 교육자와 학생이라는 직분을 맡은 존재들에게, '가르침[教]'과 '배움[學]'은 무엇인가?

인간은 경험한 만큼 감지(感知)한다. 세상의 법칙이나 이치를 직접 탐색하고 연구해 봐야 자신의 지식이나 지혜가 부족함을 깨우친다. 사람을 가르쳐 봐야 그 교육의 어려움을 깨닫는다. 부족함을 깨우쳐야 자신의 능력을 반성하고, 어려움을 깨달아야 진지하게 노력한다.

정말이지, 가르침이란 어떠해야 하는가? 배움이란 무엇일까? 삶은 이 둘의 상호작용을 통해, 앎의 세계를 구축하려는 몸부림이다. 깨우치고 깨닫는 '교-학'의 사이 세계를 가로지르며, 오늘도 발버둥 치는 삶을 끌어 안는다. '살아 있음'을 확인하며 '살아지기'와 '살아가기'의 교착지점에서.

그렇다면, 현재의 시대정신을 고려한 '교-학'은 어떤 모습이어야 할까?

오후에 시간을 내어, 춘천으로 달려갔다. 천주교 춘천교구의 초석이 된 <죽림동 성당>을 거쳐 백암선원 <청평사>까지 내달렸다. 왜 그랬는지, 발길이 그렇게 끌렸다.

성당도 그렇고 사찰도 그렇다. 둘러볼 때마다 너무나 많은 사연이 얽혀 있다. 이 또한 어떤 삶이었을 뿐일텐데, 왜 이렇게도 애절한가!

유학과 동일한 사유 체계는 아니지만, 교학상장이 지닌 상호작용의 폭과 깊이가 지나치게 심오한 듯 느껴진다. 너무나 소략한, 간절함일까? <죽림성당> 뒤뜰의 묘지에서, 청평사 한켠의 돌탑에서, 그런 분위기가 감지된다.

♦ 죽림동 성당과 성직자 묘역

♦ 청평사 극락보전과 거북바위

23

교육은 사회 분위기 전환의 마당이다.

2019년 2월 17일(일)

일곱 번째 성찰은 교육과 사회 분위기 전환, 훌륭한 스승의 역할에 관한 단상이다.

"화민역속(化民易俗)!
근자열복(近者說服),
원자회지(遠者懷之)!
인간 교육을 통해 사회 분위기를 바꾸어라!
가까이 있는 사람들은 기쁜 마음으로 훌륭한 선생을 따를 테고,
멀리 있는 사람들은 그런 덕망 있는 선생 만나기를 고대하리라!"

선진 사회에는 그 사회의 진보를 이끄는 지적 보재(知的 寶財)가 존재한다. 반드시 사회를 선도하는 훌륭한 학자가 활동한다. 학자는 스승이자 선생이고 어른이다. 그들의 생각과 활동이 학문의 보배다. 그런 학자가 '자유롭고 활발하게 비판의 목소리를 높

일 수 있느냐'의 여부가 사회의 수준을 가늠한다. 학자는 많은 사람의 지적 능력을 일깨우고 의식 수준을 향상하는 데 기여한다. 이런 학자를 길러내는 엄청난 사업이 고등(高等) 학문(學文: 學問)의 세계와 연관된다. 대학 이상의 고등교육!

수준 높은 학문을 성취하는데, 단계가 있게 마련이다. 특히, 고등 학문은 엄격하다. 학사－석사－박사－박사 후 과정에 이르기까지, 결코, 한두 해에 끝낼 수 없다! 꼭 학위 과정이 아니더라도, 마찬가지다. 1년－3년－5년－10년－20년, 숙련된 경력이 쌓여야 한다.

고등교육에 입문하려면, 최소 2년 이상은 전공 텍스트를 파고들어라. 그 다음 2년 정도는 학업 자체를 존중하고, 동료들을 이해하며, 함께 탐색하고 연구하는 자세를 다듬어라. 그 후 또 2년 정도는 우주자연의 다양한 이치에 관한 지식을 조사하라. 그리고 또 2년간은 인간만사의 다양한 이치에 관한 지식을 탐사하라. 이것만 해도 8년이라는 공부다. 이 기간은 대학원 석·박사 과정에서 공부하는 기간 정도에 비유할 수 있다. 어떤 작업을 할 때, 숙련공의 자리를 확보하여, 나름대로 일을 할 수 있을 것이란 기대가 생기는 시기다.

상당한 수준의 탐색(探索)－조사(調査)－탐사(探査)－탐구(探究)－연구(硏究)가 몸에 익을 무렵, 또 2년간은 온 세상에 관한 학문에 대해 강론하고, 학문적 동지들과 더불어 탐구하라. 이쯤 몰입하고 매진해야, 조금 이루었다 할만하다. 박사학위를 받았다고 할까? 그런 배움의 상황을 '소성(小成)'이라 한다. 너무 겸손한 발언인가? 아니면, 학문이 이렇게도 어렵다는 경각심(警覺心)인가? 여기서 그치지 않는다.

그 다음에 또 2년 정도, 즉 10년 이상, 신중하고 진지하게 학문을 해 나가란다. 그렇게 공부가 누적되어야, 그만큼 여러 사안에 대해 유추하여 해석할 수 있고, 이치나 도리에 어긋나지 않으며, 자신의 학문적 입장을 굳힐 수 있다. 이런 경지에 이르렀을 때를 '대성(大成)'이라 한다. 대성(大成)! 특히, 집대성(集大成)을 이룬 학자, 그는 수련(修練)의 달인이다. 단련(鍛錬)이 삶의 양식이다. 다름 아닌, 제대로 공부한 사람, 훌륭한 학자다.

고등 학문에 입문하면서, 최소한 10년의 시간과 공간을 어떻게 보내느냐! 학문의 성패(成敗)를 넘어, 인생의 갈림길이 이 과정에 버티고 섰다.

학문의 단계와 시공간으로 볼 때, 좋은 스승의 탄생은 그리 만만치만은 않다. 한 사회의 변혁을 도모할 교육받은 인간! 사회 지도급 인사! 어른 역할을 할 훌륭한 사람! 많은 사람이, 사회 분위기를 바꾸고 사회 진보를 이끌, 그들의 출현을 기다린다. 그 스승은 어디에서 양성되고 있을까? 언제 세상에 나올까? 아니, 여러 분들이 존재하고 있으나, 세상 저 깊숙한 곳에 은둔하고 있지는 않을까?

24

학업을 제대로 수행하고 게으름을 조심하라.

2019년 2월 18일(월)

여덟 번째 성찰,
"손기업(孫其業)!
수기의(收其威)!
학업을 잘 따르려는 마음을 지녀라!
동시에 학업에 나태해짐을 경계하라!"

고등교육의 단계에 들어서면, 정말 그에 맞는 사명감과 책무성을 갖고 학업에 임해야 한다. 그렇지 않다면, 아예 '고등' 단계의 학문에 들어서지 말라!

공부를 하려고 책을 집어 들거나 노트북이나 컴퓨터를 켠다면, 마음의 준비를 단단히 하라. 자신이 탐구하는 작업의 중요성을 깨닫고 정진하라.

학문은 단순하게 나 홀로 하고 싶은 일, 개인의 이익이나 영달만을 위한 것이 아니다. 처음에는 그렇게 시작했더라도, 궁극적으로는 반드시 사회성을 띠어야 한다. 개인의 지적 호기심을 바탕으로 수행하되, 다른 사람에게도 유익할 수 있는 상생(相生)의 양식이어야 한다. 그래야, 그 의미와 가치가 배가 된다. 21세기 초반, 나는 한국 사회에서 교육철학자로 살아왔다. 학자로서 나는 무엇인가?

스스로 '회초리'를 준비하라! 많이. 그것만이 나태함을 징계하기 위한 자기 구제 장치다.

25

몰입하여 연구하고
함부로 단계를 뛰어넘지 말라.

2019년 2월 19일(화)

아홉 번째 성찰,
"시관불어(時觀弗語),
존기심야(存其心也)!
유청불문(幼聽弗問),
학불엽등(學弗躐等)!
선생은 학생들의 삶을 자세하게 지켜보면서도 특별하게 지적하여 말하지 않는다.
그들이 다른 일에 마음 쓰지 않고 공부에 몰입하도록 버려두는 배려다!
선생은 미진한 학생에게 자세히 듣고 받아들이도록 권장하되 전문적 내용은 묻지 않는다.
학문에는 차례가 있어 함부로 단계를 뛰어넘어서는 안 되기 때문이다!"

선생은 항상 학생의 생활을 지켜보고 살핀다. 보이지 않게 주시(注視)한다. 그러나 모든 공부에서 일일이 지적하며 세심하게 주의를 기울이지는 않는다. 학생들의 주의가 흩어질 수 있기 때문이다. 그만큼 학생들은 전심전력(專心全力)하여 자신의 학업을 스스로 단련하고 연마해 나가라!

이제 학문에 입문한 학생은 선생이 전수하는 학문 내용을 제대로 파악하는 데 힘을 쏟아라! 심오(深奧)하고 정치(精緻)한 이론 체계는 차근차근 탐구해 나가라. 선생은 그들에게 전문 내용에 대해 깊이 있는 질문을 하지 않는다. 학문 연구에는 차례와 순서가 있기 때문이다. 아직 탐구가 미진한 학생에게 깊이 있는 질문이 큰 의미가 있을까? 오히려 독이 될 수 있다. 낮은 단계에서 너무 어려우면 질려 버린다! 그러므로 무조건 빨리, 급하게 나아가려고 하지 말라! 위험하다! 학문은 그렇게 연구해서는 곤란하다. 쉬운 것에서 어려운 것으로, 단순한 것에서 복잡한 것으로, 가까운 것에서 먼 것으로, 한 단계씩 점진적으로 나아가라! 기초탄탄!

기초가 확립되지 않았다면, 조금도 머뭇거리지 말고, 기초를 다져라. 묵묵하게 다시 시작하라! 그것이 활로(活路)다.

26

현재 직무에 충실하며 희망하는 사안을 고려하라.

2019년 2월 20일(수)

열 번째 성찰,
"관선사(官先事)!
사선지(士先志)!
이미 맡은 일이 있는 직업인이라면, 직무와 관련 깊은 사안을 다루는 일에 우선하라!
아직 맡은 일이 없는 예비 직업인이라면, 자신이 희망하는 사안을 공부하는 일에 우선하라!"

현재 나의 자리는 어디인가? 무엇이 중요한가? 학문에 나아갔다면, 어떤 자세가 요청되는가? '이때–여기', 나를 둘러싼 존재들을 점검하라! 현실, 그것은 사실인가? 진실인가? 정말 확실하게 믿을 수 있는 사태인가?

27

배운 내용을 간직하고 익히고 유람하며 넓히라.

2019년 2월 21일(목)

열한 번째 성찰,

"장언(藏焉)!

수언(修焉)!

식언(息焉)!

유언(遊焉)!

배운 내용을 마음에 간직하라!

익히고 실행하라!

쉬면서 익히라!

유람하며 넓혀 나가라!"

언제인가, '공부가 가장 쉬웠어요!'라는 제목의 책이 있었다. 아마 고등학교 때 성적이 아주 좋았던 학생이, 수학 능력 시험에서 최고점수를 받으면서, 자신의 공부 경험을 그렇게 표현한 것 같다. 가볍게, 책을 팔기 위한 홍보 수단으로, 코믹하게, 또는 역설적으로, 그런 말을 던질 수도 있겠다.

정말 그럴까? 공부에 흥미를 느끼지 못하는 사람들, 공부가 가장 어려운 학생들이 볼 때, 웃기는 헛소리다!

수십 년 공부해 온, 내가 볼 때도 그렇다. 저따위 표현은 오만 방자한, 어리석기 짝이 없는, 정말 가소로운 말이다. 무지를 드러내는 쓰레기 같은 소리다. 공부로 점철되어야 할 인생의 가치를 정말 무시하는, 맥 빠지는 이야기다. 절대 옹호하지 말라!

공부는, 저렇게 쉽게 내뱉을 수 있는, 쉬운 일이 아니다. 단연코 아니다. 국어·영어·수학·사회·과학과 같이, 중·고등학교 시절 특정 교과목 점수를 100점 받는 일은 쉬울 수 있다. 하지만, 그것이 공부 전체를 대변하지는 않는다. 부분 가운데 부분에 불과하다. 인생에서 부딪치는 삶의 공부는, 자기 자신을 바탕으로 인류 사회가 추구하는 '인간 알짜배기'를 찾아가는 진지한 숨바꼭질이다. 가치가 부여되는 만큼, 그 공부의 과정은 험하고 어렵다! 정말 난제(難題) 가운데 난제다.

다시 강조하지만, 이 세상에 쉬운 일은, 결단코, 없다! 노력을 투여한 만큼, 익숙해진 만큼, 어떤 일이 쉽게 보일 수는 있으리라. 그렇다고 인간이 애써 가꾸어온, 세상의 일 자체가 쉬운 건, 절대 아니다. 노력의 땀방울을 먼저 보라. 익숙해지는 과정의 연습을 먼저 생각하라.

땀방울과 연습을 체험하며, 진지하게 고민하자. 세상일은 무턱대고 함부로 하는 것이 아니다. 아무리 쉬워 보여도 세상일을 얕보지 말라! 그런 행동은 인간사회가 온갖 고생을 하며 성취해 온, 일에 대한 실례다. 일의 소중함과 신성함에 대한 모독이다.

일을 할 수 있는 능력 함양, 그런 공부[학문]에 임할 때, 문제가 되는 내용은 항상 염두에 두라. 그리고 기회가 될 때마다, 그것에 대해 탐색하며 연구하라. 휴식을 취하거나 유람을 즐길 때도 반드시 마음에 품고 고민하라. 그 끄트머리에서 배움의 시작이 열린다.

28

미리 점검하고 때에 맞춰 감당하며 탐색하라.

2019년 2월 22일(금)

열두 번째 성찰,
"대학지법(大學之法),
예시손마(預時孫摩)!
고등 학문의 방법은 다음과 같이 하라.
미연에 방지하고, 적절한 시기에 연구하며, 감당하고, 격려하며 권장하라!"

높은 수준의 배움은 적절한 양식을 따를 때 유효하다.

첫째, 예(預)다. '예'는 잘못을 미연에 방지하는 장치다.

둘째, 시(時)다. '시'는 학습상황에 맞추어 대응하며 적절한 시기에 연구하는 작업이다.

셋째, 손(孫)이다. '손'은 연구자가 감당할 수 있을 정도의 내용을 넘어서지 않는 탐구다.

넷째, 마(摩)다. '마'는 연구내용을 공유하고 서로 격려하면서 언행이 아름답도록 권장하는 지도다.

‘예(預)－시(時)－손(孫)－마(摩)’의 학문 양식을 고려하여, 연구에 임하면, 학문의 효과가 배가 될 수 있다. 미리 점검하라! 시기를 맞추라! 감당하라! 서로 격려하며 권장하고 탐색하라!

29

실수를 줄이기 위해 긴장을 늦추지 말라.

2019년 2월 23일(토)

열세 번째 성찰,
"학자사실(學者四失),
다과이지(多寡易止)!
학문하는 사람은 네 가지 실수를 저지를 수 있다.
진정, 경계하라!"

인간은 다른 동물에 비해 여러 측면에서 우수하다. 그 우수성이 인간을 규정한다. 대표적인 특징이 '이성(理性)', 교육(教育), 경제(經濟) '정치(政治)', '사회(社會)', '노동(勞動)', '유희(遊戲)' 등 몇몇 용어나 개념으로 정돈된다. 학문도 그 가운데 하나다.

인간의 특징을 규정하는 다양한 용어들을 구현하는 과정에서, 약간의 자신감이 생기면, 인간이라는 존재는 교만(驕慢)해지기 쉽다. 교만은 오만(傲慢)과 편견(偏見)을 유도한다. 다른 동물에 비해 우수하다는 인간의 특징을 한순간에 짓밟으며, 짐승 이하의 수준으로 스스로 타락한다. 학문의 영역도 마찬가지다.

실수를 줄여라! 특히 아래에 거론하는 네 가지－산만, 빈약, 미비, 편협－에 대해 고심하라.

첫째, 너무 많은 내용에 관심을 가지면 지식이 산만해진다.

둘째, 지나치게 좁은 시야로 연구하면 지식이 빈약해진다.

셋째, 쉽게 눈앞의 변화에 이끌리면 지식이 온전해지기 어렵다.

넷째, 연구 주제를 너무 좁은 범위로 한정하면 지식이 편협해진다.

자신의 탐구 주제를 정돈하고, 다방면에 관련시키며, 현실적 이익을 초월하여, 학문의 지평을 넓혀가라! 학문으로 내면을 채우고 다지며, 행실로 세상을 포옹하라! 그래야 실수가 줄어든다.

오후에는 강화도 교동도(喬桐島)로 달려갔다. 갑자기 고려 최초로 성리학을 도입하며, 유학의 보급로 역할을 한 <교동향교(喬桐鄕校)>를 보고 싶어서였다. <교동향교>는 성리학을 도입한 안향이 원나라에서 공자상(孔子像)을 들여와 모셨다고 전해오는 곳이다. 교육기관으로서의 원형은 거의 사라지고, 겨우 건물을 신축하거나 보수하며 명맥을 이어가고 있었다. 안타깝기도 했으나 당연한 흐름으로도 생각되었다. 무너질 건 무너져야지! 강화도가 어떤 곳인가? 한국의 모든 역사를 고스란히 담아내고 있지 않은가! 고대사에서 근·현대에 이르기까지.

향교 옆에는 화개사가 있고, 읍성과 연산군 유배지 등도 관광지로 단장하고 사람들을 맞이하고 있었다. 특히, 북한 연백 사람들이 6.25때 피난 와서 살며 형성한, 대룡시장은 지역의 새로운 명물이 되었다. 어딘가 세련미를 갖추지는 못하고 엉성한 듯 보였으나, 고민할 만한 곳들은 산적해 있었다.

♦ 교동향교

♦ 대룡시장

30

억지로 끌거나 억압하거나 마구 통달시키려 하지 말라.

2019년 2월 24일(일)

열네 번째 성찰,
"도이불견(道而弗牽)!
강이불억(强而弗抑)!
개이부달(開而弗達)!
학문의 내용을 지도하지만, 끌고 가지 않는다!
강제적으로 연구를 시키지만, 억압하지 않는다!
학술의 여러 양식을 열어주지만, 통달하도록 강요하지 않는다!"

이렇게 해야 연구자가 특별히 거부하지 않고, 마음을 편안하게 가지며, 자신의 사고를 적극적으로 펼쳐 나갈 수 있다! 자식에게, 학생에게, 아래 직원에게, 배움의 도정에 있는 모든 사람에게, 이 변증법적 역설이 깃들기를.

31

학문은 자신의 장점을 가꾸고 단점을 보완한다.

2019년 2월 25일(월)

열다섯 번째 성찰,
"장선이구실(長善而救失)!
교육은 사람이 지닌 장점을 가꾸어 자라나게 하고, 단점이나 실수를 보완하여 오류를 막는 사업이다!"

학문은 자신의 자질을 성장시켜 나가는 작업이다. 나의 자질과 재능은? 나의 본성이나 마음은 무엇인가? 내가 지향하는 곳은 어디일까? 누구나 장점이 있다. 동시에 단점도 있다. 때로는 장점이 단점이 되고, 단점이 장점이 된다. 결코, 자신이 지닌 단점에 실망하지 말라! 좌절하지도 말라!

'단점이 있다!'라는 사실을 안다는 것은, 그 이면에 '장점이 있다!'라는 진심을 확인하는 표현이다. 내가 지닌 장점과 단점, 이 모두가 나를 상징하는데, 무엇이 문제일까?

장점은 자긍심이자 자부심이다. 자랑할 사안이다. 하지만 자만심에 빠져, 너무 내세워서는 곤란하다. 단점은 열등감을 조장할 수 있는 약점일 수 있다. 이런 상황일수록 단점을 사랑하자! 단점으로 인해 실수나 오류를 저지르지 않는다면, 그 단점은 오히려 나를 대변하는 최대의 장점으로 바꿀 수 있다.

장점을 강화하려는 정성(精誠)과 노력(努力), 단점을 보완하려는 용기(勇氣)와 정진(精進), 그 인식과 실천이 중요하다!

32

본질을 꿰뚫고 꽉 채워 두텁게 만들어 직언하라.

2019년 2월 26일(화)

열여섯 번째 성찰,
"약이달(約而達)!
미이장(微而臧)!
한비유(罕譬喩)!
학자는 그 말을 한꺼번에 통합하면서도 본질을 꿰뚫는다!
말이 자질구레한 것 같지만 꽉 차 있는 듯 두텁다!
그 말을 빙 둘러서 하면 깨우치는 일이 적다!"

그렇다!
학자의 말은 간략하다. 하지만 뜻은 명확하다!
말이 완곡하다. 하지만 취지는 정확하다!
가능한 한 명료하게 직접 독해한다. 간접적 비유나 모호한 이해로 세상을 터득하지 않는다. 물론, 학술 이론에 근거한 사실과 진리를 전달하고 공유하는 과정은, 매우 이성적이기에, 상당히 무미건조(無味乾燥)하다. 희극배우가 뿜어내는 코미디(comedy)나 개그(gag)가 아니기에, 웃음을 마구 터트리는 재미는 적다.

그래도 학자의 명예를 존중하며, 그런 자세로 사람을 설득하고 세상을 아름답게 만드는 데 기여한다면, 학문을 제대로 실천하는 교육지도자이리라!

33

여러 사안을 연관시켜야 온전하게 터득한다.

2019년 2월 27일(수)

열일곱 번째 성찰,
"상설이해(相說以解)!
학문은 서로를 연관하여 이해하고 설명할 때, 의미를 온전하게 터득할 수 있다!"

유능한 학자는, 나무꾼이 단단한 나무를 자를 때 사용하는 방법을 학문의 양식으로 원용한다. 먼저 처리하기 쉬운 부분부터 정돈하라! 옹이와 같이 자르기 어려운 부분은 뒤로 남겨두라! 연구를 지속하며 서로 다른 영역을 연관시키다 보면, 까다로운 부분도 자연스럽게 해결되리라!

연구자에게 중요한 것은, 탐구를 지속하려는 열정과 인내, 관련 내용을 진지하게 고려하는 학문적 용기다!

34

종을 치는 것처럼 아름다운 소리를 울려라.

2019년 2월 28일(목)

2월의 마지막 날, 우수절(雨水節)이다. 입춘(立春)이 지나고, 겨우내 쌓인 눈이 비가 되어 내린다. 차가운 기운이 녹고, 따스한 기운이 피어오르는 시절, 우수(雨水)! 말 그대로 '비[雨]+물[水]'이니까, '빗물'이다. 이때 빗물은 '봄비'를 뜻한다. 봄비는 만물소생(萬物蘇生)을 기약하는 생명수다.

그동안 『예기』「학기」를 읽으며, 내 학문의 양식을 살펴보고 있다. 이제 열여덟 번째다. 봄비가 내리는 우수절, 그 생명수만큼이나 다음 달이 기대된다. 3월에는 무엇이 나를 일깨울까?

열여덟 번째 성찰,

"진기성(盡其聲)!

종(鐘)을 치는 것처럼 탐구하라!

그리하여 종으로 울릴 수 있는 가장 크고 아름다운 소리를 내라!"

학문하는 사람은 다양한 사물에 비유되어 왔다. 매난국죽(梅蘭菊竹)과 같은 사군자(四君子)나 학(鶴)으로도 상징된다. 그 행동이나 삶의 방식도 수많은 사물에 견주곤 한다. 종(鍾)도 그 가운데 하나다. 종을 두들기는 것처럼, 그 원리를 이해하며 탐색하고 공부해 나가라는 소리다.

종은, 치는 사람의 마음을 담는다. 조그마한 것으로 두들기면 작은 소리를 내고, 큰 것으로 힘껏 때리면 큰 소리를 울린다. 종을 치는 사람이 차분하면서도 혼신의 힘을 불어넣어 때리면, 그만큼 웅장하고 아름다운 소리를 낸다. 학문만이 아니라, 어떤 영역에 종사하건, 일을 탐색하는 과정에서 스스로 묻고 스스로 답해 보라. 나는 어떻게 종을 치고 있는가?

국민학교[초등학교] 시절, 수업 시간을 알려주던 청아(淸雅)한 종소리, 참 맑았다. 땡땡땡! 첨탑 아래서 울리는 교회당 종소리, 참 우아하다. 띠이잉 띠이잉! 깊은 산 사찰에서 퍼져 나오는 그윽한 종소리, 묵직하다. 디~이잉!

이 모든 종소리가, 종을 만드는데 공들인 만큼, 너그러운 소리로 가슴에 맴돈다. 쌓여 딱딱해진 얼음 같은 눈을, 비가 내려 촉촉이 젖으며 녹이듯, 봄기운의 종소리. 내 학문 탐구의 양식은?

오후에 책이 발간되어 도착한다고 연락이 왔다. 2016년 3월 수술 후, 인생을 고민하며 틈틈이 읽은 『주역』 64괘 384효에 관한 내용을 정돈한 책이다. 이번에 괘사(卦辭)와 효사(爻辭)를 하나씩 보니, 『주역』이 진짜 주나라 때의 역학인지, 의심할 거리가 너무나 많았다. 무엇보다도 『서경』과 상호보완 할 내용도 상당하여, 반드시 함께 읽어야 할 필요성도 느꼈다.

아주 쉬운 듯, 뻔히 보이는 듯하나, 인간의 욕망이 개입하는 한, 삶이 정말 어렵다!

35

다방면으로 견주어 보고 분류하여 정리하자.

2019년 3월 1일(금)

3.1절 100주년이다. 대한민국 연호(年號)로는 101년이다. 정치권에서, 학계에서, 이런저런 논란이 많다. 1919년 3.1독립(獨立) 만세 운동! 동서고금을 막론하고 역사에 길이 남을 독립투쟁의 대사건이다. 독립은 인간의 삶에 엄청난 의미를 부여하는 개념이다. 정치적으로는 한나라가 '완전한 주권(主權)'을 행사하는 사업이고, 개인적으로는 한 사람이 자신의 집안을 이루어 '완전한 개인권(個人權)'을 행사하는 일을 말한다. 인간으로서 향유해야 할 절대적 권리, 독립!

나는 독립을 위해 솔선수범(率先垂範)한 선조들이 정말 자랑스럽다. 그것은 나와 너, 우리 모두, 말 그대로 인간다운 세상을 찾으려는 몸부림이었다. 그들의 투쟁은, 어떤 형식으로건, 100년 이후가 지난 지금에도, 나의 존재 근거로 자리매김 되기에 충분하다. 여러 이유가 있겠지만, 3.1운동은 대한민국을 탄생시키는 씨앗 역할을 했기 때문이다. 그분들이 목놓아 외쳤던 만세 소리가 상상으로 밀려온다. 대한 독립 만세! 나는 자랑스러운 대한의 건아(健兒)다.

다시, 선조들의 저항과 투쟁, 나라를 되찾으려는 애국 활동에 진정으로 감사한다. 아니, 그 활화산 같은 정신, 민족의 얼을 가슴에 새겨 두고, 오늘 이 시대에 부합하는 새로운 독립을 고민해야 한다. 현재 내가 해야 하는 작업은 뭘까? 3.1운동의 독립정신에 빗댈 수 있을까? 시대가 다르고 사고에 차이가 있는 만큼, 결코, 선조들의 저항이나 투쟁 정신과 동일한 독립의 의미를 구현할 수는 없다! 하지만, 윤동주의 「서시(序詩)」 구절을 빌린다면, 오늘도 "나한테 주어진 길을 걸어가야겠다." 맡겨진 학자의 본분, 그 소명을 충실하게 이행하는 것이 독립 만세를 외치던 선조들에게 부끄럽지 않을, 현재의 거처(居處)일 듯하다.

당시, 시대를 선도하던 주요 지성인들은 상당수가 일제에 저항하는 투쟁의 대열에 나섰다. 그러나 내 학문과 긴밀한 연관이 있는 유학자들, 전통 학문인 유학을 고수하던 학자 그룹, 이른바 유림(儒林)은 3.1독립 선언에 참여하지 않았다.

나의 할아버지도 그랬다. 할아버지는 내가 태어나기 한두 해 전에 돌아가셨다. 때문에 나는 할아버지에 대한 직접적 기억이 없다. 간접적으로 얘기는 많이 들었다. 할아버지는 지역의 유림 사회에서 꽤 명망이 높았다고 한다. 회재(晦齋) 이언적(李彦迪, 1491~1553) 선생을 모신 경주 안강의 '옥산서원(玉山書院)'을 근거지로 활동하셨다. 할머니는 월성 손씨(月城孫氏)인데, 그 부근에 있는 '양동마을'이 고향이다. 그런 자부심 때문이었는지, 나도 성인이 된 이후, 수시로 옥산서원과 양동마을을 들락거렸다.

선친(先親)과 모친(母親), 큰형님이 나에게 전해 준 얘기로는, 당시 독립운동 지도자이셨던 손병희(孫秉熙, 1861~1922) 선생이 두

세 번이나 할아버지를 찾아와 독립선언에 참여해주기를 부탁했다고 한다. 하지만, 무슨 이유에서인지, 할아버지는 그에 응하지 않았단다. 개인적으로는 참 서글프다! 왜 참여하지 않았을까? 할아버지가 남긴 문집도 없고, 그때 상황에 대한 글이라도 있으면 좋으련만. 당시 민족지도자나 지식인들 사이에, 국내외 정세를 분석하고, 시대를 헤쳐나가는 방법이 사람마다 조금씩 달랐던 모양이다. 일제(日帝)로부터의 독립(獨立)이라는 대의(大義)는 같으나, 실행의 방식에서 한마음 한뜻은 아니었던 것 같다.

이후, 유림들은 파리강화회의에 제출한 「독립청원서」로 3.1운동을 대신했다. 흔히, 「파리장서」로 알려진 글로 애국충정의 심경을 표출했다. 심산(心山) 김창숙(金昌淑, 1879~1962)을 비롯한 유림의 기록을 보면, 그렇게 한 데는 여러 사유가 있다.

어쨌건 독립선언 이후, 사회 각 방면에서 독립운동이 지속되었다. 그리하여 1945년 8월, 2차 세계대전의 종식과 더불어 한반도는 해방을 맞이했다. 나는 그런 역사의 소용돌이가 휩쓸고 간, 한참 후인, 1960년대 초반, 이른바 '베이비붐 세대(Baby Boom Generation)'의 한 사람으로 세상에 태어났다. 그러니까 내가 몸소 맞이하는 3.1절이나 광복절, '기미년(己未年)~'으로 시작하는 3.1절 노래나 '흙 다시 만져보자~'라는 광복절 노래를 부르며 살아온 지는 50여 년 남짓하다.

실제로 일본제국주의 식민지 시대를 전혀 겪어 보지 못해서인지, 3.1절이라고 해서, 특별한 감회가 있는 건 아니다. 의미를 부여하다 보니, 이맘때면 생각나는 것이다. 엄밀하게, 일상에서 보면, 오늘은 그냥 공휴일이다. 하지만, 3.1절에 관한 지식과 그 운동이 품은 의미가 사회 분위기를 주도할 때, 지식인으로서 감내해야 하는 고민은 깊고 넓어진다.

열아홉 번째 성찰,

"비물추류(比物醜類)!

사물을 다방면으로 견주어 보고 분류하여 지식으로 정돈하라!"

3.1절이라는 독립투쟁 운동도 그러하다. 국가독립, 민족자결, 민주주의 등 정치적 사안은 물론, 다양한 차원의 학문적 고려가 필요하리라.

교육은 헤아리기 힘들 정도로 고심해야 할 영역이 복잡하게 얽혀있다. 얽히고설킨 실타래와 같아 풀어야 할 사안이 많다. 단순하게 강의실에서 분필이나 보드마카로 써 내려가며 강의하거나 컴퓨터를 활용하여 지식을 전달하는 행위를 초월한다. 그것은 아주 축소된 의미의 교육 행위다. 교육학의 여러 영역이 말해 주듯이, 철학과 역사, 심리, 사회, 행정, 재정, 공학, 통계, 평가 등 수많은 내용이 융합된 종합학문으로 인식해야 한다. 그래야 보다 온전한 교육의 차원을 이해할 수 있다.

이런 특성의 교육을 담당하는 학자는, 여러 가지 일을 비교하고, 그것이 동질적인지 이질적인지 분류하여, 논리 체계를 갖추면서도, 의미 가득한 지식으로 정리해 내야 한다. 그것이 논저(論著)다! 학문의 세계에 겨우 입문하여, 『논어(論語)』의 술이부작(述而不作)을 깨우치던 시절, 선생님께서는 호령하듯, 당부하셨다.

"학자는 논저(論著)로 말한다!"

술이부작(述而不作)! — '선인(先人)들의 사유를 제대로 전달하며 서술하라! 제멋대로 마구, 되지도 않는 말로, 창작하지 않아야 한다!' 나이 50이 넘어선 후에야, 스승의 말씀과 이 말의 참 의미가 무엇인지 약간씩 보이기 시작했다.

갑자기, 유림(儒林)의 의병과 독립투쟁이 생각나서, 집에서 가까운, 경기도 포천의 채산사(茝山祠)를 다녀왔다. 채산사는 면암(勉菴) 최익현(崔益鉉, 1833~1906) 선생을 모신 사당이다. 주변에 선생의 생가터와 신라 때 고운(孤雲) 최치원(崔致遠, 857~?) 선생을 모신 청성사(淸城祠)도 있다. 예전에 대마도(對馬島) 갔을 때, 면암 선생 유배지를 비롯하여 유적을 답사하며 눈물을 적신 바 있었다. 생가터 마을에 가니, 다시 새로웠다. 공교롭게도 포천의 신북면은 아내의 본적지였다.

옥산서원 현판과 전경

경주 양동마을

♦ 채산사와 면암 선생 초상화

♦ 파리장서

♦ 고려대 서관 앞의 손병희 선생상

♦ 나의 조부 신치환(申致煥) 옹(翁)

36

크게 갖추고 큰길을 가며 긴 시간 동안 살펴보라.

2019년 3월 2일(토)

스무 번째 성찰,
"대덕불관(大德不官)!
대도불기(大道不器)!
대신불약(大信不約)!
대시부제(大時不齊)!
크게 갖춘 사람은 특별한 능력이 없다!
큰길을 가는 사람은 전문적 기능을 발휘하지 않는다!
믿음이 두터운 사람은 굳은 맹세로 약속하지 않는다!
긴 시간 동안에는 여러 변화가 있게 마련이다!"

큰 인물은 특별한 재능이 없는 것처럼 보인다. 대학자는 전문 지식이나 독특한 기술이 없는 듯하다. 신의가 두터운 사람은 맹세나 서약을 하지 않는다. 긴 시간을 지나다 보면 한결같지 않고 도리어 그것조차 짧게 느껴진다.

대덕(大德: 큰 덕), 대도(大道: 큰길), 대신(大信: 큰 믿음), 대시(大時: 긴 시간), 이 네 가지 사안은, 너무 큰 영역에 관한 일이다. 그만큼 존재의 무용(無用)을 보는 것 같다. 하지만 크고 넓고 긴 것만큼 유용한 성능을 지니고 있다. 노장(老莊) 사상의 표현처럼 '무용지용(無用之用)'의 효용이라고나 할까? '지대무외(至大無外), 지소무내(至小無內).'의 논리처럼, '너무 큰 것은 바깥이 없고, 너무 작은 것은 안이 없다!' 너무 커도 보이지 않고 너무 작아도 보이지 않는가? 그럼 뭐냐?

이 외에도 『예기』「학기」에는 교훈이 많다. 나중에 여유가 될 때, 또 성찰하기로 하고, 새로 꺼내 볼 때까지는 일단 여기서 접어둔다.

내일부터는 예전에 읽었던 『고문진보(古文眞寶)』를 다시 들춰보련다. 동양 고전을 공부하는 사람에게 『고문진보』는 기초단계에서 읽어야 하는 필독서였다. 선생님들로부터 그렇게 배웠고, 젊은 시절에 그냥 읽었다. 청년에서 중년으로 변한 만큼, 그 시간의 차이가 내용을 되새기는데 무엇을 보태줄까? 모르겠다. 읽어봐야 알겠다. 내일부터 내 삶을 투영하여 독해하며, 성찰을 이어가련다.

37

배움의 축적과 실천이 황금 집을 가져온다

2019년 3월 3일(일)

2019년 1학기 개학 전날이다. 2019년 3월부터 8월까지 한 학기 동안, 연구년이라 강의가 없다. 안식이 주어진 만큼, 새로운 연구와 교육에 대한 충전이 요청되는 시간이다. 오늘부터는 『고문진보』를 한두 구절씩 발췌하여 다시 읽으며, 내 학문 생활을 되돌아본다.

'고문진보(古文眞寶)'는 문자 그대로 '옛글[古文]' 가운데 '참된 보배[眞寶]', '진짜 보물'이라는 의미다. 그만큼 삶의 교훈이 녹아 있는 알짜배기 문장을 말한다. 인생의 희로애락(喜怒哀樂)이 쌓일 대로 쌓이고, 인간의 경험이 끊임없이 재구성된, 확실하게 증명 가능한, 진리처럼 여겨지는, 지혜의 창고다. 때문에 옛날 지식인들은 『고문진보』를 매우 소중하게 다루었다.

이런 의미 있는 소중한 글은, 단순하게 지식을 쌓는 수준에서 들춰보기만 해서는 곤란하다. '반드시' '꼭'은 아닐지라도, 가능한 한 보편성을 띠고 있는, 상식에 근거하여 인식(認識)하고 파악(把

握)한 만큼, 제대로 장악(掌握)하여 실천을 담보하는 경지에까지 이르기를 희구한다.

이에, 앞의 『학기』에서 '성찰(省察)'한 것과 조금 다른 뉘앙스로, '탐구(探究)'라는 학습의 자세를 도입해 본다. 그 첫 번째 탐구는 진종황제(眞宗皇帝, 998~1022 在位)의 「권학(勸學) – 배우기를 권장함」에서 시작한다. 진종황제는 중국 송나라 3대 황제다. 지금부터 약 1,000년 전 사람이다. 그의 글은 『고문진보』의 맨 앞에 자리한다.

첫 번째 탐구,
"안거불용가고당(安居不用架高堂)!
서중자유황금옥(書中自有黃金屋)!
편안히 살기만을 위해, 높다란 큰 집을 짓지 말라!
온몸으로 터득하는 글 가운데, 황금 집이 저절로 만들어진다!"

사람은 대부분 몸 편히 살기를 갈망한다. 어떤 인간의 삶이 다른 사람과 비교 대상이 되어 구체적으로 회자(膾炙)될 때, 더욱 그러하다. 남들이 부러워할 만한 풍족한 재물, 사람들이 머물고 싶어 하는 으리으리한 집, 물질적으로 풍요한 삶! 그런 생활을 소망하는 것이 인지상정(人之常情)이다.

욕구(欲求, needs)에 근거한 인간의 보편적 소망을 비난할 이유는 없다. 그것은 채워나가야 할 인간의 당연한 권리이자 의무다. 욕구 만족을 통해 기쁨과 즐거움, 나아가 삶의 안정을 도모한다. 그런데, 왜 하필이면 큰집[高堂]을 거론하는 걸까? 왜 다른 것보다 글[書中]을 강조하는가? 얼핏 보기에, 저 구절은 큰집으로 대변되는 물질의 세계와 글로 상징되는 의식의 세계! 육체의 평안과 정신의 성숙! 이런 이분법적 사유가 개입된 듯하다. 그러나 저 구절을 이렇게만 해석하기에는 난점이 많다. 그럼 무엇일까?

욕구를 넘어선, 욕망(欲望, desire)에 대한 경계는 아닐까? 끊임없이 다른 욕구로 미끄러져 나가면서, 환란을 조장할 수 있는 욕망이라는 자동차! 사람은 욕망의 그늘에 주저앉기 쉽다. 그것은 인간 세계의 당연한 현상이다. 하지만, 조금만 진지하게 성찰해 보시라. 욕망을 넘어선 저 뒤편에는 재미난 세상, 알찬 세계가 다채롭게 자리하고 있다. 인간이 살아가는 동안, 의미를 부여할 수 있는 사안이 너무나 많다.

편안한 거처 마련! 조그만 내 집 하나! 이 또한 정말 중요한 일이다. 어떤 사람은 몸 하나 뉠 수 있는 아늑한 보금자리를 갖는 데 일생을 바치기도 한다. 그렇다고 거처를 장만하는 일에만 몰두하여 바둥바둥 거린다면, 삶의 모든 것을 호화로운 집 한 채로 귀결한다면, 좀 서글프지 않을까? 우울하고 안타까운 인생일 것 같다. 그 낮은 수준의 기분이 가슴 한가운데 한으로 맺힐 수도 있을 듯하다. 그런 점에서 단순하게 큰집 하나만이 삶의 목표가 되어서는 곤란하지 않을까?

진종황제는 사람들에게 말한다. '큰집보다는 글 가운데를!' 황제이기에 가장 큰집인 대궐 궁전(大闕 宮殿)에 살았을 텐데, 왜 그랬을까? 삶 자체가 고난이기는 하다. 그러기에 '고생(苦生)'이라는 언표가 인생(人生) 전반을 휘감고 있지 않은가?

삶의 고통을 몸 안으로 담아내자. 그 가운데, 글을 많이 읽고 학문이 깊어져 적절한 자리를 잡게 되면, 자신에게 적합한, 만족할 만한 훌륭한 집에 살 수 있으리라. 이런 점에서, 진종의 <권학문>, 이 한 구절을, '글을 읽으며 즐기는 가운데 황금으로 장식한 집을 찾을 수 있다!'라는 뜻으로 독해하면 어떨까!

하하, 배움은 나에게 황금 집을 선사하는 복권(福券)처럼 느껴진다. 다시, 배움의 문제인가? 또 학문으로 회귀한다!

38

배움은 엄격하고 부지런하게 지속하라.

2019년 3월 4일(월)

나는 생각한다. 동서고금을 막론하고, 고전(古典, classics)의 반열에 속하는 모든 글은 교훈(敎訓)을 담고 있다. 다양한 학문이론, 각종 논설, 시, 소설, 수필 등, 어떤 글이건 삶의 현실과 이상을 포용하고 있기에 그러하다.

교훈은 필연적으로 교육의 핵심 요소로 파고든다. 호기심(好奇心)을 유발하고 동기(動機)를 부여하며 학업으로 나아간다. 학업은 누적되는 시간과 공간에 따라 습관(習慣)을 형성한다. 습관은 삶의 무늬를 그려나간다. 그러므로 고전은 인생의 지침과 지혜를 창조하는 학문의 토대다.

두 번째 탐구,

"교즉필엄(敎則必嚴)!

엄즉필근(嚴則必勤).

근즉필성(勤則必成)!

학자를 가르치려면 반드시 엄격하게 지도하라!
엄격하게 지도하면 반드시 부지런히 연구한다.
부지런히 탐구하면 반드시 그만큼 성취하리라!"

송나라 때, 류영(柳永, 990~1050)이라는 사람의 「권학문」에 나오는 구절이다.

학문(學問), 또는 학문(學文)이라 통칭되는 '배움'은, 참 복잡하면서도 난감한 문제다. '최초의 자연적 교사는 어머니다.'라는 말이 있듯이, 태교(胎教) 단계에서, 가정에서 부모의 자식 교육, 학교에서 교사의 학생 교육, 한 사회나 국가에서 지속되는 구성원을 향한 각종 교육이 형형색색의 양상을 띤다. 이 교육의 과정이 배움이라는, 쉽게 보이지 않는 삶의 동력을 중심으로 진행된다. 배움의 추동력으로서, 학문의 힘은 어떻게 발현될 수 있을까?

무엇보다도 '엄격함'과 '부지런함'이 학문의 자세에서 생명줄이다. 느슨함이나 게으름은 금물이다! 부지런히 배우고 깊게 탐구하는 작업이 성공의 열쇠다. 학문은 혹독하게, 그리고 열정을 갖고 부지런히, 꾸준히 해야 한다. 젊은 시절, 한참 한문 공부를 하던 어느 날, 권우(卷宇) 홍찬유(洪贊裕, 1915~2005) 선생은 조용히 나를 불렀다. 그리고는 아주 짤막하게 가르침을 주셨다.

"끝까지 해라!"

선생은 한학자로서 당대 최고의 시인이셨다. 나는 선생에게서 학자의 기풍을 보았고, 선생을 통해 학문의 길을 가는 서생으로서 깨달음을 얻었다. 한문 수련의 과정에서 선생은 수시로 당부하셨다.

"원문에서 한 글자도 더하지 말고 빼지 말고 그대로 읽어라! 하루도 거르지 말고 차근차근 꾸준히 쌓아나가라!"

돌아보면, 앞의 훈시(訓示)는 '엄격함'에 관한 엄명이고, 뒤의 염려(念慮)는 '부지런함'에 관한 부탁이었다. 모두가 학문의 성공을 갈망하는, 스승의 제자 사랑이자, 학문에서 멀어질까 노심초사한 학자의 걱정이었다. 나는 학기가 시작될 무렵 또는 마무리 시점을 기준으로, 1년에 서너 차례, 혼자 조용히, 선생의 산소를 찾아뵙곤 한다. 선생의 가르침이 생각날 때마다, 학문의 진정한 의미를 맛보게 해주신 스승을 가슴 깊이 새긴다.

이에, 다시, 내가 학문[배움]을 지속하고 있는 한, 엄격하자! 그리고 부지런하자! 그렇게 일상을 견뎌내면, 꼭 성공이라는 말을 붙일 수는 없을지언정, 그에 상응하는 경지에 오를 수는 있으리라! 그것이 배우는 자의 희망이자 소망 아니던가?

아래 글은 「전통문화」(통권 32호 2012년 봄)에 게재했던 권우 선생 열전이다.

漢學者列傳 – 卷宇 洪贊裕

권우 선생의 가르침 – 공부는 일상에서 끝까지 하는 것

先生의 諱는 贊裕이고 字는 泰聲이며 號는 卷宇로 貫鄕은 南陽이다. 1915년(乙酉) 9월 5일 京畿道 漣川郡 嵋山面(白鶴面) 石墻里에서 태어났다. 3세 때부터 祖父에게 千字文을 배우기 시작했고, 5세 무렵에 童蒙先習, 啓蒙篇 등을 모두 읽었다. 7세 때 봄에 조부와 냇가로 산책을 나갔다가 "너는 詩를 지을 수 있느냐"라는 조부의 물음에, 주저하지 않고 "강가의 버들가지 바람에 움직이네(江柳枝動風)"라고 읊었다고 한다. 이후, 10세 때, 嵋左 鄭烝 先生의 문하에서 수학하였고, 1926년(丙

寅) 12세에 서구 신학문이 들어와 공부할 것을 권고 받았으나 漢學에 뜻을 두었다.

1928년(戊辰) 14세에 결혼하였으나 오직 학문에 뜻을 두고, 15세에 상경하여, 독립운동가 偶丁 林圭 先生을 모시고 정진하였다. 그러나 일제 강점기 치하에서 創氏改名을 비롯한 억압에 항거하여, 憂國之士를 찾아 滿洲, 上海 등지를 周遊하다가 1945년 6월경에 귀국하였다.

1945년 이후, 30대 초반 무렵, 서울신문사에서 주최한 전국 漢詩백일장에서 장원을 하면서 漢詩로 명성을 날리기 시작했다. 당시 爲堂 鄭寅普 先生이 심사위원장이었는데, 선생은 이 대회에서 조선 최고의 漢詩의 능력을 인정받고 위당 선생과 교분을 쌓으며 더욱 학문에 전념하였다.

1968년 53세 때, 社團法人 儒道會 설립에 참여하여 유교문화와 선비정신을 昂揚하는 데 기여하였고, 1972년 槐南 金元泰, 小泉 李圭喆, 青冥 任昌淳, 夏丁 吳養龍, 青谷 尹吉重 先生 등 여러 선학들과 觀水會라는 詩壇을 구성하여, 매월 경향의 유명한 山水에 모여 逍遙遊하며 각자의 뜻을 담은 시편을 만들었다.

1979년 64세 때, 유도회 부설 漢文研修院을 설립하여 본격적으로 후학 양성에 나섰다. 1986년 3월부터는 한문연수원 獎學生班 3년 과정을 개설하여 四書三經을 무료로 가르치는데 심혈을 기울였다. 선생이 생전에 약 20년간 장학생반에서 길러낸 학자들은 전국 대학의 박사급 교수만 해도 100여명에 달한다. 선생은 한문연수원에서의 교육뿐만 아니라, 서울대, 성균관대, 국사편찬위원회 등 전통 한학을 요청하는 여러 대학에 출강하여 후학을 양성하였으며, 書藝 國展 심사위원을 맡기도 하였다. 또한 민족문화추진회(현 한국고전번역원)의 번역사업에 참여하여, 栗谷集을 비롯하여 수십 편의 고전을 번역하였고, 이외에도 전통 漢詩의 龜鑑이 되는 詩書叢林, 槿域書畵徵 등도 번역하였다. 2001년 3월

영산대학교 석좌교수로 초빙되었고, 2003년 1월부터 사단법인 유도회 이사장으로 재직하였다.

2005년 3月 11일 享年 90세로 考終하여, 경기도 연천군 백학면 석장리 壬坐에 安葬하였다. 配位는 丹陽禹氏로 1男 1女를 두었는데, 아들 思成은 大宇그룹 상무이사를 지냈고, 딸 賢淑은 宜寧 南基弼에게 출가하였다. 思成은 아들 桄善과 딸 雲英을 두었고, 南基弼은 아들 閏軾을 두었다. 桄善은 아들 承益・承範과 딸 文庭을 두었다.

선생이 逝去하신 이듬해 2006년에는 逝去 1주기를 맞아 문하생들이 힘을 모아 墓碑를 建立하였고, 2009년 서거 4주기에는 선생의 문집인 『卷宇集』을 간행하여 영전에 바쳤다.

선생은 靑冥 任昌淳, 金喆熙 선생을 비롯하여 李家源 연세대 교수, 서예가 如草 金膺顯 선생 등 수많은 인사들과 학문적으로 交遊하였고, 문하생으로는 전국 각지의 동양학 관련 학자가 100여명이 넘는다.

선생이 설립한 한문연수원은 2002년 9월부터 한국고전번역원 명예한학교수로 재직 중인 地山 張在釪 先生이 원장을 맡아 발전을 거듭하고 있으며, 曺命根, 權永大 선생 등 원로 한학자와 여러 문하생이 힘을 합하여 후학을 양성하고 있다.

선생은 학문과 후학 양성에만 관심을 두었을 뿐, 세상의 어떤 外物에도 유혹되지 않았고, 시대정신에 투철하였다. 선생은 시를 언급할 때마다 "너무 쉬우면 가벼운 데 빠져 격을 떨어뜨릴 수 있으니 적절히 典故를 넣어 품격을 높여야 한다. 시는 眞實을 담아야 하며 동시에 詩人의 意識이 녹아들어야 한다"고 강조하였다. 또한 논란이 되는 신문기사에 당신의 隨想을 한문으로 서술한 一事一言을 통해 학문적 소통을 실천하였다. 그런 치열한 정신은 선생이 손수 짓고 세운 壽堂碑에 응축되어 있다. "스스로 평생을 돌이켜볼 때 기록할 만한 일이 하나도 없구나. 역사를 읊은 시 한 수만 남아있을 뿐." 그 시 한 수가 바로 1976년 충북 괴산군 화양동에서 지은 〈遊華陽洞〉이다.

世事替興如掌翻　세상 흥망 손바닥 뒤집듯 해
華陽洞裏過黃昏　화양동 속에 황혼이 짙었구나
崇禎已失中原土　숭정 때 벌써 중국이 망했는데
萬廟奚當此地村　만동묘가 우리에게 무슨 아랑곳이냐
大義尊攘何所益　존양대의라는 게 다 무슨 잠꼬대냐
假明夢幻了無痕　가짜 명나라 사람도 이젠 다 지나갔네
自欺終着欺人境　자기도 속았고 남도 속았구나
笑殺當年北伐論　그때의 북벌론 더욱 우스워라

시에 담긴 선생의 철학과 역사관은 20세기를 살아온 선생의 학문 이력이 고스란히 스며있다.

선생은 漢詩에 조예가 깊으셨기에, 任昌淳 先生은 "卷宇하면 詩이고 詩하면 卷宇이다"라고 하였고, 金喆熙 先生은 墓碣銘에서 "담은 크고 마음은 적고자 함, 그것이 공의 意志가 아니겠는가. 詩는 豪放하고 文은 雅麗한 것, 그것이 공이 원하는 바가 아니겠는가. 明德을 밝히고 至善에 이르는 일, 그것이 공이 어려서부터 배웠고 장성해서 실천했던 것이 아니겠는가"라고 하며, 선생의 學德을 기렸다.

선생이 학문을 대하는 태도는 엄격하기로 유명하다. 후학을 양성할 때, 강의 때마다 하신 말씀이 있다. "있는 글자는 한 글자도 빼지 말고, 없는 글자는 한 글자도 넣지 말고 해석하라!" 이는 선현들이 애써 지은 글을 대충 읽지 말고 原典에 충실하라는 가르침이었다.

우둔한 필자는 선생에게 헤아릴 수 없는 많은 은혜를 받았다. 그 중에서 아직도 생생하게 들려오는 말씀은 이것이다. “공부는 매일 해야 돼, 죽을 때까지 쉬지 않고. 그래야 학자로서 제대로 사는 거야!”

♦ 권우 선생

♦ 묘소와 묘비, 수당비(壽堂碑)

39

주어진 우주의 시공을 직접 활용하라.

2019년 3월 5일(화)

오늘은 우리에게 아주 익숙한, 주희(朱熹, 1130~1200)의 <권학문> 한두 구절을 돌아본다.

> 세 번째 탐구,
> "물위금일불학이유내일(勿謂今日不學而有來日)!
> 물위금년불학이유내년(勿謂今年不學而有來年)!
> 일월서의, 세불아연(日月逝矣, 歲不我延)!
> 오늘 배우지 않으면서 내일이 있다고 말하지 말라!
> 올해 배우지 않으면서 내년이 있다고 말하지 말라!
> 날짜는 유유히 흘러가고, 세월은 결코 내 삶의 시간을 연장해 주지 않는다!"

'시간은 금이다(Time is Gold)!'라는 유명한 격언이 있다. 배움에서 시간을 고려하는 작업은 그 무엇보다 소중하다. 학문의 길은 무한하고 인생은 유한하기 때문.

시간은 매 순간 지체(遲滯)하지 않는다. 무조건 흐른다. 지체하지 않고 흘러가 버렸으나, 그냥 떠나 사라져 버린 것은 아니다. 내 몸으로 스며든 만큼 지체하고 있다. 이렇게 주어진 시간을, 나는 얼마나 제대로 활용하고 있는가! 벌써 나이 지천명(知天命; 50대)을 가로지르고 있다!

누군가는 말했다! 과업을 완수하려고 끙끙대다 보니, '시간이 없다!'라고. 아니, 삶의 시간이 '얼마 남지 않았다!'라고.

그래서 주희는 또다시 읊조렸던가? 우연히 흥얼거리다 보니 이룬 시, 그 유명한 <우성(偶成)>이다.

"소년이로학난성(少年易老學難成),
일촌광음불가경(一寸光陰不可輕)!
미각지당춘초몽(未覺池塘春草夢),
계전오엽이추성(階前梧葉已秋聲)!
젊음은 쏜살같이 늙음으로 향하고, 배움은 온전하게 이루기 어렵네.
아무리 짧은 시간일지라도 가벼이 할 수 없는 법!
연못가 봄풀이 새싹도 안 틔운 것 같았는데,
뜰 앞의 벽오동 잎은 벌써 잎사귀를 떨구는구나!"

유한한 인생 시간에 무한한 학문 시간이라! 삶은 한 시절(時節)이고, 배움은 만 시간(時間)인가!

40

고생한 사람들의 노고를 기억하라.

2019년 3월 6일(수)

당나라 때, 이신(李紳, 772~846)이 지은 <민농(憫農)>이라는 시가 있다. ‘민농’은 수고롭게 농사짓는 농부를 동정한다는 의미다.

네 번째 탐구,
“서화일당오(鋤禾日當午),
한적화하도(汗滴禾下土).
수지반중손(誰知盤中飧),
입립개신고(粒粒皆辛苦).
김매는 데 한낮의 땡볕 내리쬐고,
땀방울은 곡식 아래 흙으로 떨어진다.
누가 알겠는가? 그릇에 담긴 밥,
알알이 고생 녹아내린 괴로움의 덩어리임을.”

뜨거운 햇볕 아래서 김을 매는 농부들의 노고를 노래한 시다.

나는 그런 곡식의 낱알을 50여 년 먹어왔다. 그것으로 일상에서 힘을 얻었다. 삶도 즐겨왔다. 농민들이 고생한 피눈물 나는 괴로움의 덩어리를 삼켜온 셈이다. 자네, 그들에게 감사의 인사말은 건네면서 사는가?

학문도 마찬가지. 선학(先學)들의 피땀 어린 연구를 바탕으로, 다시 씨 뿌리고, 김매고, 땀 흘리고, 정성들인 만큼, 그 끄트머리에, 신고(辛苦)를 머금은 한편의 글이 알곡처럼 자리하리라. 결코, 혼자, 탁월한 지적 능력으로, 창작해내는 작업이 아니다! 알곡 생산, 그 수확을 향한 열정과 몰입! 선학의 탐구 결과를 다시 살펴보는 일, 연구 작업을 수행할 때마다, 고마움을 간직하라.

오늘도 선학들의 '서치(search)'와 후학들의 '리－서치(re-search)' 사이를 들락거린다.

41

소양을 쌓아 본분을 이행하라.

2019년 3월 7일(목)

새벽이다. 하늘이 뿌옇다. 기후(氣候)의 양상에 따라 인간의 기분(氣分)도 영향을 받는다. 음산(陰散)한 기운은 뭔지 모를 분위기를 다운시키고, 넌지시 조심하라는 메시지를 보내는 듯하다.

당나라 때 환속한 승려 가운데 무본(無本)이라는 사람이 있다. 이름이 가도(家島, 779~843)다. 그가 남긴 <검객(劍客)>이라는 시 한 수 읽어본다. 아주 매끄럽다. 깔끔하다.

다섯 번째 탐구,
"십년마일검(十年磨一劍),
상인미증시(霜刃未曾試).
금일파증군(今日把贈君),
수유불평사(誰有不平事)!
10년 동안 하나의 칼만 가는데 몰두했습니다.
서릿발 같은 칼날, 시험 삼아 써 보지도 않았습니다.

오늘 당신께 이 칼을 드립니다.

누가 비뚤어진 일을 할 수 있겠습니까!"

'검객(劍客)'은 문자 그대로 '칼을 잘 쓰는 사람'이다. 그러나 칼만 잘 쓴다고 진정한 검객인 것은 결코 아니다. 정신 수양도 올바르게 동반되어야 한다.

일본의 전설적인 검객(劍客) 가운데 미야모토 무사시(宮本武藏, 1584~1645)라는 사람이 있다. 그는 검에서 최고봉인 '검성(劍聖)'으로 불린다. 무사시가 남긴 『오륜서(五輪書)』에는 '실력을 길러야 한다!'라는 외침이 깊숙이 배어 있다. 물론, 이는 '검술' 또는 '병법'에 관한 기능 습득의 문제를 강조한다. 이른바 달인(達人)의 경지를 염원한다. 하지만, 그 단련의 양식은 학문 수양의 차원에서도 충분히 고민할 만한 시사점을 던진다. 나는 그의 『오륜서』를 책꽂이 한쪽에 두고 틈날 때마다 꺼내 보곤 한다. 두려움 가운데 재미가 있다.

미야모토 무사시의 언급은 상당히 무섭다. 말에 군더더기가 적다. 엄청난 되새김질로 자신을 채찍질한다. 아래는 그의 말을 또 다시 되새겨 본 것이다.

"병사(兵士)는 목수(木手)에 비유할 수 있다. 목수는 무엇을 하는가? 자신이 직접 연장을 손질한다. 제각기 맡은 연장을 준비하여 통에 넣고, 그 우두머리인 '도목수(都木手; a master carpenter)'가 지시하는 곳을 손본다. 기둥의 표면이 어긋나 있으면 손도끼로 잘 다듬고, 바닥과 선반을 대패로 잘 민다. 틈새를 발견하면 잘 메워 세밀한 구석까지 잘 마무리 한다. 이것이 바로 목수의 길이다. 목수로서 기술을 몸에 익히고 도면을 잘 읽으면, 나중에 도목수가 될 수 있다.

목수의 소양은 잘 드는 연장을 갖추고 틈날 때마다 그것을 손질하는 일이다. 그 연장을 이용하여 책장이나 책상, 도마 등 여러 가지 목공예 제품을 솜씨 있게 만들어 내는 일, 그것이 목수의 길이다. 병사도 마찬가지다. 목수가 제 길을 차근차근 수렴하며 나아가는 것처럼, 그렇게 해야 한다. 이 의미를, 늘, 자주 되새겨라!

또한, 목수의 소양은 일을 그르치지 않고, 모서리의 각이 비뚤어지지 않게 만들며, 대패로 잘 밀고, 함부로 깎아 내지 않으며, 물건을 만든 후 뒤틀리지 않게 해야 한다. 이 길을 배우려면, 여기 제시한 글 하나하나를 명심하여 새기라!"

목수가 소양을 쌓는 길, 그것에서 병사의 본분을 발견해야 한다. 칼을 가는 일이란 무엇일까? 우리 배움도 그런 과정과 유사할까? 그대로 이입해 보자.

학자[배우는 사람]는 무엇을 하는가? "자신이 직접 자기 학문의 도구를 손질한다. 제각각의 영역에서 학문의 연장을 준비하여, 학문의 틀에 넣고, 대학자(大學者)가 지시하는 사안을 이행한다. 논저에서 표출하는 주장이 어긋나 있으면 논리를 잘 다듬고, 글의 밑바닥과 내용을 주제에 맞게 채운다. 틈새를 발견하면 잘 메워 세밀한 구석까지 잘 마무리한다. 이것이 바로 학인의 길이다. 학자로서 학술을 몸에 익히고 학문의 지형을 잘 읽으면, 나중에 대학자가 될 수 있다.

학자의 소양은 학문할 도구를 갖추고 틈날 때마다 그것을 손질하는 자세를 확고하게 다지는 데 있다. 자기 영역에서 필요한 학문의 방법을 이용하여 논저를 솜씨 있게 만들어 내고 교육하는 일, 그것이 학자의 길이다. 이 의미를, 늘, 깊이 성찰하며 되새겨라!

또한, 학자의 소양은 학문을 그르치지 않고, 논저의 방향이 비뚤어지지 않게 만들며, 학문의 도구를 제대로 원용하고, 함부로 학문을 비하하거나 포기하지 않으며, 논저를 지은 후 논리와 주장을 뒤바꾸지 않게 해야 한다. 이런 학문의 길을 배우려면, 여기 제시한 학문에 대한 의견 하나하나를 명심하라!" 이렇게 비유해 보니, 큰 무리는 없다.

그것은 병사의 길이나 목수의 길이나 학자의 길이 상통한다는 의미다. 이건 수양인가? 수련인가? 단련인가?

무본의 <검객>이라는 시를 다시 읽어본다.

"10년 동안 하나의 칼만 가는데 몰두했습니다./서릿발 같은 칼날, 시험 삼아 써 보지도 않았습니다./오늘 당신께 이 칼을 드립니다./누가 비뚤어진 일을 할 수 있겠습니까!"

나는 당신께 드릴 칼을 얼마나 갈았는가? 아니, 칼을 갈기는 커녕, 칼 자체가 없는 건 아닌가? 무본은 세상을 아름답고 멋지게 잘 살 수 있도록, 신세계를 펼쳐보기 위해, 10여 년의 시공(時空)을 가로지르며 갈고 닦았다. 오랜 시간이다!

이렇게 쌓은 학덕(學德)이어야 세상에 나가 일할 수 있겠지? 그렇게 한다면, 바르지 못한 일이 조금은 바로 잡히지 않겠는가? 그것이 상상 속에 존재하는 꿈만은 아니리라!

42

터지기 전에 미리 막고 의심받을 처신을 하지 말라.

2019년 3월 8일(금)

독일에서 공부하는 큰딸이 방학을 맞아 잠시 귀국하는 날이다. 공항으로 마중 나가기 전에 간략하게 생각해 본다.

여섯 번째 탐구,

오늘은 유명한 ＜군자행(君子行)＞의 첫 두 구절이다. '군자행'은 군자의 행실에 관해 진지하게 읊조린 노래다. 당나라 때 섭이중(聶夷中, 837~?)이 지었다고 전한다. 그런데 실제로는 송나라 때의 학자인 곽무천(郭茂倩)의 「악부시집(樂府詩集)」에 ＜상화가사평조곡(相和歌辭平調曲)＞으로 실려 있다고 한다.

"군자방미연(君子防未然),
불처혐의간(不處嫌疑間)!
과전불납리(瓜田不納履),
이하부정관(李下不整冠)!

군자는 일이 터지기 전에 미리 막고,
혐의받을 처신을 하지 않는다!
참외밭에는 발을 들여놓고 신발끈을 묶지 않으며,
배나무 아래서는 쓰고 있는 모자를 만지지 않는다!"

우리에게 너무나 익숙한 시구다. 학문을 제대로 한 지성인, 각계각층의 지도자는 의심받을 만한 짓을 하지 않는다! 자신을 드러내는데 적극적이지도 않다! 겸손하다! 점잖다! 검소하게 살며, 현명한 분들을 존경한다. 이와 반대되는 행동을 한다면, 지성인도, 지도자도 아니다. 소인배, 조무래기다. 겸손에 또 겸손을 더하자!

나는 슬하에 딸 둘을 두고 있다. 큰딸이 이제 겨우 군자로 향하는 학문의 길에 들어섰다. 나는 두 딸에게 상당한 기대를 하며, 자식 농사를 즐긴다.

큰딸의 경우, 아주 건강하게 자랐고, 생각이 바르다. 고등학교 때는 교과 공부도 잘했다. 그 흔한 국·영·수 교과 관련 학원 한 번 다니지 않았다. 사교육이 전혀 없었다. 그래도 교과 성적이 인문계 수석이었다. 고등학교는 집에서 20분 내외의 거리에 있었는데, 특별한 경우를 제외하고, 등·하교는 대부분 걸어서 다녔다. 이것만이 아니다. 고등학교 때까지 태권도(跆拳道)로 수련하며 연마한 결과, 국기원 공인 4단의 유단자다.

내 눈에, 큰딸은 자신의 삶을 즐기는 것 같다. 나는 그냥 묵묵히 지켜만 본다. 어떤 진로 코치도 하지 않았다. 뒷바라지도 별로 없었다. 단지, '네가 하고 싶은 것 마음껏 해봐라!' 정도였다. 그만큼 딸을 믿었다. 지금도 그 믿음에는 변함이 없다. 앞으로도 그럴 것 같다. 딸은 여태까지 한 번도 나에게 실망을 주지 않았다. 오히려 내가 못난 애비로서, 나도 모르게 여러 번 실망을 주었을지도 모르겠다.

딸은 고등학교를 졸업하자마자, 한국의 대학에 들어가지 않고 독일로 건너갔다. 음악 관련 예술계 고등학교도 아니고, 일반계 공립 고등학교를 다니면서, 음악 공부를 한다고 유학을 선택했다. 그것도 피아노나 바이올린과 같은 기악도 아니고, 가수를 지망하는 성악도 아니고, 오케스트라나 뮤지컬, 오페라 등 종합적인 음악 공부를 꿈꾸며, 카셀 음악아카데미(Musikakademie der Stadt Kassel) 지휘(指揮) 전공에 입학하여 공부하고 있다. 카셀 음악아카데미는 한국에서는 그냥 '카셀 시립 음대'로 불리는 모양이다.

사실은 독일의 종합대학을 비롯하여 몇 군데 음악 전공 학과에 합격을 했다. 그러나 딸은 스스로 카셀 음악아카데미 지휘 전공을 선택했다. 이유는 간단했다. 명문 오케스트라의 유명한 연주자가 실기 교수진으로 직접 지도한단다. 그만큼 실제 도움을 많이 받을 수 있기 때문이란다. 나는 속으로 생각했다. 제대로 공부할 수 있겠구나!

나중에 딸에게 들은 얘기지만, 뮌헨대학을 비롯한 몇몇 대학의 경우, 학생들이 한 전공에 20~30명씩 되다 보니, 지도교수와 학생 사이에 일대일 레슨이 불가능하단다. 지도가 제대로 되지 않아 교육이 부실할 수 있다는 의미다. 나는 딸의 선택이 현명하다고 판단한다. 허명(虛名)이 아니라 실제(實際)·실질(實質)이 삶을 건강하게 가꾼다! 갑자기 실학(實學)이 생각난다. 한국인들이 일반적으로 대학을 평가하는 눈으로, 단순하게 규모가 큰 대학이나 이름이 많이 알려진 대학은, 오히려 교육적으로 위험할 수 있다. 모든 대학이 그렇지는 않겠지만, 소문난 잔치에 먹을 것 없다는 속담처럼.

사실, 독일의 대학은 형식적인 대학의 명칭보다 학자[지도교수]의 역량이나 학문[연구]의 분위기 등, 실제 교육과 연구 풍토를 중시한다고 한다. 한국인의 시선에서 보면, '베를린 대학'이 최고의 대학일 수 있겠지만, 독일인들은 상당히 다른 시각을 지니고 있단다. 어쩌면 한국인들이 대학을 이해하는 방식, 소위 '스카이(SKY)'로 상징되는, 서열 중심의 평가에 의아해할 수 있다. 독일에서 딸이 공부하는 방식을 보니, 그런 측면이 보였다. 그냥 탐구를 열심히 하면 그만이다. 그런 형식적 평가에 무관심하다!

독일을 비롯한 여러 나라의 경우, 한국 사회에 거의 알려지지 않은 시골의 조그만 대학일지라도, 훌륭한 학자의 학문 연구가 정평이 있다면, 그 대학이 최고일 수 있다. 그만큼 대학이 자부심을 갖고 학문을 연구할 수 있다는 말이다. 지나친 형식주의, 서울대학을 필두로 서열화를 이루고 있는 한국 대학의 현실로 볼 때, 나 자신조차도 한심한 느낌이 든다. 어쨌건, 딸이 타국에서 알차게 배우기를 열망할 뿐이다. 알차게 배운 만큼 인정받는다. 한국의 대학도 그렇게 되어가지 않겠는가?

카셀 대학에도 아주 감사한 마음이다. 2~3년간 학생을 뽑지 않다가 이번에 2명을 선발했는데, 딸이 거기에 합격했다. 독일인을 비롯한 이탈리아인 지도교수 등 저명한 음악 교수로부터 직접 레슨을 받는다니, 이 또한 행운이다.

입시 과정도 한국과는 완전히 다른 시스템이었다. 한국을 대표하는 대학 가운데 하나인 고려대학교에서 입학사정관실장을 역임한 나로서는 충격이었다. 그들은 한국처럼 정원을 맞추려고 허둥대지 않는다. 지도교수는 교육할만한 적절한 인재가 없으면, 학생을 선발하지도 않는다. 아쉽게 낙방한 학생에게는 탈락한 이유를 설명해준다. 큰딸이 경험한 사례를 보면, '뮤지컬을 보면서 음악 감각을 더 익히라!'고 충고하거나 '피아노 연습을 하라!'고 일러주는 등, 앞으로 대학에서 공부해 나가기 위해 더 필요한 사항, 조금 부족하다고 생각되는 부분을 일깨워 준다. 그런 점은 정말 부러웠다. 큰딸은 주변의 도움을 조금씩 받아 독일어, 음악 이론 등을 나름대로 터득했다. 아무리 그렇더라도 중·고등학교 때부터 음악만을 전공한 학생에 비하겠는가! 가끔씩은 제대로 지원해주지 못해 미안하고 안타깝다. 그래도 스스로 헤쳐나가기를 기대한 만큼, 대견하고 자랑스럽다. 참으로 기특하다.

딸아! 지금까지 그랬던 것처럼, 앞으로도 네가 하고 싶은 공부를 맘껏 펼쳐봐라. 몸소 체험하고 직접 터득하며 자신 있게 밀고 나가라. 그렇다고 그 자신감이 절대 교만(驕慢)하거나 오만(傲慢)으로 빠져서는 안 된다. 특히 편견(偏見)은 단연코 버려라. 내면의 주체성, 수련(修練)하며 가꾼 만큼 알짜배기를 간직하되, '겸손(謙遜)'으로 일관해야 한다. 무엇보다도 서둘지 말고 차근차근 단련해 나가라.

연구를 진척해 나갈수록 힘든 상황이 닥친다. 배움이 깊어질수록 회의감이 들 때도 있으리라. 그런 만큼 독일을 비롯한 유럽의 클래식 음악 세계를 다양하게 경험해라.

잘 안 되면 다시 하고, 잘못했으면 고쳐나가라. 몰라서 실수한 것은, 알게 되면 자연스럽게 해결된다. '실패는 성공의 어머니다(Failure is a mother of success)!'라는 속담이 진리 같은 때가 많단다. 발명왕 에디슨(Thomas Alva Edison, 1847~1931)도 그러하고, 오늘날 우리 삶을 혁명적으로 바꿔 놓은 스티브 잡스(Steven Paul Jobs, 1955~2011)도 수많은 실패를 거듭하면서, 한 단계씩 정돈하며 도약하여 성공에 이르렀단다.

실패를 경험하면, 그 속에는 이미 상당한 성공의 그림자가 드리우고 있다. 때문에 영어로 된 격언에서 '실패는 성공의 어머니다!'와 유사한 표현이 많단다. 그것은 '한 단계씩' 차근차근 밟고 올라가는 상황[Failure is a stepping stone to success.]으로, 때로는 '자극제'[Failure is the impetus for success.]나 '스승'[Failure Is a Wonderful Teacher!]으로 표현되기도 한다. 즉, 실패는 성공으로 나아가는 계단이자 자극제이며 훌륭한 스승 역할을 한다.

그러니 실패를 두려워 마라! 낯선 상황에서는 오히려 환영하라! 실수나 실패 없이 무난하게 성공 가도만을 달리다 보면, 난관에 부딪힐 때, 이성을 잃고 완전히 무너질 수도 있다. 하지만 실수와 실패를 극복하며 자신을 가꾸어본 사람은 위험한 사태를 자연스럽게 도약의 기회로 삼는다.

어떤 삶의 과정이건, 기쁘고 즐겁게 가로지르며, 자신의 음악세계를 창출해 봐라! 정말, 음악에 관한 자기 철학을 만들어 가기를 소망한다. 여유가 된다면, 음악을 포괄하는 삶의 예술을 알차게 꾸며봐라.

인간사회는 수많은 갈등과 투쟁이 존재한다. 그런 가운데 포용하고 배려하며 협력하는 인생을 지향해라.

동양의 핵심 고전인 『논어(論語)』에 보면, '군자(君子)'에 대해 '화이부동(和而不同)'이라 했다. 군자는 달리 표현하면, 신사(紳士, gentleman)와 상통한다. '화이부동'으로 상징되는 인간은, 음악에 비유하면, 오케스트라(orchestra)의 웅장한 울림과도 같다. 오케스트라 연주에 참여한 구성원과 악기는 모두 다르다. 하지만, 그 연주는 변주(變奏)를 거듭하며 어울려 아름다운 화음(和音)을 생산한다. '화(和)'는 어울림이고 '부동(不同)'은 똑같지 않다는 의미다. 이런 특성을 지닌 사람은, 마음을 활짝 열며 개방적이다. 사람을 따스하게 끌어안으며 포용한다. 배려심도 강하고 협동하는 태도를 지닌다.

사람과 사람이 공존공생(共存共生)하는 세계에서, 함께 어깨동무하면서도 자신의 정체성(identity)을 확고하게 지켜나가라. 그것이 멋진 사람이자 교양을 갖춘 인간이며, 건전한 리더다. 다름 아닌 군자이자 신사다.

이런 기회를 이용하여 딸에게 주는 편지 형식의 글을 쓰다 보니, 좀 길어졌다. 빨리 공항으로 가야겠다.

♦ 카셀 음악 아카데미(카셀 음대)

♦ 큰딸이 작곡한 악보

43

세상은 굽은 것을 올바른 법도라 우기는 곳이다.

2019년 3월 9일(토)

일곱 번째 탐구는 『고문진보』 후집의 첫 부분을 장식하고 있는 굴원(屈原, 기원전 340 ?~기원전 278 ?)의 「이소경(離騷經)」이다. 그 긴 글 가운데 한두 구절을 읽으며, 다시 엮어 본다.

"고시속지공교(固時俗之工巧),
면규구이개조(偭規矩而改錯).
배승묵이추곡(背繩墨以追曲),
경주용이위도(競周容以爲度).
민생각유소락(民生各有所樂),
독호수이위상(獨好修以爲常).
본디 세상은 장인이 물건을 만들 듯, 빚어지게 마련이다.
그만큼 기존의 법규를 어기며, 뒤바꾸어 놓는다.
반듯하게 곧은 것을 등지고, 꾸불꾸불한 굽은 것을 따른다.
그러면서 앞 다투어 여론몰이 하듯, 사람들의 뜻에 맞추는 일을 법도라 한다.

사람은 저마다 즐기는 것이 있다.

홀로 학문 수양을 좋아하며, 그것을 일상생활로 삼는다."

굴원은 『초사(楚辭)』라는 저술로 상징되듯이, 관련학계에서는 매우 중요한 인물이다. 초나라 왕실의 친인척으로서 고위 관직을 지냈다. 하지만 모함을 받아 당시 왕으로부터 배척당했다. 그럼에도 불구하고 굴원은 끊임없이 왕에게 충고하며 조국의 평안을 걱정했으나, 왕은 끝내 반성하는 기색이 없었다.

이에 굴원은 최후의 결심을 한다. 조국이 멸망해가는 상황을 지켜보고 있을 수 없다! 이럴 바엔 차라리 죽자! 그리고는 스스로 멱라수(汨羅水)에 몸을 던졌다. 자살이다. 그렇게 나라를 걱정하며 괴로워했는데, 이렇게 생을 마감했다. 정말, 참을 수 없는 인생이었던가!

「이소경(離騷經)」에서 '이(離)'는 헤어짐을 뜻하는 '별(別)'이고, '소(騷)'는 시름을 담은 의미인 '수(愁)'다. '경(經)'은 '경(徑)'과 통한다. 지름길로 가듯이, 곧고 바르게 일깨우는 뜻을 담았다. 굴원은 중앙 정부의 주요 관직에서 쫓겨나 사람들과 이별하는 아픔을 겪었다. 마음이 뒤숭숭하고 근심 걱정으로 찼다. 그래도 곧은 마음과 정당한 삶의 자세는 꿋꿋이 지켰다. 임금이 잘못을 고쳐 나갈 수 있도록 간곡하게 건의했다. 그런데 왜?

44

세속에만 얽매이지 말고 시대정신으로 미래를 보라

2019년 3월 10일(일)

여덟 번째 탐구는 굴원의 ＜어부사(漁父辭)＞ 가운데 한 구절이다.

"불응체어물(不凝滯於物)!
능여세추이(能與世推移)!
창랑지수청(滄浪之水淸),
가이탁오영(可以濯吾纓).
창랑지수탁(滄浪之水濁),
가이탁오족(可以濯吾足)!
세상 사물에 얽매여 머물러만 있지 말라!
시대정신과 더불어 변할 수 있어야 하리!
창랑의 물이 맑아 깨끗하면, 내 갓끈을 빨자.
창랑의 물이 흐려 지저분하더라도, 내 발을 씻으리라!"

굴원은 관직에서 내쫓긴 후, 떠돌아다니다 원강(沅江)의 깊은 연못가를 서성거렸다. 이때, 너무나 근심하고 탄식하여 몰골이 말이 아니었다. 정말이지, 치료하기 힘들게 상심(傷心)했다. 때마침, 은둔하며 살던 한 어부가 지나가다 굴원을 보고 대화를 나누었다.

세상일에 얽매이지 않고 시대 흐름을 읽는다고? 인간의 이성과 감성은 모두가 고개를 끄덕일 정도로 유연하지 않다! 시대정신? 그 파악이 쉬울까? 어렵다. 그것을 꿰뚫어 보는 일은 난제 가운데 난제다. 그래도 학자가 학문에 몰입하는 이유는, 시대를 선도하고, 세상을 추동하며, 인류의 삶에 활력을 불어넣기 위해서다.

곡학아세(曲學阿世)가 아니라, 상황에 맞는 균형과 조화의 미학을 발휘하라! 세상을 읽고 장악할 무기를 마련하라! 우리는 어떤 시대에 기투(企投, projection)되어 있는가? 무엇에 개입(介入, intervention)하는가? 그 사유와 실천의 바다로 돌진(突進)하라! 스스로의 존재 가능성을 향해 온몸을 던져 보라!

45

훌륭한 지도자는 현명한 인재를 갈망한다.

2019년 3월 11일(월)

아홉 번째 탐구,
"호소이풍렬(虎嘯而風冽),
용흥이치운(龍興而致雲)!
실솔사추음(蟋蟀俟秋吟),
부유출이음(蜉蝣出以陰)!
호랑이가 울부짖어야 바람이 차갑고,
용이 꿈틀 일어나야 구름이 모인다!
귀뚜라미는 가을을 기다렸다 울고,
하루살이는 날이 어두워져야 나온다!"

왕포(王褒)의 <성주득현신송(聖主得賢臣頌)>의 한 구절이다. 왕포는 한나라 선제(宣帝, 기원전 73~기원전 49 在位) 때 문인이다. 여기서 귀뚜라미[蟋蟀]와 하루살이[蜉蝣]는 현명한 신하를 비유하고, 가을[秋]과 밤[陰]은 훌륭한 임금을 비유하였다.

'성주득현신송'은 말 그대로 '성스러운 임금이 현명한 신하를 얻으면 나라가 잘 다스려진다.'라는 의미를 노래한 시다. 즉, 훌륭한 지도자가 지녀야 할 가장 중요한 마음가짐, 현명한 신하의 존재 의미에 관한 내용을 담고 있다.

46

게으름을 경계하고 온몸으로 실천하라.

2019년 3월 12일(화)

오늘은 제갈량(諸葛亮, 181~234) 「출사표(出師表)」의 한 구절이다. 제갈량은 흔히 제갈공명(諸葛孔明)이라 한다. 삼고초려(三顧草廬)의 주인공이자, 삼국지(三國志)에서 유비(劉備, 161~223)의 책사(策士)로 너무나 유명하다.

열 번째 탐구,
"불해어내(不懈於內),
망신어외(忘身於外)!
안에서는 게으름 피우지 않고,
밖에서는 몸을 돌보지 않는다!"

「출사표」는 기본적으로 전쟁에 나서는 각오를 기록한 글이다. 출사표가 의도하는 원래의 지향과 다를 수 있지만, 세상이라는 시공간 자체가 하나의 전쟁터라면, 학문도 그와 유사한 양태를 띨 수 있다. 때문에 출사표의 자세를 학문하는 태도에도 원용할 수 있으리라!

스스로 탐구하며 충실하게 내면을 다지는 과정에서 절대 금물이 있다. 게으르지 않아야 한다! 연구내용을 펼쳐 외부와 공유하는 표출의 마당에서도, 온힘을 다해야 한다!

제갈공명은 중국 역사에 살아 있는 전설이다. 현재까지도 지혜의 표상으로 전해온다. 이유가 뭘까? 단순하게 전략전술(戰略戰術)을 잘 세웠기 때문일까? 나는 위의 짧은 구절에서 해답을 찾는다. 자신의 본분에 최선을 다하는 인품! 게으름을 경계하고, 온몸으로 실천하며 세상을 끌어안는 열정! 그것이 핵심이다.

'불해(不懈)'와 '망신(忘身)'의 학문 태도가 몸에 밸 정도라면, 어떤 경지일까?

47

자리와 본분을 고민하며 일침을 가하라.

2019년 3월 13일(수)

열한 번째 탐구,
"사기호소홀(事起乎所忽),
화생호무망(禍生乎無妄)!
물위아존이오현만사(勿謂我尊而傲賢慢士)!
물위아지이거간긍기(勿謂我智而拒諫矜己)!
일은 소홀히 하는 데서 일어나고
재앙은 뜻하지 않는 데서 생겨난다!
내가 존귀하다 여기면서, 현자들을 업신여기고 선비들을 모멸하지 말라!
내가 지혜롭다 여기면서, 충고하는 말을 거부하고 자신을 자랑하지 말라!"

당나라 때의 관리인 장온고(長蘊古, ?~631)의 「대보잠(大寶箴)」에 나오는 말이다. '대보(大寶)'는 『주역(周易)』「계사전(繫辭傳)·하(下)』의 "우주자연이 품은 큰 덕성을 생명력이라 하고, 훌륭한 사람이 지닌 큰 보배를 자리라고 한다."라는 구절, 즉 "천지대덕왈생(天地

大德曰生), 성인대보왈위(聖人大寶曰位)"에서 따온 용어다. 잠(箴)은 '질병을 고치는 침(針)'이라는 뜻으로, 세상일이나 사람의 행위를 풍자(諷刺)하고 훈계(訓戒)하는 글이다. 따라서 「대보잠」은 지성을 갖춘 사람의 '자리', 또는 '본분'에 대한 고민을 담고 있다.

그렇다면, 이 시대에 '학자'라는 존재의 자리는 무엇인가? 어디인가? 어떻게 있어야 하는가? 다시 나를 향해 일침(一針)을 놓아 본다. 나의 자리는?

48

올바른 법도에 따라 치우침 없이 공평하라.

2019년 3월 14일(목)

열두 번째 탐구,
"불식부지(不識不知),
무편무당(無偏無黨)!
일피차어흉억(一彼此於胸臆),
손호오어심상(損好惡於心想)!
아무 것도 알지 못하며,
치우침도 없다!
가슴 열어 이것저것 똑같이 받아 안고,
마음 깊이 품은 좋고 싫은 감정을 덜어내라!"

장온고(張蘊古)의 「대보잠(大寶箴)」 구절을 또 인용한다. 앞 부분의 짧은 구절은 『시경(詩經)』과 『서경(書經)』에 나온다. 최고지도자[군주]는, 아무 것도 모르는 것처럼, 시대정신과 올바른 법도만을 보고, 그에 따라 정치를 해야 한다. 어떤 사안에도 치우침 없이 공평성을 잃지 말라! 진정으로 내편과 네 편, 이것과 저것을 차별하지 않고, 균형 있게 대하라! 진심으로 좋아하고 싫어하는 감정을 없애라!

학자도 반드시 이러해야 하는가? 학인(學人)도 사람인데, 어찌 인지상정(人之常情)이 없으랴! 적어도 학문이 감당해야 할, 공평무사(公平無私)에 대해서는 충분히 고려하라.

49

인의도덕을 다져 삶의 현장에 구현하자.

2019년 3월 15일(금)

열세 번째 탐구,

"박애지위인(博愛之謂仁).

행이의지지위의(行而宜之之謂義).

유시이지언지위도(由是而之焉之謂道).

족호기무대어외지위덕(足乎己無待於外之謂德).

사람을 널리 사랑하는 일을 인(仁)이라고 한다.

실천하여 마땅하게 만드는 일을 의(義)라고 한다.

인의(仁義)를 따라 가야 하는 사명을 도(道)라고 한다.

자신에게 충족되어 다른 것에 기대하지 않는 일을 덕(德)이라고 한다."

당나라 때의 학자인 한유(韓愈, 768~824)의 「원도(原道)」에 나오는 구절이다. '인의도덕(仁義道德)'에 관한 유명한 정의로, 사람을 가르치는 핵심 내용이다. 단순한 윤리 덕목이거나 형이상학적 개념의 나열이 절대 아니다. 현실에서 사실과 진실을 두고 투쟁하는 삶의 자세다.

학자로서 '인-의-도-덕'을 다져, 교육과 연구의 현장에서 피와 살로 녹여 놓는다면, 그 학덕의 수준과 경지가 어떠할까?

50

때를 만나 실행되기를 기대하며 저술해 나간다.

2019년 3월 16일(토)

열네 번째 탐구,
"득기시행도(得其時行道),
무소위서(無所爲書)!
부득행호금(不得行乎今),
행호후자(行乎後者)!
때를 얻어 시대에 맞는 도리를 실천할 수 있으면,
그에 관한 글을 쓰지 않는다!
지금 실천할 수 없기 때문에,
훗날 때를 만나 실행되기를 기대하며 저술해 나간다!"

한유의 「중답장적서(重答張籍書)」 가운데 한 구절이다. 이는 한유가 당대의 시인인 장적(張籍, 768?~830?)에게 보낸 편지다. 글이나 책, 저술에 관한 견해가 분명하게 보인다. 글로 기록을 남기는 일, 이것 참 무서운 작업이다. 그 짐을, 아주 철저히 떠맡은 존재가 학인(學人)이다.

기자나 작가의 글쓰기와 달리, 학자의 주요 임무 가운데 하나가 논저 집필이라면, 정말, '저술'이란 무엇일까?

시대를 잘 만나 세상에 도리를 펼칠 수 있을 경우에는 글로 남길 필요가 없으리라. 그냥 실천하면 된다. 그러나 여러 사정에 의해, 현실에서 실행할 수 없는 일들이 있다면, 후세에 실천할 수 있도록 저술로 남길 필요가 있다. 그것이 진정, 학자의 사명일지 모른다.

글을 쓴다는 일, 현실에 구현되지 못하는 이상(理想), 언젠가는 현실로 회귀할 세상사에 대해, 그것을 책으로 엮어내는 작업은, 인간의 삶이 요청하는 만큼 신중을 기해야 한다. 비뚤어진 현실을 진단(診斷)하되, 당장의 예방(豫防)이 아니라, 저 먼 미래의 후세에 치료(治療)를 기약한다는 것이 얼마나 두려운 일인가?

51

능력과 재주와 가능성 등 다양한 차원을 고려하라.

2019년 3월 17일(일)

열다섯 번째 탐구,
"인각유능유불능(人各有能有不能)!
양력이임지(量力而任之)!
탁재이처지(度才而處之)!
기소불능, 불강사위(其所不能, 不彊使爲)!
사람에게는 저마다 잘할 수 있는 일과 잘할 수 없는 일이 있다!
능력을 재어보고 맡겨라!
재주를 헤아려보고 자리를 주라!
할 수 없는 일이라면, 억지로 시키지 말라!"

한유의 「상장복야서(上張僕射書)」에 나오는 구절이다. 「상장복야서」는 '검교우복야(檢校友僕射)' 관직을 지낸 장건봉(張建封, 735~800)에게 올린 편지다.

사람을 보는 눈이랄까? 인재(人才)에 관한 의미심장한 견해가

짙게 배어 있다. 학자가 제자를 양성할 때도 이와 유사한 고민을 할 수 있으리라. 인재시교(因才施教)! 학생의 능력, 재주, 가능성 등 다양한 차원을 고려한 학문 전수!

52

충분한 경험을 갖춘 사람이 사람을 알고 추천할 수 있다.

2019년 3월 18일(월)

열여섯 번째 탐구,
"목재산마재사(木在山馬在肆).
과지이불고자(過之而不顧者),
수일루천만인(雖日累千萬人),
미위부재하승(未爲不材下乘)!
나무가 산에 있고, 말이 시장에 있다.
그 앞을 지나가면서 거들떠보지 않는 사람이,
하루에도 수천 만 명에 이른다고 하자,
그렇다고 그 나무와 말이, 재목감이 안 된다거나 둔한 말이 되는 것은 아니다!"

한유의 「위인구천서(爲人求薦書)」의 첫 구절이다. 인물 추천을 위한 글이다.

능력과 재주를 갖춘 인물은 어디에 있을까? 누가 그를 알아볼까? 나무는 훌륭한 목수가 제대로 알아보고, 말은 말을 감정하는 전문가가 확인할 수 있으리라! 그 분야에 충분한 경험이 있는 사람이 가능성을 가늠할 수 있으리라. 소인배(小人輩)들이 들끓는 세상에서 인재(人材)는?

53

부끄러움에 대해 정확하게 진단하라.

2019년 3월 19일(화)

열일곱 번째 탐구,
"앙불괴천(仰不愧天),
부불괴인(俯不愧人),
내불괴심(內不愧心)!
적선적악(積善積惡),
앙경자각이기류지(殃慶自各以其類至)!
우러러 쳐다보아서는 하늘에 부끄러워 할 일이 없고,
굽혀 둘러보아서는 사람들에게 부끄러워 할 일이 없으며,
안으로는 마음에 부끄러워 할 일이 없어야 하리라!
선을 쌓거나 악을 쌓으면,
재앙이나 경사가 자연스럽게 제각기 그 종류에 따라 이르리라!"

한유의 「여맹간상서서(與孟簡尚書書)」의 한 구절이다. 맹상서(孟尚書)는 맹간(孟簡)이라는 사람으로 상서성(尚書省) 벼슬을 지냈다.

앞부분의 "앙불괴천(仰不愧天), 부불괴인(俯不愧人)"은 『맹자(孟子)』에 나오는 「군자삼락(君子三樂)」의 구절과 흡사하고, 뒷부분의 "적선적악(積善積惡), 앙경자각이기류지(殃慶自各以其類至)"은 『소학(小學)』이나 『명심보감(明心寶鑑)』에 나오는 구절과도 유사하다.

얼핏 보니, 윤동주(尹東柱, 1917~1945)의 ＜서시(序詩)＞와도 닮아 있다.

"죽는 날까지 하늘을 우러러
한 점 부끄럼이 없기를,
잎새에 이는 바람에도
나는 괴로워했다.
별을 노래하는 마음으로
모든 죽어가는 것을 사랑해야지
그리고 나한테 주어진 길을
걸어가야겠다.
오늘밤에도 별이 바람에 스치운다."

이 '부끄러움'이란 글자를 자세하게 살펴보라. '괴(愧)!' '마음[忄]'과 '오므림[鬼]'의 합성이다. 글자 그대로 보아도, 마음이 움츠러드는 형상이다. 어떤 일에서 수치를 느끼는 감정이 가득하다. 부끄러움을 인생에서 정확하게 활용하는 사람이 얼마나 될까? 그렇게만 할 수 있다면, 삶을 건전하게 유도하는 데 큰 도움이 될 것이다.

학문에서도 마찬가지다. 부끄러워할 일을 최소화 하는 작업이 중요하다. 그래야 연구의 정도와 수준에 따라, 그 공과(功過)와 효과(效果)가 정확하게 드러날 수 있으리라!

마침, 연세대 고요한 교수가 시를 보내왔다. 어쩌다 카톡을 주고받으며, 학문적 우정을 나누지만, 시구를 읊조릴 때마다, 그 삶의 중량감을 맛본다.

〈라이프 이즈......〉

\- 고요한

내 삶의 목표는
위치가 아니라
가치가 되어야 한다.

내 삶의 의미는
속도가 아니라
강도가 되어야 한다.

내 삶의 방향은
달성이 아니라
구성이 되어야 한다.

마침내
우리 삶의 흔적은
얻음이 아니라
잃음이 되어야 한다.

54

알지 못하는 것 자체가 죄 되는 일은 아니다.

2019년 3월 20일(수)

열여덟 번째 탐구,
"부지자, 비기인지죄(不知者, 非其人之罪)!
지이불위지자, 혹야(知而不爲之者, 惑也).
열고불능즉신, 약야(悅故不能卽新, 弱也).
지불이고지, 불인야(知不以告之, 不仁也).
고이불이실, 불신야(告而不以實, 不信也)!
알지 못하는 것은 그 사람의 죄가 아니다!
알면서도 따르지 않는 것은 의심을 품어서다.
옛것을 좋아하여 새것으로 나아가지 못하는 행동은 약해서다.
알면서도 깨우쳐주지 않는 것은 마음이 열려있지 않아서다.
일러주어도 알차게 채우지 않는 것은 믿음이 없어서다!"

한유가 유종원(柳宗元, 773~819)의 부탁을 받고, 문창(文暢)이란 승려에게 보낸, 「송부도문창사서(送浮屠文暢師書)」의 구절이다.

학문이란 어떠해야 할까? 여러 사정으로, 아직 제대로 연구하지 못했다면, 그 내용을 알지 못하는 것이 당연하다. 연구하지도 않고, 안다고 우기면, 그건 지적 사기다. 허위로 꾸민 소설이다. 모르는 주제에 대해서는 열정을 갖고 연구하면 그만이리라.

아무리 위대한 학자일지라도, 어떤 분야의 전문가라 할지라도, 스스로 연구하지 못해 알지 못하는 영역은 많다. 나도 마찬가지다. 내가 공부한 철학이나 교육학 이외의 영역은 잘 모른다. 그것도 내가 공부한, 좁은 전공 분야에서 조금 알 뿐이다. 다른 영역에 대해, 모르니까 모른다고 할 뿐이다.

『논어』에 보면, 공자(孔子)가 수제자 자로(子路)에게 엄격하게 타이른다. "지지위지지, 부지위부지, 시지야(知之爲知之, 不知爲不知, 是知也)! – 아는 것은 안다고 하고 모르는 것은 모른다고 하라! 그것이 진정 앎을 깨닫는 방식이다!"

나는 어린 시절부터 이 말을 배움의 좌우명으로 삼아왔다. 두 딸이 서너 살 무렵, 말을 떼는 시기쯤, 벽에 써 붙여 놓고 가르친 적도 있다. 그랬더니 딸은 '띠디위띠디 부디위부디, 시지야!'라고 외우며, 장난기 섞인 놀이에 빠지기도 했다. 모르는 부분에 대해 모른다고 할 수 있는 용기! 이는 학문에 임하는 가장 위대한 태도다! 마땅히 그래야 하는 것 아닌가?

모른다는 사실 자체가 죄가 되는 것은 결코 아니다! 문제는 다른 데 있다!

진지하게 탐구한 연구 결과를, 파악하고 있기만 하면 무엇 하는가? 연구를 의심하고, 변화하는 시대정신을 받아들이지 못하며, 깨우침을 확장하지 않고, 알차게 구현할 열린 마음이 없다! 연구에 신뢰를 갖지 않는다! 이런 지경이 혼란을 가중한다. 문제를 야기한다. 나에게는 무엇이 있는가?

오랜 벗, 이영광 시인의 노래 하나 적어 본다. 2007년 5월에 출간했으니, 벌써 열두해가 흘렀다. 이게 세월인가! 이 시인의 시집 『그늘과 사귀다』에 수록된 <세월>이다.

〈세월〉

- 이영광

단칸방 집 아이들 이불 싸움 하듯
먹구름이 몰려 온다
으르릉 거린다
멍이 되는 기세도 있는 거다
앞날을 까맣게 모르고도 發狂하던 때가
있었다면
어둠 속에서 멍청히 견뎌야 하는
망심과 굴욕의 세월도 있는 거다
빗방울들, 나의 공중 정원을 매우 치고
땅으로 내려 갈 때,
나는 높은 창에 기대 젖은 履歷를 고쳐 쓴다
아픈 몸을 수술하듯

55

자신에게 부여된 사명을 다하지 못하면 떠나라.

2019년 3월 21일(목)

열아홉 번째 탐구,

"유관수자, 부득기직즉거(有官守者, 不得其職則去).

유언책자, 부득기언즉거(有言責者, 不得其言則去).

군자, 불욕가저인(君子, 不欲加諸人),

오알이위직자(惡訐以爲直者).

공무를 맡은 사람은, 그 직책을 다하지 못할 때 떠나라.

언론의 책임을 진 사람은, 진실을 말할 수 없으면 떠나야 한다.

교양을 갖춘 사람은, 남에게 공격을 가하려 하지 않고,

남의 잘못을 들추어냄으로써 자신은 곧다고 여기는 것을 싫어한다."

한유의 「쟁신론(爭臣論)」에 나오는 구절이다. 쟁신(爭臣)은, 말 그대로, 다툴 수 있는 용기를 지닌 신하다. 최고지도자인 천자(天子) 앞에서 곧고 바른 말을 하고, 자신의 뜻을 굽히지 않는다. 옳고 그름이 무엇인지 분명하게 지적하며 따질 수 있는 신하를 말

한다.

학자란 무엇인가? 학문 연구를 한만큼, 교양 지성은 물론, 전문 지식을 갖춘 존재가 아니던가? 정치가나 고위 관료는 아니더라도, 그 지위나 직책으로 볼 때, 여러 측면에서 쟁신과 유사성이 있지 않은가? 그렇다면, 민주주의 시대의 학자는 어떠해야 할까?

학자는 관심 분야나 전문 영역을 고려하여 연구하지만, 넓은 의미에서는 온 세상을 상대한다. 자신을 비롯하여, 인간사회의 이치에서 우주자연의 섭리에 이르기까지, 삶을 풍부하고 성숙하게 가꾸는 온갖 일을 탐구한다. 그리하여 타자들과 더불어 향유하며, 공생하려는 자리를 마련한다. 그런 의미에서 쟁신보다 훨씬 엄격해야 한다. 쟁신 이전에 학자다!

나에겐 무엇이 축적되었는가? 정당하게 다툴 수 있는 용기!

56

어떤 일이건 선택했다면 몰입하고 집중하라.

2019년 3월 22일(금)

스무 번째 탐구,
"업, 정우근, 황우희(業, 精于勤, 荒于嬉)!
행, 성우사, 훼우수(行, 成于思, 毁于隋)!
학업[사업]은, 부지런하면 면밀해지고, 장난치며 놀면 황폐해지리라!
행실[실천]은, 생각하는 데서 이루어지고, 멋대로 하는 데서 허물어지리라!"

한유의 「진학해(進學解)」의 한 구절이다. 학문하는 자세를 간략하고도 엄중하게 드러냈다.

학인의 삶이란, 간단하다. 아니, 정말 간단해야 한다! 학문에 대한 열정 이외에, 마음을 분산해서는 곤란하다. 그만큼 관심을 갖고 공부하는 분야에 부지런 하라! 갖가지 핑계로 여기저기 기웃거리며 장난질하거나 놀면서 게으름 피우지 말라! 사색하라! 멋대로 나대지 말라! 어떤 사업이건 동일한 원리를 적용할 수 있다.

『논어(論語)』에서 말했다. "학이불사즉망(學而不思則罔)! 사이불학즉태(思而不學則殆)!—배웠는데 생각하지 않으면 얻는 게 없다! 생각만 하고 배우지 않으면 위태롭다!" 학문의 길에 접어든 이후, 이 구절은 내 책상에서 한 번도 떠난 적이 없다. 예전엔 책상 앞에 글로 써 붙여 놓았으나, 언제부턴가는 글귀가 새겨진 문진(文鎭)을 두고 각성의 잣대로 삼는다.

학문! 그것을 삶으로 선택했다면, 몰입하라! 집중하라! 부지런히 정진하고, 깊이 사고하며, 인생을 추동해 나가라. 다른 길은 없다! 너는 지금 어떠냐? 학문하고 있느냐?

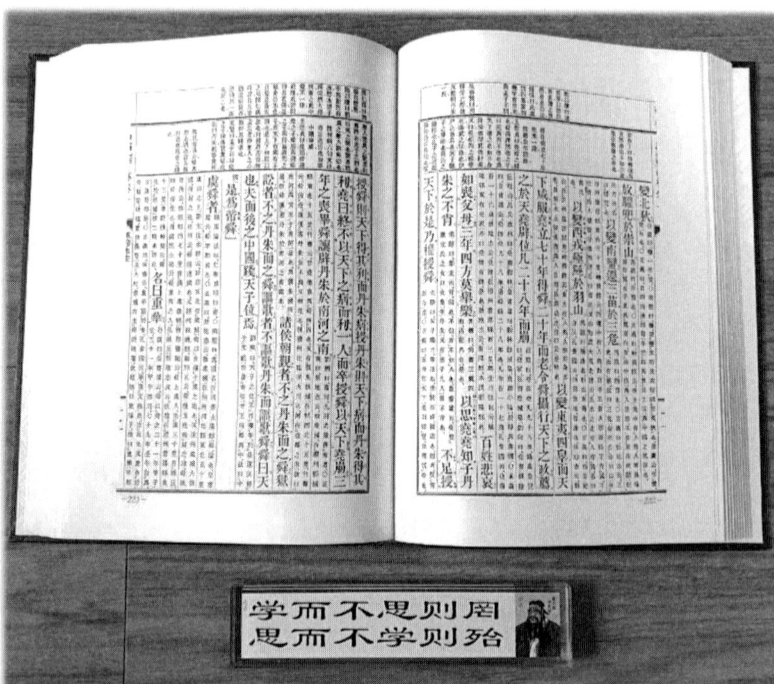

57

학업에 부지런하고 실천을 근심하라.

2019년 3월 23일(토)

스물한 번째 탐구,
"업, 환불능정(業, 患不能精),
무환유사지불명(無患有司之不明)!
행, 환불능성(行, 患不能成),
무환유사지불공(無患有司之不公)!
학업이 부지런하지 않음을 근심하고,
업무를 맡아 현명하지 못함을 근심하지 말라!
행실이 이루어지지 않음을 근심하고,
업무를 맡아 공정하지 못함을 근심하지 말라!"

어제 읽었던, 한유의 「진학해」 가운데 또 한 구절이다.

배우는 사람에게 무엇이 중요할까? 연구에 충실하고 있다는 자체일까? 흔히 말하는, 잿밥에만 관심을 두는 걸까? 관리가 되어, 또는 취직을 하여, 맡은 업무를 공정하고 현명하게 처리하는 것도 중요하다.

그러나 그에 앞서, 그것을 실천하기 위한 바탕을 마련하는 작업! 정말 중요한 탐구의 과정이 존재한다. 학문 연구에 부지런 하라! 그 공부에 근거한 행위에 충실하라! 다시, 학문의 엄중함이 밀려온다.

저녁엔, 독일에서 공부하는 큰딸이 방학을 맞아 잠시 귀국. 기념으로 가까운 광릉수목원 부근에 있는 카페에서 커피 한 잔 했다. 동네 카페나 마찬가지, 가끔씩 들르는데, 커피 맛이 괜찮다. 카페 이름이 '케미(KEMI)'다. '케미'는 '아프리카'의 원래 이름이라고 한다.

♦ 카페 상호 KEMI와 커피

58

모든 존재의 쓰임새를 확인하라.

2019년 3월 24일(일)

스물두 번째 탐구,
"대목위망(大木爲宗),
세목위각(細木爲桷)!
크고 굵은 나무는 들보로 쓰고,
작고 가는 나무는 서까래로 쓴다!"

또 한유의 「진학해」 가운데 한 구절이다.

학문으로 쌓아올린 재능 가운데 버릴 것은 없다! 정도의 차이가 있을 뿐. 상황에 따라 다르고, 수준에 차이가 있으나, 특성에 따라 언젠가는 적절하게 쓰일 수 있다. 학자의 성취 정도를 함부로 생각하거나 멋대로 재단하지 말라! 그 정도와 수준이 크면 큰 대로, 작으면 작은 대로, 그 '됨됨이'와 그 '다움'이 있게 마련이다.

이런 점에서 학인은, 평소, 끊임없이 탐구해야 한다. 전문 영역마다 지닌 특성을 기준으로, 능력을 비축해 두어야 한다. 현재

시점에서 크고 작음, 중요하고 중요하지 않음, 가치의 높고 낮음이 문제가 아니다. 모든 사물은, 차이가 있을지언정, 반드시 독특한 쓰임새가 존재한다.

존재의 특성을 존중하자!

59

언제 어디서건 소리 내야 하는 이유를 확인하라.

2019년 3월 25일(월)

스물세 번째 탐구,
"물, 부득기평즉명(物, 不得其平則鳴)!
초목무성, 풍요지명(草木無聲, 風撓之鳴).
수추야, 혹경지(水趨也, 或梗之)
대부분의 존재는, 평정을 얻지 못하면, 소리를 내게 마련이다!
초목은 원래 소리가 없으나, 바람이 요동치며 흔들면 소리를 낸다.
물이 세차게 흐르는 것은, 한 곳에서 물결을 막기 때문이다."

다시, 어김없이 찾아오는 월요일, 한유의 「송맹동야서(送孟東野序)」에 나오는 글귀 하나 새겨본다. 뛰어난 시인이었지만, 나이 50이 넘어 작은 벼슬을 하게 된, 맹동야(孟東野: 孟郊, 751~814)라는 사람을 위로하며 쓴 글이다.

배우는 사람은 무엇으로 사는가? 존재 자체의 평온을 위해서인가? 끊임없이 흔들리고 막힌 삶의 대지 가운데, 요동치며 소리를 내기 위함인가? 아니면, 고요함과 움직임의 변증법적 조화를 꾀하기 위해 몸부림 하는가!

좀 늦으면 어떤가? 단련된 자질, 그 뛰어남의 진정성을 봐야지.

60

세상을 조금이라도 생각한다면 절대 숨지 말라.

2019년 3월 26일(화)

스물네 번째 탐구,

"고지사, 삼월불사즉상조(古之士, 三月不仕則相弔).
산림자, 사지소독선자양(山林者, 士之所獨善自養),
불우천하자지소능안야(不憂天下者之所能安也).
유우천하지심즉불능의(有憂天下之心則不能矣)!
옛날 선비는, 3개월을 벼슬하지 못하면 서로 위문하였다.
산림은, 선비가 홀로 지내며 자신을 보양하는 곳인지라,
세상을 걱정하는 사람이 편히 지낼 곳은 못 된다.
세상을 생각하는 마음이 조금이라도 있다면, 결코 숨을 수 없다!"

한유의 「상재상제삼서(上宰相第三書)」 가운데 한 구절이다.

내 처지에 비추어, 그냥, 아래와 같이 생각해 보았다.

학자가 3개월가량, 글을 다루지 않고, 교육을 행하지 않고, 관련되는 봉사를 하지 않는다? 어떤 의지가 담긴 특별한 생각이나

피치 못할 사정이 없는데, 그냥 빈둥거리고 노닥거리며 즐기고 있다면? 내 기준으로는 학문의 피폐, 추락, 그 자체다. 연구자이기를 포기하라! 정말, 그 삶을 심각하게 성찰해야 하리라.

학문은 그 무엇보다도 매정하다!

가까이 하여 기뻐하고 즐기면 그만큼 다져지고, 반대로, 조금만 소홀히 하면, 그만큼 멀어진다. 학자가 사회를 떠나 조용히 지낸다면, 학문을 잊게 마련! 세상을 고민하는 마음, 더불어 하려는 뜻이 조금이라도 남아 있다면, 결코 학문을 저버릴 수 없으리라.

갑자기, 두 딸 생각이 났다.

다 자라고 보니, 어릴 적 갖고 놀던 노리개들이 이제 필요 없겠다 싶었다. 대부분 인형이지만, 함부로 버리기 아까워서, 서재 앞 포켓발코니에 모아 보았다. 진시황 병마용 같기도 하고, 마치 나를 호위하는 병사들, 보디가드 같기도 하다. 새롭다! 장난감 인형을 통해, 자식들을 읽다!

벌써 딸들이 나를 보호할 차례인가! 그런 나이가 되어 버렸단 말인가! '아직은......'이라고 하지만, 벌써 50 후반이다! 지천명(知天命)의 시대는 인생의 어느 지점일까?

▲ 장난감과 병마용

61

문장은 세상의 길을 밝히는 도구다.

2019년 3월 27일(수)

스물다섯 번째 탐구,
"문자, 관도지기야(文者, 貫道之器也)!
불심어사도(不深於斯道), 유지자불야(有至者不也)!
문장은 세상의 길을 밝히는 도구다!
이 세상의 이치에 깊이 통달하지 않고,
글을 잘 쓰는 경지에 쉽게 이르지는 못하리라!"

한유의 문집인 「청려문집서(昌黎文集序)」의 첫 구절이다.

학자의 주요 일과 가운데 하나가 논문이나 저서, 기타 연구와 관련하여, 그것에 담을 문장쓰기다. 나는 그 동안 학문을 통해, 학자로서 이에 부합하는 글을 얼마나 제대로 구사해 왔던가? 그것은 이 세상의 도리를 밝힐 수 있는 문장으로 드러났는가? 학문이 농축되고 있다면, 그에 상응하는 문장의 내용과 형식이 예술처럼, 혼(魂)을 담은 양식으로 살아 있어야 할 텐데!

62

사람을 근본으로 디자인하고 실행하라

2019년 3월 28일(목)

스물여섯 번째 탐구,
"기심지, 지체요(基心智, 知體要)!
능자용, 지자모(能者用, 智者謀)
위천하, 본어인(爲天下, 本於人)!
마음의 지혜에 터하여 학업의 요체를 알라!
능숙한 사람은 실행하고, 지혜로운 사람은 기획한다.
세상을 다루려면 사람에게 근본을 두어야만 하리라!"

유종원의 「재인전(梓人傳)」에 나오는 구절이다. '재인(梓人)'은 나무를 다스리는 사람으로, 목수를 말한다. 오늘날로 보면 건축기사쯤 될 것이다. 학문도 일종의 건축(建築)과정이 아닐까? 설계를 하고, 짓고, 꾸미는, 창조행위니까.

전체를 지휘하는 사람은 오로지 마음의 지혜를 활용하여 작업의 본질을 꿰뚫는다.

실제 일에 숙련된 사람은 직접 실행하고, 슬기롭게 지혜를 짜내는 사람은 전반적으로 일을 디자인한다.

세상을 경영하는 사람은, 결코 독단이 아니라, 반드시 해당 분야 전문가에게 근거하고 의지해야만 하리라.

63

글은 지식인의 정신을 담는 그릇이다.

2019년 3월 29일(금)

스물일곱 번째 탐구,

"자택지(自擇之)!

취모사, 거모사(取某事, 去某事)!

억지, 욕기오(抑之, 欲其奧)!

양지, 욕기명(揚之, 欲其明)!

소지, 욕기통(疎之, 欲其通)!

염지, 욕기절(廉之, 欲其節)!

격이발지, 욕기청(激而發之, 欲其淸)!

고이존지, 욕기중(固而存之, 欲其重)!

스스로 선택하라!

취할 것은 취하고, 버릴 것은 버리라!

억누르는 것은 심오하도록!

올리는 것은 명백하도록!

트이게 하는 것은 꿰뚫리도록!

살피는 것은 절제 있도록!

자극하여 분발하는 것은 맑도록!

단단하게 보존하는 것은 중후하게 만들기 위해서다!"

유종원의 「답위중립서(答韋中立書)」의 한 구절이다. 위중립(韋中立)이라는 사람이 유종원에게 '스승이 되어 달라'고 편지를 보내자, 이에 답한 글이다. 글을 쓰는 방법에 관한 논의로, 문장론을 다룬 것처럼 보이곤 한다. 하지만, 스승이 되어 역할을 제대로 한다는 것이 얼마나 어려운지, 토로한 성격이 강하다. 엄중하다!

글은 지식인의 정신을 담는 그릇이다. 학문의 과정에서 글 짓는 양식에 최대한 신중하라. 억오(抑奧)! 양명(揚明)! 소통(疏通)! 염절(廉節)! 격발청(激發淸)! 고존중(固存重)!

64

단단하고 바르고 비어 있으면서도 곧게 처신하라.

2019년 3월 30일(토)

스물여덟 번째 탐구,
"죽본고, 고이수덕(竹本固! 固以樹德).
견기본, 사선건불발(見其本, 思善建不拔).
죽성직, 직이입신(竹性直! 直以立身).
견기성, 사중립불의(見其性, 思中立不倚).
대나무 뿌리는 단단하다! 단단함으로 덕을 세운다.
그 뿌리를 보면, 뽑히지 않는 건실한 덕을 세우리라 생각한다.
대나무 성질은 바르다! 바름으로 몸을 세운다.
그 성질을 보면, 의지하지 않는 마음을 서게 하리라 생각한다."

당나라 때의 시인 백거이(白居易, 772~842)의 「양죽기(養竹記)」 가운데 한 구절이다. '양죽기'는 대나무를 기르면서 품은 감회나 사색을 담은 기록이다. '선건불발(善建不拔)'이라는 구절은 『노자도덕경(老子道德經)』 54장에 "선건자불발(善建者不拔), 선포자불탈(善抱

者不脫)!", 즉 "제대로 세운 것은 뽑히지 않고, 잘 품은 것은 벗어나지 못한다!"에서 인용하였다. 이는 대나무의 튼튼한 뿌리에 군자의 확고한 덕행을 비유한 표현으로 볼 수 있다.

갑자기, '죽순(竹筍)'이 떠오른다. 이렇게 의미가 담긴 소중한 음식 재료를, 아무 생각 없이, 그냥 먹기만 했던가?

대나무는 사군자(四君子; 매화·난초·국화·대나무)의 하나로 현명한 사람을 상징한다. 그만큼 학자에 비유해도 무방하다.

학자는 자신도 그러하고 싶겠지만, 대나무에 비유되는 인재를 양성하고 싶어 한다. 학문이 깊어지는 만큼, 그 뿌리는 단단해지고 성질은 곧기를 염원한다. 동서고금을 막론하고 학자다운 학자는 대나무 같은 '곧고 바름', 즉 '고(固)'와 '직(直)'을 자신의 특성으로 삼는다!

백거이는 자(字)가 낙천(樂天)이라 백낙천이라고도 한다. 유우석(劉禹錫, 772~843)과 매우 친하게 지냈다. 그러다 보니, 두 사람을 통칭할 때, 성을 따서 '유백(劉白)'으로 불렀다.

위 구절을 포함하여 「양죽기」의 앞부분과 뒷부분을 보면, 사람의 품격과 인재에 관한 여러 생각을 떠오르게 만든다.

"대나무의 품격은 현명한 사람과 비슷하다. 왜 그런가?

대나무 뿌리는 단단하다. 단단함으로써 덕을 세우고 있다. 군자가 그 뿌리를 보면, 뽑히지 않는 훌륭한 덕을 어떤 방식으로 세울지 생각하게 된다.

대나무의 성질은 바르다. 바름으로써 자신의 몸을 서게 한다. 군자가 그 성질을 보면, 어느 편에도 의지하지 않는 마음을 어떻게 세울지 생각하게 된다.

대나무 속은 비어 있다. 비어 있음으로써 자신의 길을 체득하며 자란다. 군자가 그 빈속을 보면, 자기 마음을 비우고 타인을 어떻게 받아들여야 할지, 그 구체적 방법의 응용을 생각하게 된다.

대나무 마디는 곧다. 곧음으로써 뜻을 세운다. 군자가 그 마디를 보면, 자기 이름과 행실을 갈고 닦아, 순조로운 상황에서나 어려운 지경에서나, 한결 같을 것을 생각하게 된다.

이러하기 때문에 군자들이 정원수(庭園樹)로 대나무를 많이 심는다.

……

대나무는 식물일 뿐이다. 이게 사람과 무슨 상관있는가? 대나무의 품격이 현명한 사람과 비슷하다고 하여, 사람들이 그것을 사랑하고 아끼면서 심고 북돋아 주고 있다. 그렇다면 진정 현명한 사람은 어떻게 대해야 하겠는가? 대나무를 다른 보통 풀이나 나무에 비긴다면, 이는 현명한 사람과 보통 사람을 견주는 것과 같다.

아! 대나무는 스스로 기이함을 나타낼 수가 없다. 그런데도 사람들이 그것을 기이하게 대해주고 있다. 현명한 사람도 스스로 기이함을 나타낼 수는 없다. 오직 현명한 사람을 등용해야 할 사람이, 그를 기이하게 대접해 주어야 한다!"

65

끝까지 탐구하고 쉼 없이 연구하라.

2019년 3월 31일(일)

스물아홉 번째 탐구, 어제 읽었던 「양죽기」의 중간 부분에 나오는 구절이다.

"산예회(刪蘙薈),
제분양(除糞壤),
소기간(疏其間),
봉기하(封其下)!
무성하게 덮어 가린 초목을 잘라내고,
더러운 흙을 긁어내며,
사이를 터주고,
흙을 북돋아 주라!"

오늘은 좀 특별한 기념일이다. 내 나름대로 붙인 기념일 명칭이, '재생일(再生日)'! 허허, 다시 살아난 날이다.

꼭 3년 전이다. 강의 도중에 쓰러졌다. 강의가 끝나갈 무렵,

학생들과 질의응답을 하려는데, '꿍!'하고 뒤로 넘어졌단다. 평소에 무리하여, 뇌출혈이 일어난 줄 알았다. 뭔지는 모르지만, 피곤이 누적되거나 면역체계가 제대로 작동하지 않았음에 분명하다. 이때 한 달 가까이 입원 요양을 한 후, 퇴원한 날이 2016년 3월 31일이었다. 이날을 다시 태어난 기념일로 정하고, 제2의 생일로 삼았다. 오늘은 그 3년 후, 2019년 3월 31일, 나의 재생일이다.

3년이 하나의 결절 지점일 수 있는데, 아직도 몸이 온전하지는 않은 듯하다. 오십견[동결견, frozen shoulder]도 아닌데, 그런 증상처럼 어깨가 제대로 작동하지 않는다. 상하전후좌우로 움직여야 하는데, 영 시원찮다. 한 5년쯤 가야 하는 건가? 그렇다면 아직도 2년 이상이나 조심하며, 내 몸을 살펴야 한다! 진부한 언표 같으나, '건강(健康)' 개념이 새롭다.

돌아보면, 2016년 3월은, 2015년 1년 동안의 연구년[안식년]을 막 끝낸 시기였다. 1년을 휴식한 만큼, 열정적으로 강의를 해야겠다는 마음이 간절했다. 하지만, 이름 모를 바이러스가 내 몸에 들이닥쳤다. 아직도, 내가 왜 쓰러졌는지, 무슨 몹쓸 병에 걸렸는지, 분명한 병인(病因)을 모르고 있다. 그냥 바이러스가 갑자기 온몸을 뒤덮어, 간에 절반 이상의 손상이 왔다. 2주가량이나 코에 산소 호흡기를 하고 있었으니, 그때는 죽는 줄 알았다.

병상에서 요양하며 깊은 생각에 잠겼다. 그리고 회복을 기다렸다. 그 심각한 시간을 함께 해준 고전이 『논어(論語)』와 『춘추(春秋)』, 『사기(史記)』, 그리고 『주역(周易)』이었다. 나는 고전에서 다시 진지한 인생을 보았다. 공자(孔子), 동중서(董仲舒), 사마천(司馬遷), 주자(朱子) 등, 학문으로 시대를 고민한 선각(先覺)들의 면모를 관찰했다. 그 역사적 존재들의 삶은 정말 '산전수전(山戰水戰)!' '풍찬노숙(風餐露宿)!'을 견디며 살아나온, 역경과 고난을 고스란히 담아내고 있었다. 인생고해(人生苦海)다!

아픈 몸이지만, 언뜻 생각이 스쳤다. 내가 살아 나간다면, 조만 간에, 후대들이 읽고 생각하며, 그들의 시대정신에 맞게 실천할 수 있도록, 이 고전들을 다시 독해하리라!

이런 마음 때문인지, 대나무를 기르듯, 무엇을 양산하고 싶은 건지, 오늘도 어제에 이어, 백거이의 「양죽기」에서 발췌해 보았다. 단단하고 곧은 속성의 대나무! 훌륭한 분의 손을 거쳤다면, 잘 자랄 수 있었다. 그런데 천박한 자들의 눈에 띄어, 형편없이 잘려지고 버려졌다. 하지만 그 본성은 그대로 보존되어 있다! 어떻게 해야 하는가?

성장을 방해하는 요소들을 걷어내고, 오염된 흙은 갈아 주며, 너무 빽빽하지 않게 사이를 벌려 주고, 뿌리가 드러나지 않도록 흙을 북돋아야 하리라!

진정한 학자라면, 대나무를 기르듯, 학문 수련(修練)과 단련(鍛鍊)도 죽을 때까지 멈추어선 안 된다. 학문 자체가 삶이어야 한다. 열정으로 가득하면서도 치열한 '양인기(養人記)'여야 한다.

오래 전, 경전을 읽으며 권우(卷宇) 선생의 가르침을 받던 시절, 스승의 말씀이 다시 새겨진다!

'학문을 통해 그 집을 완수하라!'며 지어주신, 나의 호(號) '수당(遂堂)'! 그 후, 나는 스승의 당부를 잊어버리지 않으려고, 이메일(e-mail)을 비롯하여 각종 아이디를 '수당(sudang)'으로 했다.

'수당(遂堂)'은 선생께서 '덕유수물(德有遂物)'이라는 구절에서 땄다. '너의 덕은 네 학문을 온전하게 완수할 때 갖추어진다!' 그만큼 내 학문 인생에 동기를 부여해 준, 나의 새로운 이름이다. 이와 더불어, 스승을 모시고 다니던 시절, 늘 하시던 말씀이 내 학문을 질책한다. 무서운 채찍이다.

"긴장의 끈을 놓아서는 안 된다! 해이해져서는 안 돼! 파고 또 파고, 끝까지 탐구하라. 쉼 없이 연구하라!"

거경궁리(居敬窮理), 자강불식(自强不息)!

이 조용한 당부 말씀, 그 엄격한 가르침은, 잔잔한 물결 소리처럼, 늘 내 귓전에 맴돈다.

지금 나는 스승의 가르침을 얼마나 실천하고 있을까?

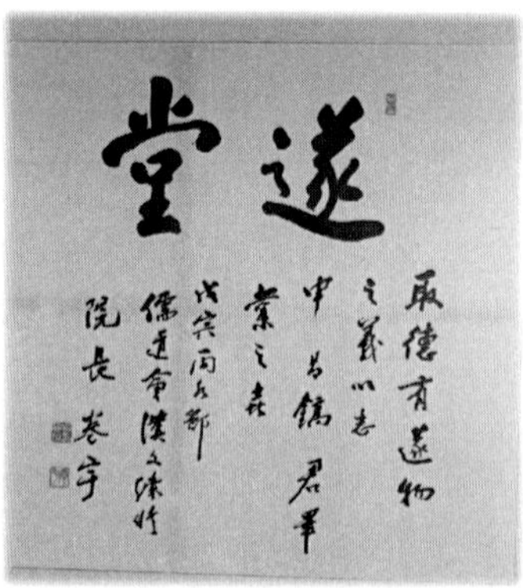

◆ 권우 선생이 주신 호 수당(遂堂)

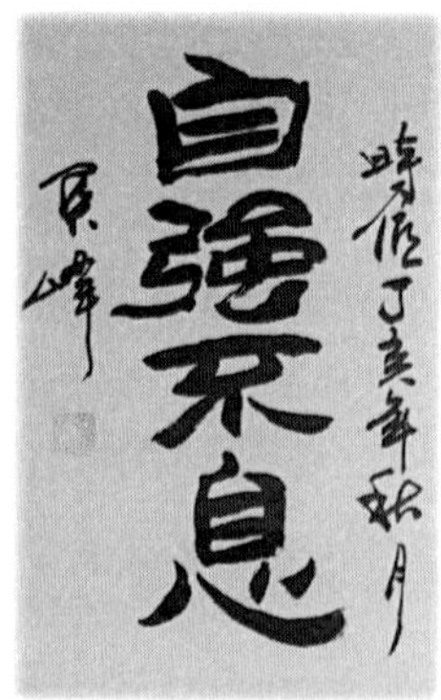

◆ 중국 시안(西安) 예술가의 글씨 자강불식(自强不息)

66

개인과 공동체의 정체성을 엮어내라.

2019년 4월 1일(월)

다시 시작하는 새로운 달, 4월이다. 오늘부터는 인간의 근본(根本)과 본분(本分), 사명(使命) 등을 고민하게 만드는『효경(孝經)』을 조용히 들춰본다. '효'에 관한 지침인『효경』을 왕정(王政)시대의 낡은 유물이라고 치부해버리면, 할 말이 없다! 정말 탐구할 가치도, 이유도 없다.

그러나 지금은 그것을 넘어서야 한다. 민주(民主)시대에 맞추어 윤색한, 삶의 양식으로 걸러내야만 의미가 되살아난다. 박물관에 진열된 유물이기보다, 현실로 이어지는 전통적 유산이 되기를 소망하며, 나름대로 독해해 본다.

『효경』탐구 하나,

"시어사친(始於事親)!

중어사군(中於事君)!

종어입신(終於立身)!

네 삶의 체계, 그 긴 여정,
부모를 모시는 데서 시작하라!
군주[지도자]를 섬기는 데서 지속하라!
자신을 세우는 데서 종료하라!"

『효경(孝經)』「개종명의(開宗明義)」의 한 구절이다.

인생에서, 그리고 학문에서, '부모(父母)－군주(君主)－자신(自身)'으로 이어지는 효(孝)의 시스템은 무엇을 상징할까?

어떤 사람은 '효(孝)' 또는 '효도(孝道)'라는 말이 나오면, 부정적으로, 때로는 극단적인 반응을 보이기도 한다. 봉건시대의 낡은 유물? 부모를 봉양하며, 거의 무조건에 가깝게 부모님의 의견을 따라야 하는, 족쇄 같은 굴레나 멍에! 그러면서 또 한 구절씩 외워댄다. '신체발부수지부모(身體髮膚受之父母)라!……'

세상에는 불변의 원리가 있다. 부모－자식 사이의 천륜(天倫)이다. 그러기에 부모는 나의 존재 근거가 된다. 군주는 봉건시대나 왕정사회 또는 군국주의 시대에, 그 모든 사안의 중심이었다. 주체였다. 민주주의를 정체로 하는 현재 한국 사회에는 존재하지 않는다. 민주(民主) 사회에서는 국민이, 내가, 주체이고 중심이다. 동일한 성격은 아니지만, 한 공동체의 지도자로서 군주는 민주사회의 지도급 인사에 비유할 수 있다.

이런 점에서 부모에서 시작하여, 군주로 이어져, 나에게서 종결되는 사태! 그 효의 본질은, 나의 존재 근거와 사회 공동체, 그리고 개인의 정체성을 엮어내는 삶의 여정을 담아낸다. 즉, '존재의 근거－사회－개인'을 담아내는 학문의 큰 그릇이다.

나는 무엇인가? 어디로부터 왔는가? 어떤 시간과 공간에서 살아야 하는가? 효를 중심으로 하는 삶은, 사람으로서 존재 확인과 인간으로서 어울림, 그리고 개체의 자유로운 성장을 꿈꾸는 종합 예술로서 인생 미학이다.

효(孝)라는 글자는 '노(耂)'와 '자(子)'로 되어 있다. '노(耂)'는 늙은이를 상징하는 '노(老)'를 대변하고, '자(子)'는 어린이나 자식을 상징한다. 자식이 부모를, 어린이가 어른을, 또는 젊은이가 늙은 이를 업고 있는 형상이다. 이 글자 자체가 그대로 일러주듯이, 효에는 늙은이와 젊은이가 어울리는 관계의 예술, 삶의 배려 철학이 스며들어 있다.

67

전통은 시대정신을 구가할 수 있는 삶의 바탕이다.

2019년 4월 2일(화)

『효경』 탐구 둘,

"무념이조(無念爾祖)!

율수궐덕(聿修厥德).

그대들 선조들을 생각하지 않는가!

그 분들의 덕을 닦아야 하리라."

이 구절은 『시경(詩經)』「대아(大雅)」 <문왕(文王)>편에서 인용한 시구다.

선조(先祖)는 옛날부터 지금까지, 생물학적·사회문화적 디엔에이(DNA)를 전달하며 면면히 이어져 오는 전통(傳統)의 중심이다. 많은 사람들이 전통을 지나가 버린, 또는 사라져야 할, '과거(科擧)의 낡은 그 어떤 것'으로 생각하는 경우가 많다. 때로는 '전통'과 '현재'를 대비하며 상대어로 인식하기도 한다. '현재'의 상대어는 시간을 절단하여 인식하는 '과거'나 '미래'이지, '전통'이 아니다. 전통은 연속적인 형식을 취한다. 죽어서 유물이 된, 단순한 물건을 의미하지 않는다. 죽었다면 전통이 될 수 없다! 과거-현재-미래를 지속하며, 전통은 살아 있다!

분명히 할 것은 전통(傳統)과 인습(因襲)의 구분이다. 인습은 선조들의 생활양식을 그대로 답습하여 실천하려는, 시대정신에 맞지 않는 병폐(病弊)가 될 수 있다. 더구나 우리 삶을 수렁으로 몰아붙일 경우, 그 병폐는 버려야 할 악습(惡習)에 가깝다.

전통은 결코 인습적 차원에서 논의해서는 안 된다. 고스란히, 한 치의 변화도 없이, 절대 불변의 생활 계명처럼, 간직해서는 곤란하다. 누구도 그런 계명을 강요할 권리는 없다. 전통은 과거-현재-미래를 연속적으로 이어가는, 시대정신을 구가할 수 있는 삶의 바탕이다. 살려가야 할 창조적 특성으로 거듭난다.

선조들을 생각하고, 그 분들의 덕을 닮는 작업은, 바로 그런 전통을 우리가 체득할 덕성으로, 삶의 발판으로 삼아, 나아가려는 열정이자 염원이다.

68

공동체 구성원을 향한 사랑과 공경을 실천하라

2019년 4월 3일(수)

『효경』 탐구 셋, 최고지도자의 효는 어떠한가?

"애친자, 불감오어인(愛親者, 不敢惡於人),
경친자, 불감만어인(敬親者, 不敢慢於人).
애경진어사친(愛敬盡於事親),
덕교가어백성(德教加於百姓).
어버이를 사랑하는 사람은, 감히 사람을 미워하지 않고,
어버이를 공경하는 사람은, 감히 사람을 업신여기지 않는다.
사랑과 공경으로 어버이 모시는 일에 다하면,
그것을 바탕으로 하는 덕의 가르침이, 모든 사람에게 더해지리라."

천자(天子)의 효에 대한 묘사다. 천자의 효는 최고지도자의 본분이자 책무성에 관한 지침으로 볼 수 있다. 여기서 어버이는 친부모나 양부모, 친인척, 또는 친밀한 이웃으로 환원해도 좋다. 어버이처럼 가까운 분들, 그 사랑이 충만되고 공경하는 만큼, 다른

사람에 대한 증오와 오만은 멀어지게 마련이다.

『효경』의 전통은 우리에게 말한다. 최고지도층의 자세는 다른 데 있지 않다. 공동체 구성원을 향한 사랑과 공경을 실천하라! 증오와 오만은, 그 싹이 움트기 전에 잘라 버려라!

그렇다면 민주시대 시민사회에, 사랑과 공경은 어떻게 이해되어야 할까?

69

교만하지 말고 절도 있게 처신하라

2019년 4월 4일(목)

『효경』 탐구 넷, 최고위급 지도층의 효는?

"재상불교(在上不驕),

고이불위(高而不危).

제절근도(制節謹度),

만이불일(滿而不溢).

윗자리에 있으면서 교만하지 않으면,

높은 지위에서도 위태롭지 않다.

예산에 맞게 비용을 절도 있게 쓰면,

가득 차면서도 넘치지 않으리라."

천자[최고지도자] 바로 아래 최고위급 지도층인 제후(諸侯)의 효[본분]에 관한 언급이다. 제후는 오늘날에 비유하면, 도지사나 특별시 또는 광역시 등 규모가 큰 지방자치정부의 수장에 해당한다.

그들에게 부여된 책무성은 간단하다. 최고위층으로서 높은 자리에 있는 만큼 교만하지 말라! 예산을 절도 있게 사용하라!

이는 학문을 닦고 열심히 노력하여, 높은 자리에서 활동하는, 수많은 지도자에게도 해당하는, 고위급 리더(Leader)의 지침이 될 수 있다. 교만 금지! 예산 절제!

70

위태롭지 않고 넘치지 않게 처신하라.

2019년 4월 5일(금)

『효경』 탐구 다섯, 또 최고위급 지도층의 효는?

"고이불위(高而不危),

소이장수귀야(所以長守貴也).

만이불일(滿而不溢),

소이장수부야(所以長守富也).

높은 자리에 있어도 위태롭지 않을 때,

오래도록 소중함을 지킬 수 있는 근거를 마련할 수 있다.

가득 차면서 넘치지 않을 때,

오래도록 부유함을 지킬 수 있는 근거를 마련할 수 있다."

규모 있는 단체의 리더가, 자리의 중요함만큼 본분에 따라 예의를 지키고, 검약하며 재정 낭비를 하지 않는다면, 반드시 정치적으로 소중한 사람이자 경제적으로 부유한 사람으로 존경받을 수 있으리라.

그렇다면 학자는? 교육과 연구를 중심으로 사회에 기여하는 존재인데, 소중한 사람인가? 부유한 사람인가? 부(富)와 귀(貴), 둘 다를 지녔는가? 그 어느 것도 아닌가? 제후의 수준에서 논의해서는 안 되는 인간인가?

최고의 학자로 추존되는 공자도, 실제로 제후는 아니었다. 하지만, 사마천(司馬遷)은 『사기』에서 공자를 안배(按配)했다. 제후에 관한 역사인 「세가(世家)」에 「공자세가(孔子世家)」를 기록하고, 공자를 제후의 반열에 자리매김 했다! 나는 그런 공자의 학문적 후예 가운데 하나다.

71

부유함과 소중함이 자신의 몸에서 떠나지 않게 하라.

2019년 4월 6일(토)

『효경』 탐구 여섯, 또 다시 최고위급 지도층의 효는?

"부귀불리기신(富貴不離其身).
능보사직(能保社稷),
화기민인(和其民人)!
부유함과 소중함이 자신의 몸에서 떠나지 않아야 한다.
그래야 그 정부를 보전하고,
국민을 잘 살게 할 수 있으리라!"

정신적으로 존경받는 자리인 '귀(貴)'와 물질적으로 풍부한 재물인 '부(富)'를 갖추어야, 공동체를 유지하고 구성원들의 행복이 보장되리라.

선진적 사회, 진보적 세상은 무엇일까? 정치적으로 소중한 가치를 실천하고, 경제적으로 풍족한 생활을 누리는, 정의롭고 공정한 삶은 아닐까? 자유와 평등, 권리와 의무, 선택과 책임 등, 민주적 제반 가치가 짝을 이루어, 포용하고 배려하는 균형의 미학! 그것이 교육철학으로 배어나올 때, 건전한 공동체관을 형성하리라.

때문에 사람들은 다음과 같은 시구를 자주 읊조려 왔다.

"전전긍긍(戰戰兢兢)!
여림심연(如臨深淵),
여리박빙(如履薄氷).
두려워하고 조심하라!
깊은 연못에 가까이 다가 서 있듯,
얇은 얼음을 밟고 가듯이."

72

법이 아니면 말하지 않고 도리가 아니면 행하지 않는다.

2019년 4월 7일(일)

『효경』 탐구 일곱, 고위급 지도층의 효는?

"비법불언(非法不言),

비도불행(非道不行).

구무택언(口無擇言),

신무택행(身無擇行).

법이 아니면 말하지 않고,

도리가 아니면 행하지 않는다.

자기 입맛에 맞게 골라 말하는 일 없고,

자기 몸에 맞게 골라 행하는 일이 없어야 하리라."

경(卿)과 대부(大夫)는 제후(諸侯) 아래의 고위급 지도자다. 천자나 제후의 참모이기도 하다. 그만큼 정해진 법도에 따라 말하고 실천해야 한다. 그러기 위해서는 자신이 관여하고 있는 공동체의 법도를 꿰뚫고 있어야 하는 법이다.

민주주의 사회라면, 고위급 간부가 법치(法治)로 무장하고, 법 질서를 집행할 수 있는 능력을 몸소 지녀야 하리라. 법도를 벗어나, 말을 빙빙 돌리거나 행동을 소홀히 할 경우, 이미 고위급 지도층이기를 포기했다.

법도(法度)와 언행(言行)을 교육하는 학자의 본분은, 그 무엇보다도 엄중(嚴重)하다!

73

올바른 말로 신뢰를 얻고 법도에 맞는 행동으로 질서를 유지하라.

2019년 4월 8일(월)

『효경』 탐구 여덟, 또 고위급 지도층의 효는?

"언만천하, 무구과(言滿天下, 無口過),
행만천하, 무원오(行滿天下, 無怨惡),
말이 세상에 가득 차더라도, 입 자체는 잘못이 없고,
행동이 세상에 가득 차더라도, 원한이나 미움이 없게 된다."

고위급 지도층은 올바른 말을 통해 신뢰를 얻어야 한다. 법도에 어긋나지 않는 행동을 통해 질서를 유지해야 한다. 그래야만, 공동체에 그만큼의 평화가 찾아드리라.

그러기 위해, 다음 말을 명심하라.

"숙야비해(夙夜匪懈),
이사일인(以事一人)!
새벽부터 밤늦도록 게을리 하지 않고
민주주의 시대의 주인, 사람을 섬기라!"

74

사람을 사랑하고 공경하는 마음에 차별을 두지 말라.

2019년 4월 9일(화)

『효경』 탐구 아홉, 공무원의 효는?

"자어사부(資於事父), 이사모이애동(以事母而愛同).

자어사부(資於事父), 이사군이경동(以事君而敬同)

아버지 모시는 일을 바탕으로, 어머니를 모시되 사랑하는 마음이 같아야 한다.

아버지 섬기는 일을 바탕으로, 군주를 섬기되 공경하는 마음이 같아야 한다."

'사(士)' 계급의 본분에 관한 기록이다. '사(士)'는 흔히 '선비'라고 말하지만, 봉건시대에는 각 기관의 장을 제외한 관리를 말한다. 오늘날의 일반 공무원, 넓게 이해하면, 공공의 업무에 종사하는 사람으로 비유할 수도 있겠다.

그렇다면, 민주사회에서 공공의 업무에 종사하는 사람들의 자세는 어떠해야 할까? 아래와 같이 원용하면 괜찮을까?

친척을 살갑게 마주하는 친밀한 마음가짐처럼 이웃을 만나며 사랑하라!

친인척을 대면하는 따스한 마음가짐처럼 시민을 배려하며 공경하라!

지난 주말을 이용하여, 천진(天津)에서 북경(北京)까지 번개 중국 여행을 다녀왔다. 천하제일관(天下第一關)인 산해관(山海關)에서 승덕(承德), 즉 우리에게 열하(熱河)로 알려진 곳, 만리장성 가운데 원형이 가장 잘 보존되어 있는 사마대장성에 이르기까지.

명나라와 청나라 강희재·건륭제의 발자취를 간략하게 보면서, 몇몇 생각이 스쳤다. 특히, 연암(燕巖) 박지원(朴趾源, 1737~1805)의 『열하일기(熱河日記)』에 등장하는 여러 기록의 배경을 떠올려 보니, 현대 중국의 성장과 진보가 새삼스러웠다.

3~4일 동안 인터넷이 막혀 소통이 안 되었다. 페이스북에도, 여행 중에 기록해 두었던 내용을, 날짜별로 맞추어 그냥 뒤늦게 올린다.

천하제일관

열하

♦ 만리장성

75

충실과 순종으로 모든 일에 감사하자.

2019년 4월 10일(수)

『효경』 탐구 열, 또 공무원의 효는?
"효사군충(孝事君忠), 경사장순(敬事長順).
숙흥야매(夙興夜寐), 무첨이생(無忝爾生)!
효도로 군주를 섬기면 충실이 되고,
공경으로 어른을 모시면 순종이 된다.
새벽 일찍부터 밤늦게까지,
그대를 낳아준 분들을 욕되게 하지 말라!"

'사(士)'계급의 본분에 대해, 민주적 공공 의식을 불어 넣어, 다시 고민해 본다. 민주적 선비란 어떤 사람일까? 맡겨진 본분에 충실하며, 상황과 처지를 정확하게 꿰뚫어 보는 혜안(慧眼), 그리고 공경의 미덕을 갖춘 존재가 아닐까?

본분을 다하며 세상 사람들을 대하라! 그러면 참마음이 전달

되리라. 공경하는 마음으로 지도자를 보좌하라! 그러면 순리대로 일처리가 이루어지리라.

우리는 누구인가? 언제 어느 때나 자신의 존재 이유를 고민할 필요가 있다.

나는 생각한다. '이때－여기'에서 살아갈 수 있도록, 나를 낳아 준 부모, 그리고 삶의 장을 펼쳐 준 이 사회에, 감사할 따름이다.

76

자연을 원용하여 인간에게 적용하라

2019년 4월 11일(목)

『효경』 탐구 열 하나, 서민의 효는?

"용천지도, 분지지리(用天之道, 分地之利),

근신절용, 이양부모(謹身節用, 以養父母)

하늘의 도를 원용하고, 땅의 이점을 분별하며,

몸을 삼가고 씀을 절약하여, 부모를 봉양하라!"

'하늘의 도'는 계절의 변화나 기후의 변화 원리다. '땅의 이점'은 토양의 성질이나 지형의 상황이다. '몸을 삼가는 일'은 공손하고 조심하는 삶의 태도다. 하늘과 땅은 있는 그대로의 자연 세계를 메시지로 발산한다. 그것은 '자연(自然, self-so)'이라 불리는 만큼, '저절로 그러할 뿐'이다. 인간은 그 변화 상황을 파악하며 삶을 경영한다. 그 가운데 서민(庶民)의 본분이 보인다.

그것은 단지 부모를 봉양하는 일에 그치지 않는다. 세상을 모르고 자신의 존재를 인식하지 못한다면, 부모 부양은 가당치 않다! 봉양(奉養)의 전제가 엄중하다. '천(天) – 인(人) – 지(地)'의 관계 맺음을 거룩하게 대하는 자세와 실천 속에, 서민의 효가 움트리라.

77

자연의 이치를 온몸으로 수용하여 세상에 기여하자.

2019년 4월 12일(금)

『효경』 탐구 열 둘, 삼재(三才)에 관한 고민이 중요하다.

"칙천지명(則天之明),
인지지리(因地之利),
이순천하(以順天下)!
하늘의 밝음을 본뜨고,
땅의 이점을 근거로,
세상을 자연스럽게 이끌어가라!"

삼재(三才), 즉 '천(天)-지(地)-인(人)'에 관한 인간의 생각이다. 하늘과 땅으로 대변되는 이 우주의 질서는 우리에게 무엇일까? 인간은 많은 사실들을 망각(忘却)하며 활동한다. 특히, 하늘과 땅을 벗 삼아 살아간다는, 이 엄연한 사실을 진솔하고 정확하게 인지하지 못한다. '자신'이라는 주체만을 내세운다. 오만과 독선으로 일관하는 경우가 허다하다. 학문 활동은 그것에 대한 경계 조치다.

하늘은 우리에게 무엇을 밝음으로 드러내는가? 땅은 우리에게 무엇을 이점으로 내미는가? 그 밝고 이익 되는 보배를 파악해야, 그것을 온몸으로 수용하며, 세상을 둘러보고, 인생을 점잖게 펼칠 수 있으리라.

그러기에 무엇보다도 천지(天地)로 상징되는 우주자연(宇宙自然)을 파악하라. 단순하게 자연과학적 지식을 말하는 것이 아니다. 세상의 법칙을 인식하라. 그 작업이 학문의 근본으로 작용한다. 태고 때부터 첨단과학기술문명의 시대에 이르기까지 구축되어온, 천지(天地)－우주(宇宙)－자연(自然)－인간세(人間世)의 인프라(infra), 그 하부구조(infrastructure)를 독해하라! 그런 공부가 삶의 세계를 보다 단단하고 높게 축성(築城)하리라.

78

효는 자신의 본분을 확인하고 실천하는 작업이다

2019년 4월 13일(토)

『효경』 탐구 열 셋, 본분을 바탕으로 하는 삶, 효치(孝治)!

"치국자, 불감모어환과(治國者, 不敢侮於鰥寡).

황어사민호(況於士民乎)!

나라를 다스리는 사람은, 홀아비나 과부 같은 불우한 사람일지라도, 감히 업신여기지 않는다. 그런데 공직 실무를 맡은 사람이나 일반 국민을 무시해서야!"

지난 10여일 가량, 간략하게 짚어 보았듯이, 효(孝)의 본질은, 단순하게 자식이 부모에게 봉양하는 수준을 넘어 서 있다. 대개, 자신의 본분을 확인하고 실천하는 데 집중된다. 이런 효를 근거로 삶을 추동하는 생활양식이 다름 아닌 효치(孝治)다.

효치(孝治)는 효(孝)의 양식을 동원하여 행위를 조절하고 조직을 경영한다는 의미다. 효에 기초하여 공동체를 이끌어간다는 것은 무엇을 지시할까? 공존하고 공생하는 존재를 다루는 양식은 어떠해야 할까? 원리나 이치로 보면, 정말 간단하다.

홀아비나 과부로 대변되는 사회적 약자를 배려하라! 공동체 조직을 유지하는데 묵묵히 기여하는, 실무 담당자나 구성원의 소리에 귀를 기울여라! 결코, 그들의 의견을 소홀히 해서는 안 된다.

특히, 학자를 무시하는 태도는 경계하라! 주의하라! 학자는 시대정신에 따라 효치를 구명하고, 통달하려고 노력한다. 나아가 그것을 후학들에게 전수하여, 지속 가능한 전통으로 축적하는 존재다.

79

자연의 질서에 짝하는 인간을 고려하라.

2019년 4월 14일(일)

『효경』 탐구 열 넷, 인간의 지위와 핵심 사업은 어디에 있는가?

"천지지성, 인위귀(天地之性, 人爲貴)!

인지행, 막대어효(人之行, 莫大於孝).

효, 막대어엄부(孝, 莫大於嚴父).

엄부, 막대어배천(嚴父, 莫大於配天)!.

하늘과 땅이 낳은 것 가운데, 사람이 가장 존귀하다!

사람의 행위 가운데, 효보다 큰 일은 없다.

효는, 부모를 존경하는 일보다 큰 사안이 없다.

부모를 존경하는 일은, 자연의 질서와 짝하는 일보다 큰 것이 없다!"

'군주주의(君主主義, Monarchism)'와 '민주주의(民主主義, Democracy)'! 이 두 시대 사이에는 근원적 간극이 존재한다. 시대를 표현하는 철학 용어나 개념도 다르고, 학문의 지향 양식 또한 차이가 크다.

그렇더라도 인간의 삶을 공통분모로 놓을 때, 유사성이나 비유할 만한 사안도 많다.

하늘과 땅을 자연의 상징으로 본다면, 인간은 우주만물 가운데 가장 중요한 지위를 확보했다. 이 또한 인간 자신의 요청이다. 흔히 말하는, 사람이 최고다! 인간은 만물 가운데 가장 소중한 존재로 자리매김 되었다. 그것은 인간의 자부심이자 자긍심을 갖게 하는 근거이기도 하다.

허나, 자부심만큼, 행위는 엄격을 지향한다. 부모로 상징되는 인간의 자긍심은 반드시 짝을 요청한다. 짝이 하나가 되어 온전하게 되기를 고민해야 한다. 단독 주체로서의 사람은, 자기만을 앞세울수록 가치가 추락한다.

학문은, 인간의 자긍심을 고민하는 동시에, 가치를 높은 단계로 창조(創造)하려는 단련(鍛鍊)이자 수련(修練)이다. 엄부배천(嚴父配天)이라 했다.

학자의 짝은 무엇인가!

80

덕성과 예의를 찾아 매진하자.

2019년 4월 15일(월)

『효경』 탐구 열 다섯, 덕성과 예의를 찾아서? 언제, 어디서, 무엇에서?

"불애기친, 애타인자, 패덕(不愛其親, 愛他人者, 悖德)!
불경기친, 경타인자, 패례(不敬其親, 敬他人者, 悖禮)!
어버이를 사랑하지 않으면서, 다른 사람을 사랑한다면, 덕에 어긋난 짓이다!
어버이를 공경하지 않으면서, 다른 사람을 공경한다면, 예에 어긋난 짓이다!"

인간의 존재 근거는 여러 측면으로 생각할 수 있다. 물질적 차원은 물론이고, 사람의 품위에 생명력을 불어 넣는 존재 이유가, 심도 있게 설명되기도 한다.

그 가운데 덕성(德性)과 예의(禮儀)가 자리한다. 인간에 대한 예의 가운데, 더불어 살아갈 수 있는 지침이, 사랑과 공경이다. 공손하고, 존중하고, 존경하며 고민하는 현실! 너그럽게, 열린 마음으로 세상을 선도할 수 있는 손길!

이 예의와 덕성의 공통분모가 타인(他人)을 마주하는 방식이다. 어떻게 마주해야 하는가? 배려(配慮)의식! 학문은 그에 관한 기예(技藝)를 구조화하는 작업이다. 그러기에 학자는 자신의 전공이나 관심 분야에서 끊임없이 기예를 연마(硏磨)해야 한다.

81

상식의 세계를 말하고 실천하라

2019년 4월 16일(화)

『효경』 탐구 열 여섯, 말과 행동에 관한 고민, 이른바 '언행(言行)' 문제다.

"언사가도(言思可道)!

행사가락(行思可樂)!

말할 때는 도리에 맞는지 생각하라!

행동할 때는 즐길 수 있는지 생각하라!"

도리는 일종의 상식(常識, common sense)이다. 상식은 보통 사람이 가지고 있는 일반적 지식이다. 사람들 사이에 소통되는 이해력이자 판단력이다. 사려(思慮)를 분별할 수 있는 능력이다. 민주시민들에게 보편성으로 작용하는 덕목이자 의식과 통한다.

여러 요인이 있겠지만, 다양한 매체가 발달하고 문화가 바뀌면서, 우리 사회에 '막말'이 극심하다. 삶이 재미나고 즐거워야 하는데, 그렇지 않다고 느끼는 분들이 상당한 것 같다.

나의 행동은 스스로 기쁘고, 타자와 즐길 수 있어야 한다. 내가 즐길 수 있고 남을 즐겁게 해 줄만한 일이 많지 않은가! 행동이 민주적 규범에 맞으면, 그것을 알아보는 많은 사람이 즐거울 수 있으리라!

『학문의 즐거움』이라는 책도 있듯이, 어쩌면 학문도 상식적 언행을 통해 즐거움을 구가하는 양식 찾기가 아닐까?

『학문의 즐거움』을 쓴 히로나카 헤이스케(広中平祐, 1931~)는 말한다.

"인간은 십인십색(十人十色)이다. 사람은 태어났을 때, 이미 한 사람 한 사람이 모두 다르다. 외모뿐만 아니라 성격이나 자질처럼 눈에 보이지 않는 부분도 모두 다르다. 따라서 사람 각자의 가능성도 자연스럽게 다종다양(多種多樣)할 수밖에 없다. …… 나의 어머니는 평범한 분이셨다. 학식만 가지고 말한다면, 다른 보통 어머니들보다 나을 게 전혀 없는 분이셨다. 아이들의 인생에 도움이 될 만한 사안을 일부러 가르치려고 나서는 분도 아니었다. 인간이 살아가는 데 필요한 일정한 기준만 지키면, 나머지는 무엇을 하든 무엇이 되든 좋다고 하는, 자유방임(自由放任)의 입장을 취하는 분이셨다."

나는 히로나카 선생의 이런 글 가운데서, '상식'의 세계를 읽는다.

82

존중받고 모범이 되게 말하고 행동하자

2019년 4월 17일(수)

『효경』 탐구 열 일곱, 또 말과 행동에 관한 고민이다.

"덕의가존(德義可尊)!
작사가법(作事可法)!
용지가관(容止可觀)!
진퇴가도(進退可度)!
덕성과 의리는 존중할 만하도록 하라!
사업을 일으킬 때는 법도가 될 만하도록 하라!
용모와 차림새는 모델이 될 만하도록 하라!
움직이는 행위는 모범이 될 만하도록 하라!"

학자라는 명칭을 지속할 수 있는 근거는 무엇일까? 스스로는 물론, 타자와 더불어 살며, 존중받고 모범이 될 만한 삶의 추동력을 담보하고 있다고 믿기에, 붙여준 이름은 아닐까? 배운 사람의 품성과 인격, 지성의 품격에 대해 깊은 성찰이 요청되는 시기다.

너는 과연, 학인(學人)으로서 제대로 처신하고 있느냐!

83

교만하지 않고 난동부리지 않으며 어울려도 다투지 않는다

2019년 4월 18일(목)

『효경』 탐구 열 여덟, 효의 실천이 사람 섬기는 법에 있을까?

"거상불교, 위하불란, 재추부쟁(居上不驕, 爲下不亂, 在醜不爭)!
거상교망, 위하란형, 재추쟁병(居上驕亡, 爲下亂刑, 在醜爭兵)!
윗자리에 있어도 교만하지 않고, 아랫자리에 있어도 난동부리지 않으며,
여러 사람과 어울려도 다투지 않는다!
윗자리에서 교만하면 망하고, 아랫자리에서 난동부리면 형벌을 받으며,
여러 사람들 틈에서 다투면 상처를 입는다!"

효(孝)는 해석의 양상에 따라 달리 정돈할 수 있다. 하지만, 앞의 성찰에서 여러 번 강조했듯이, 인간의 본분과 그에 따른 삶의 도리를 다하는, 인생의 큰 사업으로 이해할 수 있다.

학자의 길도 그런 효의 양식에 따라, 인생의 큰 사업 가운데에 자리한다. 교만하지 않고, 난동부리지 않으며, 다투지 않으면

서도 학인(學人)의 길을 무난하게 갈 수 있을까? 형식적으로 볼 때, 수많은 학술 논쟁 자체가 그것을 불가능하게 만들지도 모른다. 물론, 학술 논쟁은 진리 추구 과정의 한 방편이므로, 그 범주가 다를 수 있다.

학인(學人)의 길이 결코 만만치 않다!

『논어』에서 "묵이지지(黙而識之), 학이불염(學而不厭) 회인불권(誨人不倦)-말없이 묵묵히 알고, 배우기를 싫어하지 않으며, 가르치기를 게으르게 하지 않는", 학인의 자기배려가 문득 떠오른다.

84

건강한 인생은 효도와 우애와 화합과 예의가 담보한다.

2019년 4월 19일(금)

『효경』 탐구 열 아홉, 인생에서 가장 중요한 길, 요도(要道)란?

"교민친애, 막선어효(教民親愛, 莫善於孝).

교민예순, 막선어제(教民禮順, 莫善於悌).

이풍역속, 막선어악(移風易俗, 莫善於樂).

안상치민, 막선어례(安上治民, 莫善於禮).

친밀한 관계와 사랑의 정신을 가르치는 데, 효도보다 좋은 것은 없다.

예의와 공손함을 가르치는 데, 우애보다 좋은 것은 없다.

사회 분위기를 화합하도록 바꾸는 데, 음악보다 좋은 것은 없다.

지도층을 편안하고 국민을 위한 정치를 하는 데, 예의보다 좋은 것은 없다."

효・제・악・예(孝・悌・樂・禮)! 즉, '효도－우애－화합－예의'를 인식하고 실천하는 작업이, 인생에서 가장 중요하다는 언급이다. 인간 사회의 관계와 배려 차원에서 볼 때, 효(孝)는 '부모－자식' 사이를 비롯한 '수직적' 차원의 삶에 대한 이해다. 제(悌)는 형제와 같은 동료 사이의 '수평적' 차원의 삶을 인식하는 작업이다. 악(樂)은 한 사회의 분위기를 화합으로 이끌어 공동체 의식을 묶는 장치다. 예(禮)는 각자의 본분에 맞는 사업을 고민하는, 직분을 깨닫는 윤리질서다.

이 길을 하나로 묶는 기본적인 예의는 '경(敬)'이다. 경(敬)은 흔히 '공경'으로 회자되지만, 인간의 '깨달음'이나 '깨우침'과 직결되는 문제다. 나는 몇 달 전에, 유학의 '경(敬)'에 대해 집중 조명한, 『경이란 무엇인가』를 출간했다.

85

사람을 공경해야 하는 근거를 어떻게 알려야 하는가.

2019년 4월 20일(토)

『효경』 탐구 스물, 가장 소중한 덕목은?

"교이효, 소이경천하지위인부자야(教以孝, 所以敬天下之爲人父者也).
교이제, 소이경천하지위인형자야(教以悌, 所以敬天下之爲人兄者也).
교이신, 소이경천하지위인군자야(教以臣, 所以敬天下之爲人君者也).
효가 무엇인지 가르치는 일은, 부모를 공경해야 하는 근거를 알리는 사업이다.
우애가 무엇인지 가르치는 일은, 형제자매를 공경해야 하는 근거를 알리는 사업이다.
신하 노릇이 어떠해야 하는지 가르치는 일은, 군주를 공경해야 하는 근거를 알리는 사업이다."

동서고금(東西古今)을 막론하고, 인간의 삶이 시작되면서, 교육도 동시에 진행되었다. 그래서 교육을 삶의 원형적 현상이라 한다. 특히, 부모 형제나 동료, 공동체의 사람들이 함께 살아가는 까닭을 고민하는 일이, 교육의 핵심 주제였다.

교육을 주관하다시피 하는 학문의 세계도 마찬가지다. 효로 세상을 가르치는 작업이 부모를 공경해야 하는 까닭을 알리는 사업인 것처럼, 자연과 인간 세상의 이치를, 그 근원으로부터 따져 나가는, '왜?' 그러한가에 관한 물음이, 학문의 중심에 자리한다.

그렇다면 학인으로서 나는, 얼마만큼의 '왜(Why)?'를 고려해 왔을까!

86

내면으로 행실을 다지고 후세에 이름을 세워라.

2019년 4월 21일(일)

『효경』 탐구 스물 하나, 사람으로서 어떻게 쓰일 것인가? '입신양명(立身揚名)'의 참 의미를 생각해 본다.

"행성어내(行成於內),
명립후세(名立後世)!
행실이 안에서 이루어지고,
이름이 후세에 세워져야 하리라!"

대부분의 사람들은, 흔히 말하는, 출세(出世)를 꿈꾼다. 출세는 성공(成功)과 궤를 같이 하는 경우가 많다. 출세! 성공! 동서고금 남녀노소를 막론하고, 그것은 부귀(富貴)와 연관된다. 요즘 식으로 보면, 권력이나 돈, 명예와 같은 것들일 수 있다. 그 가운데 권력과 돈이 우선되는 경우가 많다. 자본주의를 신봉하는 경우, 금권력(金權力)이, 아주 천박한 모습으로 판을 친다.

『효경』은 말한다.

입신양명(立身揚名)은, 돈이나 벌고, 권력이나 추구하는 그런 것과 다른 차원이다. 일반적으로 이해하는 결과적 의미의 출세나 성공과는 내용이 다르다. 그것은 합리적 정당성과 명실상부(名實相符)를 요구한다. 내면의 충실과 그것의 외면적 확장! 이는 개인적·사회적으로 본분에 근거하여, 내면을 충실하게 다지며, 알찬 인생을 꾸리는 일이다. 동시에 그것을 바탕으로, 공동체가 인정하는 인재로 등용되어, 사회에 기여하는 작업이다.

'몸을 세운다.'라는 '입신(立身)'은 개인의 충실을 의미한다. '이름을 드날린다.'는 '양명(揚名)'은 구성원으로서 사회에 봉사하고 이바지하는 일종의 자부심이다. 개인적 부귀(富貴) 자랑이나 뽐냄이 결코 아니다!

학인(學人)으로서 사람을 마주하고 있는 한, 혼자만 잘난 체하거나 혼자만 잘사는 것 같은 인재양성은 지양해야 한다. 인재로 거듭나는 공부의 시작과 중간 과정을 검토하지 않은 상태에서, '겉으로만 잘 나가는 사람'으로 드러난 인간을, 입신출세한 사람으로 규정하는 세태! 심각하게 경계해야 한다.

87

정의롭지 않은 일은 고쳐나가도록 간절하게 말하라

2019년 4월 22일(월)

『효경』 탐구 스물 둘, 잘못에 대해 충고하고 설득하라! 간쟁(諫諍)이 정말 중요하다.

"당불의, 즉쟁지(當不義, 則爭之)!

올바르지 않은 일에 직면하면, 바로 그것을 고치도록 간절하게 말하라!"

효(孝)는 나이나 지위, 수직적 인간관계에서, 아랫사람이 윗사람에 대해 일방적으로 굴종하거나 순종하는, 그런 삶의 자세를 의미하는 것이 결코 아니다. 일방적으로 명령을 좇기만 하는 태도는 절대 효가 아니다! 정의롭지 않은 생각과 행위에 대해서는, 올바른 도리를 내세워 설득하고 충고하는 간쟁(諫諍)을 절대적으로 요청한다.

부정(不正)한 사안에 대해 적극적으로 간쟁하라! 그만큼 정의롭고 용감한 행위를 사람들에게 부여하라! 그런 태도를 길러주려는 작업이, 학자로서 교육과 연구에 종사하는 주요 근거다.

88

장점은 강화하고 단점은 과감하게 보완하자.

2019년 4월 23일(화)

『효경』 탐구 스물 셋,
"진사진충(進思盡忠),
퇴사보과(退思補過)!
장순기미(將順其美),
광구기악(匡救其惡)!
출근해서는 충실할 것을 생각하고,
퇴근해서는 그날 잘못에 대해 보완할 것을 고려하라!
아름다운 일은 적극적으로 따르고,
그릇된 일은 바로잡아 주라!"

『효경』이 일러주는 전통적인 삶의 원리는 간단하다. 직장에서 일할 때는 본분에 맞게 최선을 다하라! 일하고 난 후에는 그 일에서 오류가 없는지 성찰하며 보완해 나가라! 장점은 더욱 장려하고 강화하라. 단점은 과감하게 수정하며 바로 잡아 나가라!

정말이지, 지성인이라면 뻔히 알면서 논의할 필요조차 없는 얘기 같지만, 이를 실행하는 일은 가장 어려운 작업일 수 있다. 그 난제는 일상의 곳곳에 도사리고 앉았다. 난제라는 이름만큼 인생에서 무엇보다 중요하고 큰 사업이다. 그러기에 대업(大業)이라 한다.

학자의 본분을 다시 고려해 본다. 학문이란, 인생의 대업을 추진할 수 있는 기초공사를 고민하고, 기초공법을 일러주는 사업이 아닐까?

89

살아서는 사랑과 공경으로
죽어서는 슬픔과 근심으로 섬기라.

2019년 4월 24일(수)

『효경』 탐구 스물 넷,
"생사애경(生事愛敬),
사사애척(死事哀慼)!
생민본진(生民本盡)!
살아서는 사랑과 공경으로 모시고,
죽어서는 슬픔과 근심으로 섬기라!
그것이 살아 있는 사람으로서, 본분을 다하는 일이리라!"

극단적으로 단순하게 말하면, 인생은 삶과 죽음, '생(生)－사(死)'의 시소게임일 뿐이다. 셰익스피어의 「햄릿」에 나오는 명언으로 기억되는, "사느냐 죽느냐 그것이 문제로다!(To be or not to be, that is the question!)"라는 재미난 구절도 있지만, 삶과 죽음은 늘 우리에게 현실로 존재한다. 사는 이유가 그것에서 도출될 수도 있다. 부모를 비롯한 친인척, 이웃들, 공동체의 동료들, 사회지도급 인사들이 영향을 미쳐온, 삶의 조타 기능이 마비될 때, 우리는 깊은 시름을 앓는다.

내가 그런지도 모르겠다. 20대까지 가장 살갑게 지냈지만, 아까운 세월을 뒤로한 채 타계한 할머니, 아버지, 삼촌, 이모, 고모, 형의 삶을 보면서, 그들이 다하지 못한 몫까지 감당하며 살아가려는 몸부림.

최근, '죽음교육'이라는 화두가 교육적으로 새로움을 더해주기도 하지만, 학인(學人)으로서 현직에 살아 있을 때 할 일, 은퇴 후의 일, 죽음 이후에는?

완전히 연두색으로 바뀐 4월의 앞산을 보니, 문득 온갖 생각이 춤을 춘다.

90

우주자연과 인간사회는 혼돈 가운데 질서를 유지한다.

2019년 4월 25일(목)

오늘부터는 『근사록(近思錄)』을 다시 꺼내 읽는다. 『근사록』을 읽어온 세월이 벌써 30년을 넘은 것 같다. 동양철학 강의 시간에 은사님들이 간간히 일러주시는 철학서적 대부분을 서울 청계천의 헌 책방에서 구입해 읽었다. 그때 그 낡은 경전, 다시 꺼내 본다.

『논어』에서 "박학독지(博學篤志), 절문근사(切問近思), 인재기중(仁在其中)."이라 했는데, 그 동안 공부하면서 '얼마나 간절히 묻고 가까운 것부터 생각했던가!'

『근사록』은 "절문근사"에서 취한 책이름이다. 성리학(性理學, Neo-Confucianism)의 입문서라고는 하지만, 내용은 심오하고 의미심장하다.

군주(君主)시대이자 농업(農業)이 삶의 기반이었던 세상의 문법(文法)을, 민주(民主)시대이자 몇 번의 산업혁명을 거친 이 시대에 독해하는 작업이 어떨지 모르겠다. 아무리 조선시대에 한반도에서 꽃피운 사상이라 하더라도, 성리학이 모든 시대를 관통할 수는 없다. 그래서도 안 된다. 전통이라는 명목으로, 시대를 포괄하는 사상이라고 우기기에는, 너무나 거리가 먼 측면이 있다!

그래도, 성리학이 풍미하던 시대와 사회 패러다임은 달라졌지만, 인간의 삶은 보편적이기에, 현재 시각에서 성리학이 지닌 장점도 확인할 수 있지 않을까? 좀 어려울 수 있겠으나, 시대정신을 고려하며, 탐색(探索)을 시도해 본다.

『근사록』의 첫 번째 탐색, '태극(太極)!'

"무극이태극(無極而太極)!

무극이면서 태극이다!"

무극이면서 태극이다? 무극이 곧 태극이다? 뭔 말이지? 어렵다. 우주만물의 본체, 또는 그 태초의 시원(始原)은 어떤 것인가? 물리학적 카오스(chaos), 혼돈(混沌)의 상황일까? 입 벌림 가운데, 캄캄한, 텅 빈 공간인가? 설명하려고 달려들수록 더욱 아득해진다. 그냥 태극기(太極旗)에 그려져 있는 태극 문양을 보며, 단순하게 이해하는 것도, 이 구절을 알아가는 한 방편이겠다.

어쨌건 성리학적 사고로 세상을 이끌었던 선조들은, 그 태극을 기준으로 우주 만물이 발생(發生)하고 생육(生育)한다는 세계관으로 삶의 논리를 폈다. 이런 점에서 태극은 모든 존재의 이유를 설명하는 일종의 거대한 기준(基準: standard)이다. 그러기에 우주자연과 인간사회에서 벌어지는 모든 삶은 태극이라는 표준을 인식하는 데서 시작되어야 한다. 창밖에 무르익는 저 앞산의 푸름도 태극으로부터 발생한 생육의 과정이다. 오늘 내 삶도 태극으로부터 노정(路程)되는 생육의 단계이리라!

그런데 태극은 소리도, 냄새도, 모습도, 그 어떤 것도, 아무것도 없다. 사람의 감각으로 포착되지 않는다. 그러기에 다시 무극이다. 그렇다면 기준이나 표준은 없다? 그래도 이 우주 자연과 인간 사회는 '혼돈 속의 질서'를 지속한다. 기준이 있는 것인가! 요청해야 하는가!

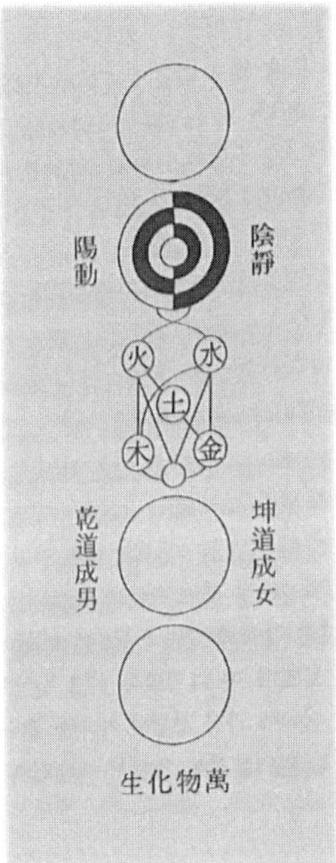

◆ 태극도(太極圖)

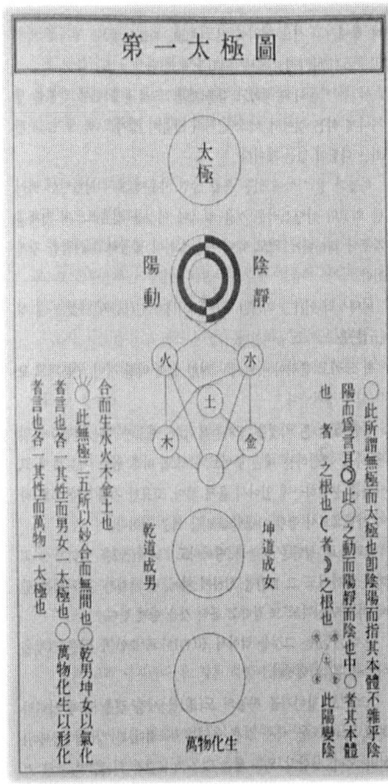

◆ 태극도설(太極圖說)

91

사람만이 빼어난 기운과 신령스러운 면모를 지닌다.

2019년 4월 26일(금)

창밖을 보니, 확실히 곡우절(穀雨節)이 맞다. 다음 절기는 입하(立夏), 이제 여름에 들어선다. 계절은 어김없이 자연의 흐름을 지시한다.

『근사록』 두 번째 탐색, 인간의 독특성?
"유인야(惟人也), 득기수이최령(得其秀而最靈)!
신발지의(神發知矣)!
사람만이 가장 빼어난 기운을 얻어 신령스럽다!
정신이 펼쳐져 지혜가 열린다!"

세상의 모든 존재 가운데, 오직 사람이 빼어난 기운을 지녔고, 신령스럽다. 면모가 그러하다. 일단 나도 사람이니, 기분이 나쁘지는 않다. 아니, 기분이 아주 좋다.

그런데 이런 인식이 사실일까? 다른 동물이나 식물은 빼어난 기운도, 신령스러움도 없는가? 정말 그런 기운이나 형체조차 없는가? 신비한 세계가 많은 것 같은데.

사람에게만 이런 지위를 부여하는 것, 인간의 바람일까? 간절한 소망일까? 요청일까?

『근사록』 제1권 「도체(道體)」에는 무극(無極)에서 태극(太極), 그리고 음양(陰陽)-오행(五行)으로 나아가, 존재의 변화무궁(變化無窮)을 가정했다. 그 정점에 인간이 자리한다. 무생물에서 생물에 이르기까지 인간과 다른 수많은 존재는 자연(自然)이라는 이름으로 자신을 지속해 간다.

문제는, 다시, 인간이다. 60년 가까이 살면서 내가 느껴본 인간의 세계는, 이런 이해와 좀 다른 듯하다.

가장 빼어난 기운을 얻었다고 가정하는 만큼, 기운은 밑바닥으로 추락한다. 신령스럽고 형체를 갖추어 생겨났다고 가정하는 만큼, 지저분한 현실이 무형의 오리무중처럼 춤춘다. 정신이 펼쳐져 지혜가 열린다고 가정하는 만큼, 영혼은 한심한 듯 혼미하고 어리석음으로 가득하다. 인간이라는 자긍심과 자부심이라고? 그 이면은 비굴함과 서로를 짓밟아 뭉개는, 잔인함이 공존한다.

그러다 보니, 사람이면 사람을 가까이 해야 하는 것이 당연한 도리 같으나, 그 반대로 마음은 점점, 인간의 세계로부터 멀어져 간다. 사람만이 가장 빼어난 기운으로 지혜를 펼친다고 했는데, 지금까지 진행해온 내 학문과 교육은 어떠했을까?

오히려, 지혜를 어리석음으로 전락시키는 데 일조하지는 않았는가!

92

본성 그대로를 회복하여 삶을 영위하라.

2019년 4월 27일(토)

『근사록』 세 번째 탐색, '성현(聖賢)!'
"성언안언, 성(性焉安焉, 聖).
복언집언, 현(復焉執焉, 賢).
본성을 그대로 지니고 편안한 상태에 있는 사람은 성인이다.
본래 모습으로 돌아가 그것을 단단히 잡는 사람은 현인이다."

성인(聖人)은 본성대로, 본성에 따라 자기 길을 가는 편안한 사람이다. 현인은 그에 비해 낮은 단계의 사람이다. 본성에 흠결이 생긴 만큼 본래의 모습으로 회복시키고, 그 본 모습을 잃지 않으려고 애쓰는 사람이다.

동서고금을 막론하고, 수많은 학인(學人)들은 이런 성인(聖人)과 현자(賢者)를 추종해 왔다. 성인의 경우, 지고(至高)의 가치로 자리매김하는 동시에, 교육적 인간상으로 본받으려 했다. 공자, 부처, 예수, 무함마드 등 종교적 신앙의 대상이 된, 절대 경지의 이상적 인간이 그들을 대표한다. 현자도 마찬가지다. 그 인격의 수준과 정도로 볼 때, 성인의 아래 단계에서 지혜롭고 현명한 만큼 훌륭한 지도자로 묘사되어 왔다.

민주주의(民主主義, Democracy)와 과학(科學, science)이 시대를 추동하는 현대 사회에서, 성인이나 현인은 어떤 존재일까? 흔히 말하는 '최고경영자(CEO: Chief Executive Officer)'는 성현의 경지에 속할까? 전통적 의미의 성현을 진정으로 지향할까?

내가 제자들에게 전수하는 학업은, 전통적 성인이나 현인 양성을 목적으로 해야 하는가? 성리학의 논리에 충실하다면, 이런 물음 자체가 금기사항이다. 왜냐하면 성리학의 이념은, 누구나 현인을 넘어 성인으로 나아가기를 꿈꾸고, 그런 방식으로 삶을 가꾸어야 하기 때문이다. 예외는 없다!

그렇다면, 내가 공부하고 있는 성리학은 지적 유희에 불과한가? 군주시대의 생활 지침을 얻기 위한 철학에 그치고 마는가? 회의가 밀려올 때가 있다.

오늘의 시선에서 어떤 학문적 자세가 필요할까? 30여년 이상을 지탱해온 학문의 결과가 성리학적 성인이나 현자만을 갈망해 왔던가! 성리학 자체의 논리가 그러하듯, '변(變)과 화(化)'에 주목하자! 이 시대가 요청하는 삶의 세계에 진지하자!

93

고요하고 움직이지 않는 상황은 사물에 느껴야 두루 통한다.

2019년 4월 28일(일)

『근사록』 네 번째 탐색, '중화(中和)!'
"중(中), 적연부동(寂然不動)!
화(和), 감이수통(感而遂通)!
중(中)은 고요하고 움직이지 않는 상황이다!
화(和)는 사물에 느껴 두루 통하는 작업이다!

일반적으로 중(中)의 의미는 '중간(中間)'이나 '중립(中立)', 또는 '중용(中庸)'과 같은 개념과 결부되어, '~가운데'를 지칭한다. 그런데 '고요하게 조금도 움직임이 없는 상태'가 중이란다. 그런 논리에서 보면, 중은 움직임이 없기 때문에 어느 쪽으로 치우치지 않는다. 당연하다.

사람에게서 중(中: 가운데)은 마음[心]과 상통한다. 중(中)은 심(心)이다. 그렇다면 마음은 고요하고 움직임이 없는가? 없다! 쓰지 않으면 차분하게 가만히 있을 뿐이다. 그런데 그게 아니다! 쓰는 만큼 움직인다. 존재의 근원적 차원으로 인식하면, 중[심]은 절대 고요이자 부동(不動)의 상황을 본질로 간직한다. 그 펼침은 화(和)에서 재고된다.

화(和)는 흔히 말하는 '화합(和合)'이나 '평화(平和)'라고 할 때, 온화한 모습을 가리킨다. 마음이 세상 사물에 감동하여 아무 장애도 받지 않고 두루 통하는 상태다. 두루 통한다는 것은 어떤 존재를 마주하더라도 절도에 맞아 바르고 어긋남이 없음을 말한다.

어떻게 해야 마음이 '고요하게' 존재할 수 있을까? 바람 한 점 없는 호수의 잔잔함처럼. 어떻게 해야 세상사를 마주할 때 그것을 느끼며 표현하고 절도에 맞출 수 있을까? 정말 중화(中和)가 문제인가? 형이상학적 논리로는 그런 것 같다. 현실은 어떠할까? 고요한 마음으로 역동적인 세상사를 담을 수 있을까?

성리학의 마음공부, 학인의 자기충실은 중과 화를 구현하는 대사업이다. 제자들과 더불어 하는 타자배려도 그와 동일하다. 현실의 희로애락(喜怒哀樂)을 다루는 작업이다.

문제는 '민주주의'라는 우리 시대다. 민주주의는 내면의 양심이나 마음보다 외면의 법치(法治)를 무기로 지속 가능한 시스템이다. 그렇다면, 현대 민주주의 시대, 학인(學人)의 공부 과정에서 마음이 자리할 곳은 어디일까?

94

마음은 하나일 뿐이다.

2019년 4월 29일(월)

일주일(一週日)이라는 주기(週期)에서, 다시 어김없이 월요일이 찾아왔다. 내일이면 2019년 4월도 지나간다. 오늘은 『근사록』에서 마음[心]의 본체[體]와 작용[用]을 엿본다.

『근사록』 다섯 번째 탐색, '심(心)!'
"심, 일야(心, 一也).
지체이언(指體而言), 지용이언(指用而言).
유관기소견하여(惟觀其所見何如)!
마음은 한결 같다. 하나일 뿐이다!
격식을 가리켜 말하기도 있고, 쓰임을 가리켜 말하는 경우도 있다.
오직 그 보는 것이 어떠한지에 따라, 진지하게 살펴야 하리라!"

마음의 형이하학적·물리적 형체는 가슴의 안팎에서 뛰는 심장(心腸; 心臟)이다. 심장은 온 몸에 피를 전달하는 중개인이다. 그 격식은 불과 몇 센티 몇 그램에 불과하지만 분명한 형태를 띤다.

그것이 마음의 본체다. 그 쓰임은 온몸의 모세혈관에 이르기까지, 널리 피를 퍼트리는 데 기여한다. 그것은 마음의 작용이다. 혈압의 상황을 감지하며 혈액 공급을 위한 펌프질을 말없이 수행하는 일. 이 생명활동의 근거가 몸을 감지하며 살피는 마음의 양식이다.

마음의 형이상학적·추상적 형체는 사유와 이성을 조정하는 심안(心眼)이다. 심안은 자신을 드러내지 않는다. 그러면서도 세상을 바라보고 비추는 사려 깊은 거울이다. 고요하게 격식을 갖추고 느낀 만큼 정서를 드러낸다. 인간은 자신이 본 만큼 간직하고 표출하기 마련이다. 문제는 심안의 투시(透視)를 얼마나 장악하느냐다. 왜냐? 그것이 세상을 보고 행위를 자아내는 혜안이자 지성을 축적하는 길이기 때문이다.

학인(學人)의 권리이자 의무는, 그런 심안의 투시력을 심고 기르는 데서 찾아야 한다. 자신의 가슴에 심고 가꾸는 동시에, 제자를 비롯한 여러 사람들에게 부여하고 함양하는 데 일조하는 일! 그것이 다름 아닌 '공부'다. 내 몸에 뛰는 심장을 감지하며, 심안을 확인하자!

95

자연이 부여한 것은 명이고 사람이 받은 것은 성이다.

2019년 4월 30일(화)

2019년 4월 마지막 날이다. 갑자기, 내 본성과 그에 따라 공부한 나의 사명감이 어떠했는지, 뇌리를 스친다. 성(性)과 명(命), 이 시대에 나의 목숨과 본성은 어디에서 찾을 수 있을까?

『근사록』 여섯 번째 탐색, '성명(性命)!'

"천소부위명(天所賦爲命),
물소수위성(物所受爲性).
하늘이 부여한 것은 명이라 하고,
사물이 받는 것은 성이라 한다."

천(天: 하늘)은 우주자연의 세계를 통칭하는 언표다. 물(物: 사물)은 사람을 비롯한 세상의 모든 존재를 지칭한다. 우주자연이 인간에게 나누어 준 것이 명(命)이고, 인간이 자연으로부터 받은 것이 성(性)이다. 이런 점에서, 명과 성은 부여하고 받는 주체가 다를 뿐, 동일한 대상의 다른 이름이다.

명과 성을, 그냥 흔히 쓰는 말로 '목숨'과 '본성'이라 한다면, 성리학적 차원에서 본성은 목숨과 동일선상에 놓인다. 그것은 본성을 목숨처럼 여기고, 그에 맞게 살아가야 한다는 명령을 포함한다. 그만큼 유학[성리학]은 인성(人性)을 둘러싼 치열한 논쟁을 전개해 왔다.

문제는 결이 다른 시대, 우리 시대의 인성 문제다. 본성을 목숨처럼 받았다고 가정한다면, 그것은 유전적 특성이 강한 동시에 결정론적 사고가 지배한다. 이미 고정되어 있는 것 같은 타고난 본성을 찾아, 세상을 그것에 맞추어 나가려는 성향이 강해진다. 환경론적 특성이나 생성적 사고, 역동하는 변화의 사유를 받아들이기에는, 상당한 한계가 존재할 수밖에 없다.

과연, 명과 성은 어떤 존재에 대해, 고정된 양식으로 부여되는 건가? 그렇게 받을 수 있는 건가? 그에 따라 인성도 불변하는가?

현대사회는 상황이 급변한다. 전통적인 삶의 방식은, 시대정신에 부합하도록 상당 부분 바꾸어야 한다. 그렇지 않을 경우, 시대가 조용하게 넘어가지 않는다. 고정불변하는 양상으로 자기 본성을 이해하고, 그에 충실하게 살아가려고 할 때, 우리는 수시로 저항을 받는다. 타자와 불협화음을 이루며, 부딪치는 경우가 많다.

그렇다고 내가 타고난 본성까지 바꾸어야 하는가? 주체를 상실할 수도 있는데. 이 지점에서 혼란스럽다. 이제 본성이나 목숨을 이해하는 방식이 달라야 하는 것은 아닌지? 성리학적 본성론으로 시대를 헤쳐 나가기에는, 인성 문제에 관한 너무나 광범위한 논쟁이 펼쳐져 있는 건 아닌지?

학인(學人)으로서 내가 고려하는 학문(學問)은, 어떤 차원이건, 궁극적으로 사람살이를 둘러싼 인간 세상이다. 아무리 자연과학에 철저한, 객관적 사물에 관한 연구라 할지라도, 과학에 관한 철학이 개입하는 한, 그것은 인간학으로 환원될 수밖에 없다.

이런 측면에서 이 시대의 명과 성은 어떤 차원일까? 직업상에 부여되는 본분이 명(命)일까? 인생 진로에 타당성을 인정받으며 적성을 고민하는 것이 성(性)일까?

96

귀신은 오므리고 펼치는 우주적 상황이다.

2019년 5월 1일(수)

2019년 5월 첫 날, '노동절(勞動節)' 아침이다. 많은 사람들은 '근로자의 날'이라고 하며 '근로(勤勞)'라는 말을 쓰지만, 나는 '노동(勞動)'이라는 말이, 훨씬 의미 있게 다가온다. '부지런히 애써 일한다.'라는 의미의 '근로'보다는 그냥 '내 몸을 움직여 일한다.'라는 의미의 '노동'이 친근하다.

삶 자체가 그냥 일하는 것 아닌가! 일을 하고 있는 사람에게, 열심히 하고 열심히 하지 않는 것이 따로 있는가? 일한다는 것 자체는 '열정을 갖고 열심히 한다.'는 말이다. 열심히 하지 않는다면, 그것은 제대로 일하지 않은 상황이 아닌가! 일을 하고 있는가, 하지 않고 있는가! 일을 대하는 태도는 이 둘 뿐이라는 생각이 나의 의식을 지배한다.

『근사록』 일곱 번째 탐색, '귀신(鬼神)!'

"귀신자(鬼神者), 조화지적야(造化之迹也).

귀신이란 만들면서 바뀌어 가는 행적이다."

우리는 흔히 생각한다. '귀신(鬼神)'이라고 하면, '고스트(ghost)'와 같은 것으로 말이다. 귀신을 고스트로 생각하는 순간, 그것은 오싹한 기운이 감도는 무서운 존재로 연상되고 만다.

그런데 동양적 사유, 특히 역학(易學)의 역동성에서 볼 때, 귀(鬼)는 '오므리는 일'이고 신(神)은 '펼치는 작업'이다. 오므리고 펼치는 양상 자체가 귀신이다. 그러기에 귀신은 존재의 일상 가운데 내재해 있다. 아니, 존재 자체의 움직임일 뿐이다.

천지 만물이 나고 죽는 일, 사계절이 피어났다 사그라지는 순환 과정이 그렇다. 작게는 평소에 눈을 깜빡이는 순간조차도 귀신의 조화다. 조금 크게 보면, 하루 가운데, 해가 지는 일몰(日沒)은 귀(鬼)로 돌아가는 상황이고, 해가 뜨는 일출(日出)은 신(神)을 펼치는 상황이다. 그렇다면 하루라는 시공(時空) 자체가 귀신이다. 심지어 전기 불을 켜는 '온-오프(on-off)' 작동도 오므림과 펼침이라는 귀신의 원리로 비유할 수 있다. 이런 점에서 세상은 거대한 귀신의 덩어리다.

학인(學人)의 인생도 '귀(鬼)'와 '신(神)' 자체다. 열심히 배우며 지식을 축적하고, 행위를 담보할 내용을 담아내는 시기는, 귀(鬼)에 해당한다. 논저를 저술하고 제자를 양성하며, 학술활동은 물론 재능기부로 봉사하는 시기는, 신(神)에 해당할 수 있다. 귀와 신의 사태는 수시로 갈마들며 학문을 다져나가는 삶의 작동 원리다.

귀는 신을 생성하기 위한 노동이고, 신은 귀를 존재하게 만드는 근로다. 오늘도 '귀'와 '신'은 대대(待對)하며 조화의 자취를 이어간다.

아침 시간의 햇살은 신(神)을 성숙시켜나가는 새싹이다. 그러다 저녁이 오고 밤이 되면서 귀(鬼)로 돌아간다. 다시 새벽을 밝힐 때 신(神)이 얼굴을 내민다. 이 작은 글, 붓을 내리자 햇살이 따스함을 더해가는 노동절 아침 기운이 다가온다.

97

느낌이 있으면 반드시 응함이 있다.

2019년 5월 2일(목)

『근사록』 여덟 번째 탐색, '감응(感應)!'
"유감필유응(有感必有應)!
느낌이 있으면 반드시 응함이 있다!"

'느낌[感]'은 바깥에서 안을 움직이게 하는 그 무엇이다. '응함[應]'은 안에서 바깥에 반응하는 일이다. 나 밖의 세상이 존재하는 한, 나는 느끼게 마련이다. 반응도 동일하다. 대신, '감-응'의 존재 양상은 다양한 형태를 띨 수 있으리라. '적극적이냐 소극적이냐', '긍정적이냐 부정적이냐', 삶의 양식을 달리 할 수 있다. 무감각·무반응처럼 보이는, 부동의 자세나 침묵도 느낌과 응함의 다른 형태일 뿐이다.

중요한 것은, 깊이 통하여 느낌에 응하는, '감통(感通)'의 존속 여부다. 당연한 세상의 이치인 감응을 넘어, 감통이 삶에 녹아들 때, 살아 있다는 희로애락(喜怒哀樂)의 인생을 맛볼 수 있으리라.

이런 차원에서 감통은 인간 사회의 진정한 소통이자 신뢰의 지속이다.

지금까지 견뎌온, 내 학인(學人)의 삶은 다양한 감응이 있었다. 그렇다면, 그것은 깊이 통하여 느낌에 응하는 감통이었던가! 학문이 깊이 축적되지 않고 감통에서 멀어진 것은 아닌가!

어제 5월이 시작되었고, 곧 '입하(立夏)' 절기다. 이런 감응의 시간이 흐르다보니, 벌써 한해의 절반에 가까웠다. 한 해의 절반이 다가오기 전에, 다시 안을 성찰하고, 밖을 돌아볼 시점이다.

98

스스로 포기하는 인간은 정당한 사안을 막고 끊어 버린다.

2019년 5월 3일(금)

『근사록』 아홉 번째 탐색, '자포자기(自暴自棄)!'
"자포자, 거지이불신(自暴者, 拒之以不信)!
자기자, 절지이불위(自棄者, 絶之以不爲)!
스스로에게 포악한 사람은, 인간이 할 일을 막아버리고 믿지 않는다!
스스로를 버리는 사람은, 인간의 할 일을 끊어버리고 하지 않는다!"

'자포자(自暴者)'는 스스로에게 포악한 사람이다. '자기자(自棄者)'는 스스로를 버리는 사람이다. 흔히 말하는 '포기(暴棄)'라는 언표가 여기서 유래한다.

스스로 포기하는 존재인 자포자와 자기자는 어리석은 사람을 대표하는 두 가지 유형이다. 자포자는 인간의 착한 특성을 믿지 않고, 스스로 그 덕성을 해치는 사람이다. 자기자는 인간의 착한 특성을 알면서도, 스스로 지키지 않는 사람이다. 사람이 살다보면, 포기할 일도 많다. 그래도 '포기'라는 말을 함부로 내뱉어서는 곤란하다. 살기 위해 태어난 인간이, 그 목적을 향해 나가지 않고, 포악하게 자신을 버린다? 이건 인간답지 않은 행위다. 심사숙고해야 한다. 포기하지 않아야 할, 내 삶의 보배를 고려한다면, 자포자기라는 의미를 되새겨라.

인간의 성품이 본래 착한 것이라고 가정한다면, 전통 유학은 아무리 어둡고 어리석은 사람일지라도 점차 단련하고 연마하여 선(善)으로 나아갈 수 있다고 격려한다. 정말 그러할까? 악(惡)의 가능성이 곳곳에 도사리고 있다! 그렇더라도, 어떤 일을 구체적으로 지향한다면, 일단 자포자기는 멀리하자! 그것이 내 삶에 대한 최소한의 예의다.

학문의 길에서도 자포자기는 최고의 금기일 수 있다. 아니, 최고의 금기여야 한다. 학문의 길에 들어섰음에도 불구하고, 그것을 거부하며 신뢰하지 않거나, 그만두려고 하며 정진하지 않는 자세를 지니고 있다면, 정말 어리석은 사람이다. 자신의 능력을 최대한 발휘할 때까지, 제대로 노력했는가? '역부족(力不足)'이라고 말하며 중도에 그만두지는 않았는가? 그렇다면, 무슨 일인들 온전하게 성취할 수 있겠는가! 뻔하다.

우매한 존재를 현명한 사람으로 거듭나게 하는 일! 그 첫 번째 관문이 자포자기를 떨쳐버리는 격려와 동기부여다. 학문 활동을 비롯한 인간 삶의 첫 단추가, 여기에 집중되어야 할지도 모르겠다!

내 서재에서 바로 내려다보이는, 조용히 흐르는 왕숙천(王宿川)! 학을 닮은 흰 왜가리 몇 마리, 새벽부터 물가에서 노닐고 있다. 저들에게조차 포기는 전혀 보이지 않는다. 생기만이 꽉 찼다.

99

사물은 제각기 이치에 맞게 처리하는 도리가 있다.

2019년 5월 4일(토)

『근사록』 열 번째 탐색, '의리(義理)!'
"재물위리(在物爲理),
처물위의(處物爲義).
사물에 본래 간직되어 있는 것을 이치라 하고,
그 사물의 이치에 맞게 처리하는 것을 도리라 한다."

사안에 따라 다르기는 하지만, 일상에서 '의리(義理)'를 강조하는 경우가 많다. 이때 의리는 '신뢰를 기반으로 지켜야 하는 교제상의 도리' 정도로 이해하기 쉽다. 그런데 『근사록』은 보다 심오한 천지자연과 인간사회의 원리로, 그것에 다가간다. 의미심장(意味深長)하다. 특히, 학문과 교육의 과정에서 심사숙고(深思熟考)할 양식을 부여한다.

모든 존재는 결이 있다! 결은 한 사물이 지닌 이치(理致)다. 사물에 이치가 없으면, 그 사물은 사물답게 존재할 수 없다. 사물은 그 사물의 이치, 바로 결에 의해 움직인다. 이런 점에서 리(理)는 존재의 원리이자 존재를 작동하는 근거다.

의(義)는 사물이 작동해 나갈 때, '시비(是非)'와 '가부(可否)', 즉 '옳고 그름'을 진지하게 따져 묻고 마땅하게 정돈하는 작업이다. 일을 처리할 때, 합당하고 당연히 지켜야 하는 상식의 철학적 이행이다.

그러기에 전통 성리학은, 세상 만물을 비롯하여, 인간이 지닌 '결', 즉 사물 고유의 '리(理)'를 파악하는 데 힘을 쏟아 부었다. 사물을 장악하고 정확하게 다룰 수 있고, 인간의 삶을 제대로 펼쳐 나갈 수 있다고 판단했기 때문이다.

문제는 현대 사회다. 나는 심각하게 고민한다. 성리학적 사고가 현대 '민주-과학'의 시대정신을 대변하거나 추동할 수 있는 최선의 대안이 될 수는 없다. 그렇다고, 성리학적 사유와 실천이 무조건 틀렸다는 차원은 결코 아니다!

어떤 사람들은 성리학을 공리공담으로 똘똘 뭉친 '학문적 적폐(積弊)'로 규정하기도 한다. 나는 그렇게 생각하지 않는다. 인류가 축적해온 모든 학문적 유산은 정도의 차이는 있을지언정, 우리 삶을 풍성하게 만드는 데 기여할 수 있는 '지적 보물'이다. 그 소중한 학문의 전통은 오래된 미래다. 그런 점에서 성리학도 삶을 풍부하게 가꿀 수 있는 대안으로서의 가능성이 언제나 열려 있다. 시대가 다른 만큼 사유의 차이를 노정할 뿐이다.

30여년 넘게 이 공부를 하고 있지만, 늘 회의(懷疑)로 가득하다. 논저를 출간하며, 고전의 문장을 해독하는 것만이 능사(能事)는 아니다. 시대에 합당한 성리학 패러다임의 전환을 꾀할 수 있을까? 담배를 오래 피우다 보면 니코틴에 중독되고, 술을 오래 마시다 보면 알코올에 빠지듯이, 성리학으로 무장된 나의 의식을,

나 스스로 현대적 시선으로 탈바꿈하기가 쉽지는 않다! '농경－군주－왕정'시대의 "재물위리(在物爲理), 처물위의(處物爲義)."의 사고를 '첨단산업－민주－공화'시대에 어떻게 녹여낼 수 있을까?

새로운 주석(註釋)을 담아낼 그릇을 마련하자! 무엇으로 어떻게 채울까? 학문하는 동안의 숙제다!

100

인을 잃으면 질서는 사라지고 조화는 찾아오지 않는다.

2019년 5월 5일(일)

『근사록』 열한 번째 탐색, '열린 마음'으로 상징되는 '인(仁)'은 어디에 있을까?

5월 5일, 그 유명한 어린이 날이다. 소파(小波) 방정환(方定煥, 1899~1931)선생이 그렸던, 어린이를 위한 시간과 공간은 어떠했을까? 어린이들에게 용돈을 주고, 선물을 사주고, 놀이동산을 활보하며, 온갖 물질적 시혜로 즐거움을 더하려고 했던, 그런 형식적 순간을 담보하는 날일까? 나는 생각한다. 그것만은 아니다! 어리석음을 깨치는 삶.

오늘은 『근사록』 가운데, 어린이를 아끼는 의미와 연관하여, '인(仁)'에 대해 간략하게 들여다본다.

"인자(仁者), 천하지정리(天下之正理).

실정리(失正理), 즉무서이불화(則無序而不和)!

인이란 세상의 올바른 도리다.

올바른 도리를 잃는다면, 질서는 없어지고 조화가 찾아오지 않는다!”

‘인(仁)’은, 『논어』를 중심으로, 유학의 정점에 자리하는 개념이다. 『논어』에는 ‘인(仁)’이라는 글자가 100회 이상 등장한다. 정말 다양하게 표현된다. 그러나 그것은 하나로 꿰뚫려 있다. ‘어질다!’라는 말이다.

문제는 ‘어질 인’이라는 언표로 각인된, ‘어질다!’라는 표현이다. 이 무슨 뜻일까? 알 듯 말 듯 모호하다. 어떤 학자는 신비로 가득하다고 언급하기도 했다. 정작 ‘어질다!’라는 표현이 무엇인지를 생각하면, 분명하게 와 닿지 않는다. ‘인(仁)’이 뭐지? ‘어질다!’가 뭐냔 말이다! 그냥 ‘어질’ 단다! 뭘 알고 하는 말인가?

그래도, ‘어질다!’, ‘어진 사람’이라고 할 때, 그 이미지는 절대 차가운 성질은 아니다. 따스하다. 삶의 전반적 차원에서 부정적 인상보다 긍정적 뉘앙스를 풍긴다. 무언가 훌륭하고 착하고 좋다!

한글로 이해하면, ‘어질다’는 ‘모질다’의 상대어다. ‘모질다’는 ‘모가 진 상황’으로 마치 □형의 한 모서리나 모퉁이처럼 모가 난 상태다. 모진 형상은 느낌 자체가 뾰족하고 닫혀 있다. 그 상대어라면, 반대쪽을 생각하면 이해하기 쉽다. ‘〈 ’ 형태의 오른쪽이나 ‘〉’ 형태의 왼쪽, ‘∧’ 형태의 아래쪽이나 ‘∨’ 형태의 위쪽이다. 얼핏 보아도, 트이고 열려서 펼쳐나갈 수 있는 모양이다.

나는 이 지점에서 ‘인(仁)’의 모습을 단순하게 그려본다. ‘어질다!’는 언표는 ‘개방(開放)’이자 ‘열림’이고, ‘트임’이다! 그 반대쪽인 ‘〈’ 의 왼쪽처럼 폐쇄(閉鎖)이고 닫히고 막힌, 모진 상황이 아니다. ‘불인(不仁)’이 아니라는 말이다. ‘오픈 마인드(Open Mind)’로 똘똘 뭉친 존재이자 행위의 기초! 그것이 인(仁)이다. 한의학에서도 혈액순환이 제대로 되지 않고, 몸이 마비된 상황을 불인(不仁)이라고 하지 않던가!

어쨌건, 그 열린 마음을 상징하는 '인(仁)'에 대해, 정이천(程伊川: 程頤, 1033~1107)은 '세상의 올바른 도리'로 풀이했다.

인간의 관계망이 정상적으로 탁 트인 상황이라면, 세상은 오픈 마인드로 활활 타올라야 한다. 이 올바른 도리가 상실될 때, 질서는 무너진다. 세상의 평화도 화합도 사라진다. 환란이 극성하여 난세를 이룬다. 난세(亂世)는 불인(不仁)이 활보하는 세상이다. 그러기에 사람들이 마음을 닫은 세상은 무섭다. 소통이 없다. 무한한 대화가 오고 가겠지만, 의미 없는 지껄임에 불과하다. 말의 잔치가 열렸으나 헛소리가 헤아릴 수 없이 많다. 이 떠들썩함 가운데, 적막감이 가득할 뿐이다. 진정한 대화는 세상 한가운데 발가벗겨진, 모든 것을 활짝 열어 놓은, 인(仁)의 구현에서, 가능하다.

어린이날, 내 자식과 가족, 나의 제자들을 비롯하여, 수많은 어린이들에게 무엇으로 함께 나눌 것인가? '인(仁)'이라는 열린 마음으로, 세상의 질서가 유지되고, 조화를 찾아나갈 수 있는 학문이 충만 되기를 기도해 본다.

101

모든 존재는 제각기 합당한 이치를 지닌다.

2019년 5월 6일(월)

『근사록』 열두 번째 탐색, '상사(常思)!' 항상 생각하라.

오늘은 '입하(立夏)'다. 24절기상 여름에 들어선다. 실제 계절도 그렇게 느껴진다. 따스하고 포근하던 봄기운을 넘어, 덥고 축축한 여름 기운을 맞이한다. 자연의 순리대로라면, 싹을 틔운 사물이 무성하게 자라나는 형통의 시기다. '역(易)'에서 강조하는 '원(元)－형(亨)－이(利)－정(貞)'의 형(亨)에 속한다. 서재의 창밖 산자락에는 이미 녹음이 짙어지고 있다. 연두색 잎사귀들이 벌써 녹색에 가까워졌다.

나에게 맡겨진 학문 연구를 비롯하여, 많은 일들이 무성하게 자라나기를 기대하며, 또 『근사록』의 한 페이지를 열어본다.

"천지생물(天地生物), 각무부족지리(各無不足之理).
상사천하군신부자형제부부(常思天下君臣父子兄弟夫婦),
유다소부진분처(有多少不盡分處).

이 세상의 모든 존재는 생겨날 때, 제각기 부족한 이치가 없다. 항상 생각할 사안은, 세상에 군주와 신하, 부모와 자식, 형제자매, 부부 사이처럼, 인간관계에서 마땅히 지켜야 할 도리가 있는데, 조금이라도 다하지 못한 본분이 있는가 하는 점이다."

세상의 모든 것은 탄생과 더불어, 충분하게 자신의 고유성을 간직한다. 자신의 결에 따라 어그러지지도 않고, 자연스럽게 자라기만 하면, 온전한 형태가 된다. 태어날 때는 규모만 작을 뿐, 성장하면 완전한 형태의 존재 면모를 보인다. 그것이 자연의 이치다. 우주의 섭리다. 모든 세계가 그러하다.

문제는 인간이다. 인간도 본래는 자연의 순리대로 탄생한다. 각자가 고유한 자질을 갖춘 품성으로 세상을 마주한다. 그것을 '본성(本性: nature)'이라 명명한다. 이런 점에서 모든 사람은 '개성(個性)'을 지닌다. 개성은 개체가 지닌 인간의 틀이라는 점에서, 유일한 '성격(性格: character)'이다. 물론, 사람 아닌 다른 존재에 비해, 사람으로서 지닌 보편성, 이른바 '인성(人性) 또는 인격(人格: personality)'은 다시 고민해야 한다.

인격과 성격을 동시에 고려하면서, 아무리 인간을 고민해 봐도, '사람이라고 다 같은 사람은 아닌 듯하다!' 50여 년을 겪어온 인생살이 동안, 나는 그렇게 느꼈다. 그래도 인간의 역사는 사람으로서 마땅히 지켜야 하는 윤리 도덕의 체계를 고민하고, 인성의 보편성을 신뢰하며 인간 세계를 엮어왔다. 인간은 삶의 질서를 가지런히 하려는 노력 가운데, 사람다움과 보다 아름다운 세상을 찾으며 사회를 지속하려고 애쓴다.

아무리 옹호하고 대변하려고 해도, 문제는 다시 인간이다. 세상에서 뒤엉키며 살아가는 인생이 삶을 흔들어 놓는다. 사회나 인생 자체가 혼란(混亂)하다! 모순과 실수가 반복되고, 진보를 거듭할수록 다양한 변화가 앞을 이끈다. 어쩌면 혼란으로 점철된 가운데 안정을 찾는 것처럼 보이는, 그 반복의 이력이 인간 사회일 수 있다. 『노자도덕경』에서 말하는 "반자, 도지동(返者, 道之動)", 즉 "돌이키는 역동성이 세상의 움직임이다!"라는 표현처럼. 그러기에 많은 사람들이 혼란스런 세상에서 안정을 추구한다. 이른바 '평화(平和)'라는 언표를 이상으로 자리매김하고, 삶의 위로로 삼는다. 허나, 평화는 이상일 뿐이다. 갈등과 투쟁이 현실이다.

『근사록』은 지시한다. 이런 혼란의 근원에서, 항상 생각해야 할 영역이 있다. 다름 아닌 '본분(本分: one's duty)'이다. 인간은 각기 타고난 본성을 가꾸어가며 자신의 사업을 해나가야 한다. 그 과정에서 자신의 본분을 다하지 못할 때, 삶의 혼란은 가중된다. 지도자로서, 참모로서, 부모로서, 자식으로서, 형제자매, 부부, 친구 등 모든 인간관계가 그러하다. 학자의 인생이 오롯이 담긴 '사제(師弟)' 관계도 마찬가지다. 세상을 접어두고, 인간을 불완전한 존재로 이해한다면, 현재 상황에서 본분을 다하지 못하는, '부진분처(不盡分處)'가 정당할 수도 있겠다.

어쨌건, 여름에 들어서는 날 아침, 햇살은 강렬하게 세상을 비추는 듯하다. 학인(學人)으로 남은 인생에서, '부진분처'는 최소화했으면 하는 바람이, 삶을 더욱 채찍질한다.

102

충실과 신뢰로 쉬지 않고 노력하라.

2019년 5월 7일(화)

『근사록』 열세 번째 탐색, '충신(忠信)!'

"충신소이진덕(忠信所以進德).
종일건건(終日乾乾)!
충실과 신뢰는 덕성을 갖추게 하는 근거다.
종일토록 쉬지 않고 노력하라!"

어릴 때부터 귀에 못이 박히도록 들어온 얘기들이 있다. 특히, 중·고교 시절 선생님들께서 수시로 당부하시던 말씀! '최선을 다하라(Do your best)!', '오늘 할 수 있는 일을 내일로 미루지 말라(Never put off till tomorrow what you can do today)!', '내일은 결코 오지 않는다(Tomorrow never comes)!'와 같은 부류다.

자기 다짐을 할 때, 또는 타인의 삶을 격려하고 충고할 때, 자주 쓰던 언표다. 때로는 책상 앞에, 때로는 공책(空冊)의 한 모퉁이에, 몇 번이나 진하게 덧칠하며 새겨놓기도 했다. 요즘은 '공책'을 '노트(note)'라고 하지만, 나는 어릴 때, 노트보다 공책이라는 표현을 훨씬 많이 썼다. 공책은 말 그대로 '빈 책'이다. 글을 쓰거나 그림을 그리거나 어떤 내용을 기억하기 위해 비어 있는 백지책(白紙冊)이다. 인생도, 학문도, 이 '비어 있는 책'에 나의 덕성(德性)을 쉬지 않고 기록하는 과정은 아닐까?

그렇다면 학문의 길을 걸어오면서, 오늘, '최선'을 지향했는가? 귀찮아하며 미룬 적은 없는가? 어떤 사안이 되었건, 매 시간 최선을 다하고 미뤄두지 않으면서, 실천의 순간을 맞이했는가? 연구자의 일상이, 그저 꽉 짜인 일정으로, 도서관 열람실에서, 또는 서재에서, 연구실에서 글을 읽거나 여러 자료를 뒤적이며 컴퓨터 앞에서 논저를 쓰는 척, 그렇게 하루를 메꿔나간 건 아닐까? 어떤 희망도, 열정도, 새로움을 향한 창조력도 담지 않은 채, 흔히 말하는, 루틴(routine)하게. 판에 박힌 지루한 일상의 틀!

어쩌면 그런 일상에 철저하게 몰입하고 집중하는 삶이, 최선은 아닌지 모르겠다. 그것은, 일을 하지 않거나 게으름을 피우는 사태와는 차원이 다르기 때문이다. 인생이, 별 것 있던가? 자신의 영역에서, 일상에 주어진 길을 뚜벅뚜벅 걷는 것이, 가장 치열한 삶의 양태는 아닐까? 그런 것 같기도 하다. 일상의 충실과 자기 신뢰! 이 땀방울 맺힌 삶의 아름다움을 무슨 말로 형용할까!

『맹자』에 이런 표현이 있다. '불위자(不爲者)'와 '불능자(不能者)'! '불위자'는 어떤 일을 할 수 있는데도 하지 않는 자다. '불능자'는 어떤 일을 하고 싶어도 할 수 없는 사람이다. 무엇을 말하려는지 이미 어렴풋이 보이리라.

제나라 선왕이 말하였다.

"하지 않는 자와 하지 못하는 자는, 그 모습이 어떻게 다른가요?"

맹자가 대답하였다.

“예를 들어 보지요. ‘큰 산을 겨드랑이에 끼고 북쪽의 바다를 뛰어넘는다.’라는 사안에 대해, 사람들에게 ‘나는 하지 못한다.’라고 하면, 이는 진정으로 ‘하지 못하는 것’입니다. 어떻게 큰 산을 겨드랑이에 낄 수 있으며, 더구나 그것을 끼고 바다를 건너 뛸 수 있겠어요. ‘어른을 위해 팔다리를 주물러 드린다.’라는 사안에 대해, 사람들에게 ‘나는 하지 못한다.’라고 하면, 이는 정말 ‘하지 않는 것’이지, ‘하지 못하는 것’이 아닙니다.”

나는 이러한 ‘불위자(不爲者)’와 ‘불능자(不能者)’라는 삶의 태도를 사이에 두고 인생의 시소게임을 벌여온 건 아닌가? 그 ‘살아가기’와 ‘살아지기’ 사이에 존재하며, ‘최선’을 화두로 하는 삶을 평가할 수 있을까? 정말, 쉽지 않다. 무엇이 ‘최선(最善)’일까? 내 인생의 ‘가장 좋음’이란?

삶이 연속되는 만큼, 내 몸에는 나도 모르는 사이에, 그 무엇이 누적되고 있다. 그 축적의 과정에서 얻어지는 형이상학적 인품을 ‘덕(德)’이라 한다. 덕망(德望), 고품격(高品格)의 사람! 최고 가치를 지닌 인간! 그러기에 수많은 학자들이 ‘덕(德)’을 우러러 본다. 그것은 모두가 노력을 통해 얻을 수 있는 인품이기에, ‘얻다’는 의미의 ‘득(得)’과 상통하는 개념으로 풀이해 왔다.

동시에, 이 ‘덕(德)’은 ‘덕(悳)’과 동일한 개념으로 이해되었다. 덕(悳)은 ‘직심(直心)’이다. ‘바른 마음’, ‘곧은 마음’을 지니고 표출되는 행위다. 그 덕(悳)의 속살은 직(直)이다. ‘바르고 곧다’는 의미는 무엇일까? ‘바르고 곧게 살아야 한다!’ 이 인류 역사상 가장 흔하면서도 위대한 교훈, 어디에 있을까? 보이지 않는다. 숨어 있다. 직(直)은, 글자의 모양이 열 개(十)의 눈(目)이 숨겨진[ㄴ] 양태다. 많은 사람이 보이지 않는 곳에서 지켜보는, 그 올곧은 마음의 표출! 덕망을 갖춘 분이 은은하게 뿜어내는 향기로운 '면모'다.

『근사록』은 덕(德)으로 나아가는 길, 덕을 갖추는 도리, 그 근거를 충(忠)과 신(信)에 두었다. 충실과 신뢰다. 충(忠)은 '자신을 다하는' '진기(盡己)'로 표현되고, 신(信)은 그것을 알차게 만드는 '실지(實之)'로 설명된다. 자신을 다하는 일은 자기 충실(忠實)이고, 그것을 미루어 알차게 만들어 자기 신뢰를 쌓고 남에게 다가서는 일이 타자 배려(配慮)다. 자기 충실은 자신을 알차게 채워야 하는 사명을 부여 받고, 타자 배려는 관심과 이해의 정도만큼이나 신뢰를 고려한다. 달리 말하면, 자기와 자기 사이의 관계, 자신과 타인의 관계에서 우러나오는 일종의 인정(人情)이다.

이 사명에 충실하고 신뢰 속에서 배려하는 인생이, 다름 아닌 최선의 삶이다. 나는 학인(學人)으로서 얼마나 충실했는가? 이 사회를 얼마나 신뢰하는가? 다시, 이런 기준에서 삶을 평가하기란, 참 어렵다!

내가 존경하는 선인(先人) 가운데, 퇴계(退溪 李滉, 1501~1570) 선생과 칸트(I. Kant, 1724~1804) 선생이 있다. 한 분은 조선인이고 한 분은 독일인이다. 퇴계 선생은 16세기를 두루 살다 돌아가셨고, 칸트 선생은 18세기를 누비며 살다 생을 마감했다.

퇴계 선생은 돌아가시기 전에 의미심장한 말을 남겼다고 한다. 노환으로 기력이 없어, 겨우 일어나시어, 벽에 비스듬히 기대 앉았다. 그리고 평소 기르던 애완식물, 매화(梅花)에게, 가느다란 목소리로 마지막 대화를 던졌다.

'저기 매화에게 물을 주라!'

칸트 선생은 숨을 거두면서, 다음과 같이 평생을 돌아보았다고 전한다.

'이만하면 됐다! 그것으로 좋다!'

당대 최고의 지성이었던 두 분. 퇴계 선생은 자연에 집착하는 듯이 오랜 벗 매화와 말씀을 나누었다. 칸트 선생은 인간에 집착하는 듯이 자신을 향해 속삭였다. 이런 유언은 무엇을 의미할까? 그 삶의 결어(結語)로 후배 학자를 새롭게 일깨우는가? 무엇보다도, 그 말씀 가운데 최선을 다한 삶의 흔적을 녹여 냈을까? 충(忠)과 신(信)의 삶을.

삶의 방식에 따라 의미는 다르겠지만, 어떤 삶이건, 오늘 하루도 부지런히 노력하는 작업. 그것만이 앞에 놓여 있다. 내 몸속의 혈액이 쉼 없이 순환하듯이, '종일건건(終日乾乾)'을 화두로 세워본다.

103

불통과 마비가 사회를 병들게 만든다.

2019년 5월 8일(수)

『근사록』 열네 번째 탐색, '불인(不仁)!'

2019년 어버이날이다. 나를 기준으로 어버이인지, 자식을 기준으로 어버이인지, 헷갈리는 시기다. 위로는 90대 노모(老母)가 계시고, 슬하에 20대 자식을 두었으니, 어디에 서도 어버이가 되는 삶이다. 이 무엇을 의미하는가?

오늘은 의학 서적을 빌어 지적한 『근사록』의 한 구절을 본다. 불인(不仁)의 처지(處地)와 처신(處身)을 경계하며.

"수족위비위불인(手足痿痺爲不仁).

손발이 저리는 상황에 처했을 때, 불인(不仁)이라 한다."

마비(痲痹)라는 표현은 정말 무서운 말이다. 의학 용어로는 '근육이나 신경이 기능을 잃는 병'이다. 인간사회에 보편적으로 쓰이는 개념으로는, 어떤 일에서 '본래의 기능이 둔해지거나 정지되는 것'을 뜻한다. 이 무엇인가? 질병을 유발하는 최대의 적이다. 아니, 이미 병이 발생하여 악화일로(惡化一路)에 있다. 그 둔감함이 심해지면서 기능이 정지된다. 죽음이다. 그 죽음으로 가는 길목을, 옛사람들은 '불인(不仁)'이라 명명했다.

불인(不仁)! '손발이 저리면서 마비된다.'라는 말은, 심신(心身)이 병들어 활동에 제약이 온다는 의미다. 마비가 심해져, 인생이 감각 없는 삶으로 전락한다면, 정말 슬픈 일이다. 역동적이고 활력이 넘쳐도 겨우 살아간다고 할 수 있을 텐데, 무디어져 질대로 무뎌진, 꽉 막힌 삶이라면, 참 건조하고 재미가 없을 듯하다.

그래서 제기되는 사유가, '불인(不仁)'의 건너편에 있는 '인(仁)'이다. '막힘'이 아니라 '트임'이다. '폐쇄'가 아니라 '개방'이다. '클로즈(Close)'가 아니라 '오픈(Open)'이다. '미움'을 넘어 사랑이고, 배타를 지양하는 포옹이다. 협력과 배려, 이해와 관심, 뭐 이런 덕목들이다.

갑자기 생각난다. <배려의 철학>! 고려대학교 핵심 교양 강좌 명칭이다. 지난 15년가량 강의를 하며, 학생들 사이에 3대 교양으로 회자되던 재미있던 강의였다. 제자들과 함께 만들었던 덕분에 강의를 하는 내내 우수강의상을 받기도 했다. 그것은 제자들이 나에게 준 일종의 채찍이었다. 매학기 300여 명의 학생이 수강했으니, 5000명 이상의 제자들이 나를 깨우쳐 주었다. 급하게 맡아야 할 다른 강좌로 인해, 계속 강의를 이어갈 수 있을지 고민이다.

어쨌건, 배려의 사고와 실천을 고민하면, 마비와는 먼 거리에 비켜설 수 있다. 자연스럽게 열려 움직이는 '약동(躍動)'을 꿈꿀 수 있다! 학인(學人)으로서, 어버이로서 할 수 있는 불인(不仁)의 탈출구를 찾아, 다시 세상을 헤아려 본다.

104

삶은 기운이 생동감 있게 펼쳐지는 마당이다

2019년 5월 9일(목)

요즘은, 옛날부터 읽던 책과 동시에 최근에 나온 책들도 함께 곁에 두고 읽는다. 2017년 1월, 중국 북경대학(北京大學)을 방문했는데, 그때 구내 서점에 들렀다가 사온 『근사록』이 볼 만하여, 그것을 많이 참고한다. 송나라 때와 청나라 때 주석이 잘 정돈되어 있어 살펴보기에 좋다. 사유를 이해하는 데, 많은 도움을 준다.

『근사록』 열다섯 번째 탐색, '기운(氣運)!'

오늘은 『근사록』 가운데 명도 선생(程明道: 程顥, 1032~1085)의 '성(性)'에 관한 담론을 옮겨 적으며 생각을 간략하게 보태본다. 성(性: human nature)은 동양철학을 전공한 분들에게는 상식에 해당하는 이론이지만, 일반 교양인에게는 조금 어렵고 낯선 내용일 수 있다. 요즘 세상에서 회자되는 '인성교육', 또는 자신을 성찰하는 데 참고할 만한, 인간 본성에 대한 성리학적 규명이다.

본성에 대해 언급할 때, 상당수의 사람들은 단순하게 맹자(孟

子, 기원전 372~기원전 289)나 루소(Rousseau, Jean Jacques, 1712~1778)의 '성선(性善)'설, 또는 순자(荀子, 기원전 298~기원전 238)의 '성악(性惡)'설을 내세운다. 본성을 이런 이분법적으로만 단정하면, 인간을 너무 단순화시켜 재단하거나 '선(善)과 악(惡)' 가운데 하나로만 낙인하여, 오해를 불러일으킬 수도 있다. 내용이 조금 길지만, 물로 비유한 말도 있고 해서, 의역하며 다시 읽어 본다.

인간이 타고난 그대로를 본성[性]이라 한다. 이 본성은 바로 기(氣)다. 그러기에 기는 다시 본성이 된다. 본성이 기이고 기가 본성이라는 인식을 생(生)이라 한다. 생은 인간이 태어나 살아가는 전체다. 삶이다. 그 삶에는 기(氣)가 녹아 있어 운(運)이 펼쳐진다. 이른바 기운(氣運)의 마당.

사람이 태어나면 기운[氣]에 따라 기품(氣稟)이 있고, 그 이치[理]에는 선악(善惡)이 있다. 그러나 본성에 본래부터 선과 악이 상대적으로 생겨나는 것은 아니다. 어릴 때부터 선한 사람이 있고 악한 사람이 있는데, 이는 사람에게 기품이 있기 때문이다. 선은 본성이다. 그러나 악 또한 본성이 아니라 할 수는 없다. 일반적으로 태어난 그대로를 본성이라 한다. 사람이 태어나 역동적인 삶을 살지 않고, 고요한 상황을 지속해 나가기만 할 때, 이를 성이라 말할 수 없다. 그런 삶을 본성이라고 말하는 순간, 그것은 이미 본성이 아니다.

우리가 인간의 본성이라고 말하는 차원은, 삶 속에서 진지하게 고려해야 한다. 본성을 잘 이어나가는 사안을 선이라고 말한다. 맹자가 말한 성선이 바로 이것이다. 본성으로 이어나가는 사안을 선이라 하는 것은 물이 흘러 아래로 내려가는 것에 비유할 수 있다. 타고난 본성이라는 점(點: •) 하나가 아니라, 그것을 바탕으로 이어지는 선(線)이나 면(面)은 물론, 그것을 초월하는 기하학적 시공을 보라!

물은 흐르고 흘러 바다에 이른다. 그런 만큼 종국적으로 더럽혀지는 일은 없다. 이것이 자연의 거대한 힘이다. 사람의 힘으로 되는 일이 결코 아니다! 물이 흘러가는 과정을 잘 보라! 인생의 흐름도 이에 비유할 수 있다. 물이 흘러 멀리 이르기 전에 흐려지는 것이 있다. 아주 멀리까지 흘러간 뒤에 흐려지는 것도 있다. 아주 흐린 물도 있고 조금 흐린 물도 있다. 상황에 따라 물은 맑고 흐림을 달리 한다. 이때 맑은 물만 물이고 흐린 물을 물이 아니라고 할 수는 없다. 이 지점을 간파하는 일이 중요하다. 그것이 인간의 역할이다! 인간이 요청하는 삶이자 교육이다. 내가 볼 때, 이런 인식은 정말 낭만적이고 이상적이다.

성리학은 지향한다. 마음을 맑게 다스려 나아가는 힘을 길러라. 그런 인간을 양성해야 한다. 흐린 물을 맑게 만들려고 노력하는 인간! 힘쓰는 것이 민첩하고 용감하면 물은 빨리 맑아지고, 힘쓰는 것이 느리고 게으르면 더디게 맑아진다는 논리를 개입한다. 그렇게 하여 물이 맑아진 뒤에 원래의 물로 된다. 이 맑은 물을 바꾸어 흐리게 해서는 안 된다. 또한 흐린 물을 가져다 한 구석에 그대로 내버려 두어서도 안 된다.

물이 본래부터 맑은 것처럼, 인간의 본성도 본래부터 선한 것이다. 그런 점에서 성과 악은 본성 가운데 두 가지 속성이나, 물건으로 대립하여 밖으로 나오는 것이 결코 아니다!

이러한 본성에 관한 이치를 천명(天命)이라고 한다. 여기에 순응하여 거스르지 않는 것이 '인간의 길(The way of human beings)', 바로 '도(道)'다. 이 길, 즉 나의 길이자 인간의 길을 따라, 점점 업그레이드 해 나가며, 각각 본분을 얻게 하는 것이 다름 아닌 삶이다. 그것을 교(敎)라고 한다. 보이지 않게 교육을 뒷받침하는 힘이 바로 학문(學問)이 아닐까? 배우고 물어라! 그 실천의 주축이, 지성인의 연구이자 학습이다.

성리학의 문법은 단순하다. 천명(天命)에서 교(敎)에 이르기까지, 내가 더하고 덜 하는 것은 없다. 인간의 본성에 따라 자연스럽게 진행해 나가며 이루어지기를 소망할 뿐이다. 이런 문법이 현대 민주-과학 시대에는 어떤 방식으로 융·복합할 수 있을까? 다시 나에게 부여하는 숙제(宿題)!

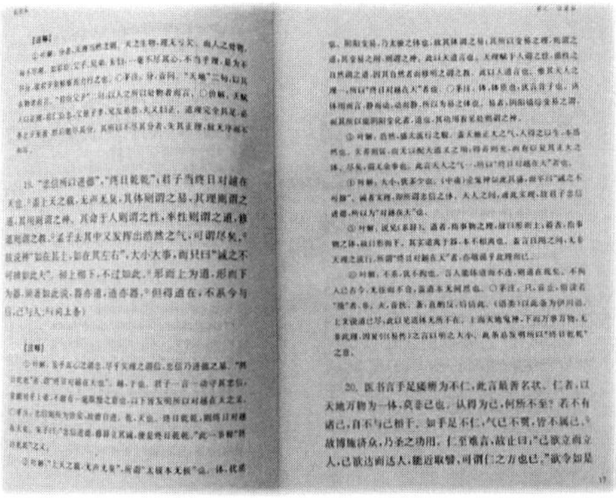

♦ 근사록 현대 중국어 주석본

105

측은하게 여기는 마음은 내 몸에 꽉 차 있다

2019년 5월 10일(금)

『근사록』 열여섯 번째 탐색, '측은(惻隱)!'

성선설(性善說)로 상징되는 맹자(孟子)는 인간의 마음을 규명하면서, 주요한 가정을 마련했다. 사람은 누구나 '측은한 마음'을 지니고 있다! 흔히 말하는, '측은지심(惻隱之心)'이다. 그런데 잔인(殘忍)한 인간들, 어느 영화의 제목처럼, '악인(惡人)은 많다!'는 시대에, 맹자의 이런 선언은 참 공허하게 여겨진다. '인간은 착하다! 무엇이 착한데? 나쁜 놈들 천국인데, 착하다고?'

착할 가능성? 그 알곡 같은 씨앗을 타고 났기에 열심히 노력하면, 최고의 인간상을 성취할 수 있다고? 그렇게 동기부여하면, 좋은 사회가 다가온다고? 식상(食傷)하다! 심하게 말하면, 세상을 몰라도 너무 모르는 미친 소리 같다! 그래서 현실에서 인정받지 못하고 이상으로 향했는가? 그 이상은 실현 불가능한 일이기에, 아이러니하게도 고금(古今)을 아우르며, 현재에 살아 있다는 것이다. 인간의 어리석음일까? 착시 현상일까? 그렇게 속으면서 사는

게 인생의 재미일까?

나만 그렇게 느끼는 건가? 맹자식의 '성선(性善)' 개념, 보다 정확히 말하면 '선단(善端)', 즉 착할 수 있다는 가능성을 지나치게 옹호하며 빠져 있다 보면, 상당히 멍해지고, 바보가 되는, 전율이 다가선다. 이런 본성에 대한 감각은 어디에서 온 것일까? 선할 가능성으로 점철된 인간 세상이라고 믿고 싶은데, 세상을 전하는 소식들은 왜 이렇게, 그것과 거리가 먼 내용으로 도배되어 있을까?

『근사록』의 한 구절.
"만강자, 측은지심(滿腔子, 惻隱之心)!
온 몸에 가득 차 있는 것은 측은하게 여기는 마음이다!"

'측은지심'은 '가슴 쓰라리게 아파할 줄 아는 인간의 마음'이다. 불쌍하게 여겨지는 일들, 마음 아프게 슬픈 일들, 다양한 고통의 순간은, 내 앞에, 또는 주변에 수없이 발생한다. 문제는 그런 상황을 마주했을 때, 사람의 마음이다. 정말 나의 감정이 이입되어 그런 상황에 녹아 들었는가! 가슴 쓰라리게 아파할 사안이 존재하기는 했던가! 메마른 가슴만큼이나 측은지심은 떠오르지 않았을지도 모르겠다.

특히, 학문의 세계가, 시적 감정을 배제하는 건조함으로, 냉정하게 객관성을 강조할 때마다, 측은지심은 나에게서 멀리 떨어지려고 했을 수도 있다. 아니, 떨어져 나갔다! 그것도 아니라면, 너무나 그런 사안이 많이 발생한 충격으로, 감각이 무디어져, 아픔과 쓰라림이 아예 마비되어 버렸는지도 모를 일이다.

정말, 모든 인간에게 측은지심이 존재하는가? 그것은 인간 고유의 본능, 사람만의 속성일까? 인간의 마음 깊은 곳에, 남의 불행이나 고통을 차마보지 못하는 '착한 마음'이 잠재되어 있는 걸까? 불쌍히 여기는 마음이 진정으로, 저 심연에서 발현될까?

측은지심(惻隱之心)! 예전에는 철통같이 믿은 이론 가운데 하나였다. 오늘 다시 보니, 그것을 재생할 힘이 조금씩 줄어드는 것 같다. 늙었는가? 어쨌건, 그런 느낌이 있다. 내 가슴이 메마른 건가? 세상이 메마른 건가? 그 어느 것도 아닌, 내 마음의 문제인가? 그래도 선학(先學)들이 물려준 측은지심인데, 고민하자.

106

세상 사물은 홀로 존재가 아니라 반드시 짝이 있다.

2019년 5월 11일(토)

『근사록』 열일곱 번째 탐색, '대대(待對)!'

나는 홀로인가? 여럿인가? 안배(按排)되어 있는가? 자연스럽게 존재(存在)하는가? 무엇을 기다리며 요청(要請)하는가? 세상은 그 자체가, 서로 사귀며 꼬여가는, 우정(友情)의 덩어리인가?

『근사록』은 말한다.

"천지만물지리(天地萬物之理),
무독필유대(無獨必有對).
개자연이연(皆自然而然),
비유안배야(非有安排也)!
세상의 모든 사물, 그 이치는,
홀로 존재하는 것이 없다. 반드시 맞은 편 짝이 있다.
모두 자연스럽게 그러하다.
적당히 배치해서 그런 것이 아니다!"

세상은 서로 다른 것이 공존공생(共存共生)하는 거대한 마당이다. 차이(差異)의 연기와 동일성의 해체(解體)가 갈마든다. 차이는 동일성을 지향하고, 동일성은 차이를 요청한다. 세상을 빚어 나가는 원리가 그러하다.

동일한 존재들만이 모여 합창하는 시·공간으로 착각하지 말라. 그런 곳이 결코 아니다. 동일한 것들만이 존재하는 곳에서 굳이 공존공생이라는 말을 쓸 이유가 없다! 다른 것들이 협력하고 화합하기도 하고, 갈등하고 투쟁하기도 한다. 차이나는 다른 존재들에 대한 관심과 이해, 배려가 세상을 지속하는 힘이다.

프랑스의 철학자 데리다(Jacques Derrida, 1930~2004)의 '해체'철학이나 '텍스트(Text)'이론을 거론하지 않더라도, 세상은 원초적으로 꼬여 있다. 교착(交錯)상태다. 착종(錯綜)을 이룬다. 순수(純粹)? 순수는 없다! 잡종(雜種)이 끊임없이 교배하는 축제의 장이다. 나는 그렇게 생각한다.

이런 세상을 대표하는 언표가 음(陰)과 양(陽)이다. 혼돈에서 시작한 세상은 이 둘의 큰 짝으로 직조(織造)되어 있다. 사람으로 보면 남성성[男]과 여성성[女]으로 짜여 있다. 때로는 '청(淸)－탁(濁)', '강(强)－약(弱)', '장(長)－단(短)', '정(靜)－동(動)', '소(消)－장(長)', '좌(左)－우(右)', '상(上)－하(下)'의 짝을 서로 요청하고 보완한다. 그것은 유유상종(類類相從)처럼 긍정적인 것끼리, 견원지간(犬猿之間)처럼 반대되는 것끼리, 순환 형식의 반복을 거듭하며, 서로 밀고 당기면서, 세상을 추동해 나간다. 역동적으로 진보하는 가운데, 헤아릴 수 없이 얽히고설키어 존재감을 과시한다. 우주삼라만상(森羅萬象)의 이치! 거대한 자연의 원리다.

인간도 필시 그런 존재의 덫에 걸려 있음에 분명하다. 그러기에 인간은 절대 세상을 등질 수도, 빠져 나올 수도 없다. 세상에 던져져, 필연적으로 짝을 기다리고, 적극적으로 개입하면서, 자신과 세계(世界)를 빚어낼 수밖에 없다. 엮는 만큼, 또는 엮이는 만큼, 희로애락(喜怒哀樂)의 정감은 놀이를 거듭하리라.

우주자연을, 인간 세상을, 앞에서 언급한 데리다처럼, '텍스트(Text)'라고 하는 이유도 여기에 있다. 가로 세로를 크로스(cross)하며 종횡으로 직물을 짜나가듯, 좌표의 'X-Y'축을 수놓듯이, '다양성의 그물'을 펼쳐 놓는다. 그 가로세로로 짜진 그물망은, 낱개의 씨실이나 날실이 아니라, 하나의 거대한 세계로 드러나며, 세상을 뒤덮는다.

학문도 그러할까? 세상의 이치가 '대대(待對)'라는 것, 그 엮이는 과정에서 꼬이는 정도를 파악하는 작업인가? 교육의 내용이나 연구의 속살이 그렇게 되어 있는가? 그렇게 사람들이 추구하는 순수는 없는가? 자연이 강조되다 보니, 인위적 안배는 없다. 그냥 그렇게 존속한다! 그렇다면 인위의 극치에서 탄생하는 문명(文明)은 어떻게 자리매김해야 하는가? 이 또한 자연스럽게 배태된, 인간이라는 활동의 자연성인가?

성리학이 제시하는 천지만물의 이치! 그 대대(待對)의 논리는 꼼짝할 수 없을 정도로, 이의(異意)를 제기하기 힘들 정도로, 정당하다! 오랜 사유의 역사와 존재 자체의 분석이 그것을 증명한다. 그러나 내가 그것을 인식하기까지, 그 과정은 너무나 험난했다. 논리는 합리적이나 인식은 어려웠다. 간단하게 이해되는 것 같았다가, 다시 너무나 멀리 있는 느낌이다.

그래도 세상은, 여전히 대대(待對)의 관계망이다. 나의 관심에서만 관찰되는 현실이다. 나는 그것을 결코 벗어나지는 못한다. 홀로 존재하는 것이 없다면, 나는 오늘 무엇을 기다리고 요청하는가? 어떤 존재가 나에게 다가와, 다시 존재를 규정해 나갈까?

마침, 오늘은 매년 매학기 어김없이 찾아온, 대학원 입시 면접 날이다. 다시, 어떤 제자를 맞이해야 할까? 또 어떤 제자가 찾아올 것인가? 사제(師弟) 관계를 맺어야 한다면, 그것은 어떻게 직조(織造)해 나가는 텍스트(Text)여야 할까? '무독필유대(無獨必有對)! 개자연이연(皆自然而然)!'

107

유학과 불교는 화두가 다르고 실천 양식에 차이가 있다.

2019년 5월 12일(일)

2019년 석가탄신일(釋迦誕辰日)! '부처님 오신 날'이다. 불기(佛紀)로는 2563년이란다. 지난 2500여 년 동안, 석가모니가 그렇게 갈구했던 자비(慈悲)는 염화미소(拈花微笑)로 세상에 구가되었을까? 그러기를 합장(合掌)한다.

지금 읽고 있는 『근사록』은 성리학의 근거다. 성리학은 전통적으로 불교(佛敎)를 배척했다. 『주자어류(朱子語類)』를 비롯한 여러 자료를 보면, 당시 성리학자들은 간혹 불교 이론에 매력을 느끼며 관심을 갖기도 하고, 극단적으로 반대하며, 다양한 논쟁을 벌였다. 어쨌건, 사유의 차원에서 볼 때, 현실의 윤리도덕을 강조하는 유교는 불교의 형이상학이나 인식론을 논리적으로 능가하기 힘들다. 그렇다고 거기에 사상적 우열이 있는 것은 아니다. 삶의 지향이 다를 뿐이다.

오늘은 『근사록』 탐색이 아니라, 『주자어류』「석씨(釋氏)」를 들춰 본다. '석씨(釋氏)'는 석가모니, 즉 불교를 가리킨다. 성리학의 입장에서 보면, 불교는 분명히 이단(異端)이었다. 그런 만큼 그들을 극복해야 했고, 왜 이단인지 다루지 않을 수 없었다. 그 사유의 논리를 보자.

승가(僧家)에서 덕이 높고 도를 터득한 고승(高僧)들은, 깊은 산중에 들어가 풀로 만든 옷을 입고 나무껍질을 먹으며 수십 년 동안 수양(修養)한다. 그 후에 세간(世間)에 나온다. 이런 공부는 어느 정도의 단계가 있을까? 그만큼 그분들은 자연스럽게 빛나고 밝으며 뛰어나시다. 때문에 세상 사람들이 그저 손을 모으고, 그분들을 보며 저절로 감동하게 되는 것이다.

서자융(徐子融)이 '말라 죽은 나무에도 성(性)이 있는가?'의 여부에 대해 설파한 적이 있었다.

그러자 주희가 말하였다. "성(性)은 곧 리(理; 이치)다. 사물이 있으면 곧 이 리(理)가 있다. 자융이 심(心)을 성(性)으로 인식한 것은 불교의 학설과 비슷하다. 이는 성리학의 입장에서 보면, 잘못 이해한 것이다. 불교는 이 심(心)을 정밀하고 세밀하게 갈고 닦을 뿐이다. 여기 한 덩어리의 사물이 있다고 하자. 한 겹의 껍질을 벗기고 또 한 겹의 껍질을 벗겨, 더 이상 벗길 수 없을 때까지 모두 벗겨내도록 하는 것은, 이 심(心)을 정밀하고 빛나도록 연마하기 때문이다. 불교는 이것을 성(性)이라고 인식한다.

하지만 이것이 사실은 유교의 성인이 말한 심(心)이라는 점을 알지 못한다. 그래서 상채(上蔡)가 '불교에서 말하는 성(性)이 바로 성인께서 말씀하신 심(心)이며, 불교에서 말하는 심(心)이 바로 성인께서 말씀하신 의(意)다.'라고 했다. 심(心)은 이에 해당한다. 불교는 본래부터 이 리(理)를 이해하기보다 지각 운동 자체를 성(性)으로 인식하였다. 보고 듣고 말하고 행동하는 모든 사안에 대해, 성인은 말한다. '보는 것에는 보는 것의 이치가 있다. 듣는 것에는 듣는 것의 이치가 있다. 말하는 것에는 말하는 것의 이치가 있다. 움직임에는 움직임의 이치가 있다. 생각함에는 생각함의 이치가 있다.' 기자(箕子)가 말한 '눈이 제대로 보는 것, 귀가 정확하게 듣는 것, 말을 순리대로 따르는 것, 행동을 공손하게 하는 것, 생각을 건전하게 하는 것' 등이 이에 해당한다.

불교는, 저 볼 수 있고, 들을 수 있고, 말할 수 있고, 생각할 수 있고, 행동할 수 있는 것을, 바로 성(性)으로 인식한다. 보는 것이 정확해도 정확하지 않아도 되며, 듣는 것이 총명해도 총명하지 않아도 되며, 말하는 것을 따라도 따르지 않아도 되며, 생각하는 것이 밝아도 밝지 않아도 된다. 그들은 어떤 것에도 관여하지 않는다. 이런 것도 저런 것도 모두 성(性)으로 인식한다. 그들이 가장 두려워하는 것은 사람들이 불변의 '리(理; 이치)'를 말할 때다. 그들은 이를 모두 제거하려고 한다. 이는 고자(告子)가 말한 '타고 난 것을 성(性)이라고 한다.'는 설과 유사하다."

다음과 같은 대화도 있다.

제자인 심한이 물었다. "선가(禪家: 불교)에서는 눈썹을 올리거나 눈을 깜박이는 것과 같은 지각 운동이 정신과 영혼을 어지럽게 한다고 하여 배척하고 꾸짖는다고 합니다. 그 이유는 무엇입니까?"

주희가 말하였다. "정신과 영혼을 어지럽히는 것이 맞다. 그들은 갈고 닦아서 정밀하고 세밀하게 하여 광채가 있으며, 이와 같이 거칠지 않을 뿐이다."

심한이 또 물었다. "불교를 신봉하는 사람들은 이렇게 말합니다. '일체 만물은 모두 허물어진다. 그러나 법신(法身)만은 항상 머물러 있고 불멸한다!' 이때 '법신(法身)'은 '성(性)'을 말합니까?"

주희가 말하였다. "그렇지 않을까! 잘은 모르겠다만, 너는 어떻게 생각하는가? 어찌하여 사물이 머무름을 가지게 되었는가? 천지가 무너졌는데도, 어찌 그대에게 사물의 지각과 운동의 성(性)이 항상 불멸함을 알도록 하는가?"

심한이 말했다. "불교를 신봉하는 사람들은 대개 공(空)으로 본체를 삼으려 하고, 천지만물이 모두 공(空)으로 돌아간다고 말합니다. 이 공(空)이 곧 그들의 본체입니다!"

주희가 말하였다. "그들도 공(空)으로 본체를 삼으려 하는 것은 아니다. 그들은 다만 사물의 이면이 본디 공(空)이며, 하나의 사물도 놓여있을 수 없다고 한다!"

이런 방식의 논란이나 논쟁을 일삼는, 사유의 운동은 중지되기 어렵다. 화두(話頭)가 다르고, 실천 양식에 차이가 있다. 그런데도 동일성을 기하려는 시도가 무모할 뿐이다. 실마리가 다른 경우, 이른 바 학문의 영역이나 전공이 다른 경우, 공통분모를 함께 하는 대화가 쉽지 않은 이유다. 그래도 소통하려는 노력은 지속되어야 한다. 그것이 학문의 도리이자 예의이기도 하리라.

부처님 오신 날, 대자대비(大慈大悲)가 지상에 펼쳐지기를 기원해 본다.

108

중심을 잡는 일은 세상의 큰 뿌리이자 곧게 뻗은 도리다.

2019년 5월 13일(월)

『근사록』 열여덟 번째 탐색, '중(中)!'

우리는 일상에서 '중(中)'과 관련된 언표를 참 많이 쓴다. '가운데 중(中)!' '~을 하는 가운데'라는 말은, 그 존재와 운동에서 묘한 빛을 발휘한다. 깃발이 휘날리는 장면을 연상하면 좋다. 움직이지 않는 깃대, 그것에 매달려, 바람이 부는 대로 방향을 잡아나가는 절정의 균형 감각! 중(中)은 그런 힘을 보여준다.

'중심(中心)'이나 '중간(中間)', 또는 '~하는 중(中)'으로 상징되는 '중(中)'에 대해, 성리학은 매우 심오한 의미를 부여한다.

"중자(中者), 천하지대본(天下之大本)!
천지지간(天地之間), 정정당당(亭亭當當),
직상직하지정리(直上直下之正理).
중이란 세상의 큰 뿌리다!
하늘과 땅 사이, 저 활력 넘치는 우주자연에,

비뚤어지지 않고 곧게 뻗은 도리다."

『중용(中庸)』에서는, '희로애락(喜怒哀樂)'의 감정이 밖으로 표출되지 않은 상태를 중(中)이라 했다. 그렇다면, 사람의 경우, 중(中)은 어떤가? 논리대로라면, 겉으로 드러나지 않고 속에서 고요하게 잠재해 있는, 자신의 마음인가?

중(中)이 '세상의 큰 뿌리', 근본이라는 말은 거대한 차원을 상정한다. 세상을 지탱할 수 있는 기초지만, 보이지 않는 세계의 마음으로, 세상을 포괄한다. 우주심(宇宙心), 또는 자연심(自然心)으로 자리한다.

큰 나무가 단단하게 박힌 뿌리에 의존하여 존재를 지속하듯, 우주자연의 마음은 이 세상의 근거를 자신의 뿌리에서 찾는다. 그것은 대나무의 모습처럼 곧고 비뚤어지지 않은, 정정당당(亭亭當當)이어야 한다. '아래–위'로 곧게 뻗어, 한쪽으로 기울어지지 않은, 직상직하(直上直下)의 속성을 품는다. 그래야 바른 이치로 자신을 형성한다. 그 과정의 축적이, 오늘날 '정직(正直)'이라는 개념으로 확립된 듯하다.

문제는 '여기–이때'다. 현실은 성리학의 염원처럼, '대본(大本; 큰 뿌리)'과 '정리(正理; 곧게 뻗은 도리)'로만 가득하지는 않다. 그 반대로 느껴지는 경우가 대부분이다. 보이지 않는 뿌리로서 대본이 아니라, 겉으로 보이는 자잘한 가지들로 난무하는 소지(小枝), 바른 이치가 아니라 비뚤어진 수많은 움직임들, 이런 것들로 넘쳐난다. 물론, 이 자잘한 가지들이나 비뚤어진 움직임들은, 다름 아닌 뿌리에서 올라와 표출된 현상들이다. 그만큼 본질적으로 뿌리와 분리하여 이해해서는 안 된다. 단순하게 설명하기 위해서는 제각기 분석하여 처리할 수도 있겠지만, '뿌리–싹–가지–잎–

꽃—열매' 등등, 이 모두는 통째로 인식해야 하는 하나의 나무일 뿐이다. 흔히 말하는 유기체일 따름이다.

학문도 그렇고, 교육 연구도 그러하다. 수없이 드러난 내용의 한 부분만을 떼어 놓고 보기에는, 너무나 많은 숙제가 종횡으로 교차한다. 보이건 보이지 않건, 모든 것은 하나의 뿌리로 귀결된다. 현상은 큰 뿌리의 다양한 표출에 불과하다. 그렇다면 그 뿌리는 무엇인가?

본질인가? 중(中)인가? 파악하기 힘든 마음인가?

화려하게 보이는 저 세상은, 미동조차 없는, 보이지 않는 세상의 마음이 드러난 것인가? 그 마음은 어떤 것일까? 화려하게 드러나 보이는 만큼, 현란한 속성을 간직하고 있던 것일까? 아니면 그 반대로, 누추하게 감춰져 있던 것이, 드러나며 탈바꿈한 것일까? 참 규명하여 결정하기 어려운 작업이다.

세상은 동일한 속성이 표출된 곳인가? 서로 다른 속성이 나타나면서 바뀐 곳인가? 아니면 동일한 속성과 다른 특성이 동시에 거주하다가, 표출되면서 제멋대로 등장하는 곳인가? 오리무중(五里霧中)이다.

109

공공의 일은 하나로 모아지고 사적인 일은 갈래로 나눠진다.

2019년 5월 14일(화)

『근사록』 열아홉 번째 탐색, '공(公)과 사(私)!'

교육을 가늠할 때, '공교육(公教育)'이 있고, '사교육(私教育)'이 있다. 기업을 지칭할 때도 공기업(公企業)과 사기업(私企業)으로 분류한다. 길게 설명하지 않아도, 공(公)가 사(私)가 풍기는 뉘앙스는 사뭇 다르다.

공사(公私)의 문제가 논란이 될 때, 인간사회의 대응은 간단했다. 특별한 경우를 제외하고, 전통적으로 '선공후사(先公後私)'의 정신이 강조된다. 내가 재직하는 학교의 경우만 해도, '공선사후(公先私後)'의 정신이 교육의 이념처럼, 지남철 역할을 한다.

공(公)과 사(私)! 어느 것을 앞세우는 것이, 옳은가? 또는 그른가? 그 판단과 행위에 따라, 윤리적 정당성이 확보되기도 하고, 지탄의 대상으로 전락하기도 한다.

2019년 '여기－이때', 대한민국을 살아가는 나의 의식, 내 주변의 인식은 어떨까? 공공의 이익이냐? 개인의 이득이냐? 선택하라면, 어디에 줄을 설까? 간단하게 대답한다면, '상황에 따라 다르다!' 뭐 이런 정도의 이해를 보일 수 있으리라. 그런데 그게 어디 쉬운 문제인가? 어렵다. 욕망과 욕구가 감당하지 못한 만큼, 고심(苦心)해야 하는, 야누스의 얼굴이다.

『근사록』에서 정이천(程伊川: 程頤, 1033~1107)은 말한다.
"공즉일(公則一),
사즉만수(私則萬殊).
인심부동여면(人心不同與面),
지시사심(只是私心).
공(公)은 하나로 모아지고,
사(私)는 온갖 갈래로 나누어진다.
사람의 마음은, 얼굴이 저마다 다르듯이, 같지 않다.
오직 사심(私心) 때문이다."

사람의 마음이 공(公)을 추구하는 경우, 모두가 하나의 마음을 지닐 수 있다. 공(公)은 동(同), 공동(公同)이다. 그러나 개인적으로 하고 싶은 일들을 하나씩 꺼내 놓고 요구하는 순간, 요청하는 만큼 다르게 드러난다. 사욕(私慾)이다. 그것은 개인적 욕구나 욕망으로 전이된다. 흔히 말하는, '사사로움'이다. 사람의 얼굴 모습이 저마다 다르듯이, 모든 사람의 마음도 달라진다. 이것이 인간의 마음, 그 본연의 모습이다!

30여년을 근심걱정으로 견뎌온, 내 학인(學人)의 생활에서 무엇이 남았을까? 인간은 공공의 이익을 추구하는 동시에 철저하게 개인의 이득을 노려본다. 그 끝자락에서, 선택은 누구의 몫일까? 개인일까? 사회일까? 개인을 보호해야 하는 법치일까? 공중의 도덕을 앞세우는 개인의 희생일까?

오늘 생각은 여기서 멈춘다.

110

거짓이 없는 것을 순수한 마음이라 한다.

2019년 5월 15일(수)

『근사록』 스무 번째 탐색, '성(誠)!' 순수한 마음, 성실의 세계?

성실(誠實), 정성(精誠), 성심(誠心) 등, 우리는 일상에서 '성(誠)' 자가 포함된 용어를 자주 사용한다. 어찌 보면 아주 당연하고 자연스럽게, 그렇게 살아가거나 살아가려는 노력이 인생일 수 있다. 문제는 그것을 지향하는 인간 세상의 현실이다.

인간이 빚어내는 사회는, 원초적으로 성실하지 않는 듯하다. 나만 그렇게 느끼는가? 좀 불행하게도, 나는 사람을 만날 때, 불성실한 사태를 상당 부분 겪어왔다. '거짓'과 '포장'과 '꾸밈'이 거침없이 배설되는 게 현실 아닌가? 우리가 즐기는 문화(文化)나 문명(文明)이라는 말에 녹아든, '문(文)'이라는 상징체계가 그렇다. 문(文)은 긍정적으로 이해하면, '무늬'다. 세련을 더한 미학일 수 있다. 하지만, 부정적으로 말하면, 그것은 일종의 '얼룩'이자 '오염'을 의미하는, 인위(人爲)의 추한 얼굴이다.

그렇다면, 성(誠)은 불가능한가? 그래서 『중용』에서, "성(誠)을 향한 노력이 인간의 길이다(誠之, 人之道)"라고 했던가! 『근사록』은 이 문제를 아주 간략하고 분명하게 적시한다.

"무망지위성(无妄之謂誠).
불기기차의(不欺其次矣)!
거짓이 없는 것을 성이라 한다.
사람을 속이지 않는 일은 그 다음이다!"

성(誠)은 '봄－여름－가을－겨울', 네 계절의 운행이, 있는 그대로의 자연인 것처럼, 그와 같은 존재와 행위를 갖춘 양식을 의미한다. 인간의 경우, 거짓 없는 사실 그대로의 삶이다. 속임 자체가 없는, 순수함일 수도 있다. 다른 사람을 속이지 않는 마음은, 순수함 자체인 성(誠)의 아래 단계다.

무망(无妄)! 거짓 없고 속이지 않는 이 지난한 작업은, 자연의 질서에 순응하는 역동적인 힘이다. 인간의 삶 자체가 자연(自然)이기보다 인위(人爲)인데, 인위의 가운데 서 있는 인간은 이미 성(誠)을 구현하기에는 역부족이다. 물론, 다른 의미의 인위로서 성을 설정한다면, 가능할 수도 있겠다.

오늘은 20세기 대한민국 사회가 만들어 놓은, 이른바 '스승의 날'이다. 나는 이런 특별한 날이 아주 거북하다. 제일 싫은 날이, 일주일 전에 지나간, 5월 8일 어버이날이다. 아니, 어버이에게 효도하고, 스승을 존경하는 날이 별도로 있어야 하는가? 일상에서 그래야 하는 것 아닌가? 매일이 어버이날이고 스승의 날이어야지, 이 특별한 날에만 어버이를 위하고 스승을 위한다고? 내 삶의 기준으로는, 어느 영화의 대사처럼, '어이가 없네!'다.

그것을 설정한 이유가 있겠지만, 어떤 사안이건, 지나친 의미를 부여하는 것은 그다지 환영하지 않는다. 무미건조한 것 같은 일상, 그 자체의 합리성만으로도 좋다. 매일 매일이 학인(學人)의 삶으로서 의도되지 않은 일상의 무념(無念)이기를 소망할 뿐이다. 그냥.

한때는 스승으로 모시던 분이 많았다. 정말 존경하던 분들이었다. 글을 통해 인격을 높여가도록 가르침을 베풀어 주셨을 뿐만 아니라, 세상을 깨닫는 지침을 주셨던 참스승들이었다. 그러나 한 분 두 분 돌아가시기도 하고, 나 자신이 세상을 살아가면서, 잊기도 하고, 그랬다. 간혹, 추억이나 기억으로 그 분들의 가르침이 뇌리를 맴돈다. 그때마다 현재의 나를 존재하도록, 삶의 영양분으로 일깨워주신 스승들께 감사할 따름이다.

스승들께서 깨우쳐주신 대표적 가르침이 바로 이 '성(誠)'과 연관된다. 학자로서 성(誠)을 구현하려면, 어떤 삶이 필요할까? 간단하다! 어느 날 은사(恩師)께서는 조용히 당부하셨다. '공부는 끝까지 해야 한다! 박사학위 받고 취직하여 안정되었다고, 내팽개치듯 대충 하지 말라! 그 본분에 맞게 끝까지 탐구하고 연구하라!' 아주 정당하고 맞는 말임에도 불구하고, 무섭다! 그러나 나는 스승의 그 말씀이 포근하다!

흔히 말하듯, 학인(學人)의 삶은 상대적으로 제한적이다. 교육과 연구, 봉사 등등. 스승의 당부대로 숨이 멎는 날까지, 학자라는 명칭에 주어진 일을 충실하게 이행할 수밖에 없다. 왜냐? 그것만이 학인의 의무이자 권리이며, 임무이자 사명이기 때문이다.

오늘도 햇살은 저렇게 성(誠)을 간직한 채, 온 누리를 비추고 있다.

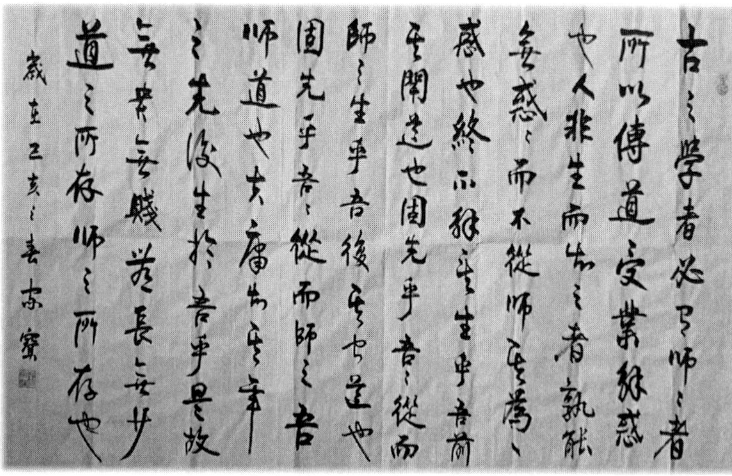

♦ 제자 바오(寶)가 보내온 한유(韓愈)의 「사설(師說)」

111

구부리고 펴며 가고 오는 저 거대한 움직임이 세상 이치다.

2019년 5월 16일(목)

『근사록』 스물한 번째 탐색, '리(理)!' 이치란?

전통 유학이 바라보는 삶의 이치는 정말 단순하다. 그렇게 느껴진다. 하지만, 인간의 대응방식을 고려하면, 무섭다는 생각이 마구 밀려온다. 다양한 부분에 대해, 입체적으로 뻔히 알고 있는 것 같으면서도, 상당수의 사람들은 한쪽만을 인지한다. 그리고는 자신이 지금 보고 느끼는 사안에 대해 진정한 삶의 이치로 착각하는 경우가 많다. 세상을 응시하는 방식이 그러한가?

인생이 성공가도(成功街道)를 달리고 있을 때는, 세상의 모든 일이 상승 곡선을 그리는 것처럼 보인다. 허나, 그것은 이미 추락을 예고하는 징조다. 그런 점에서 성공은 실패를 예고하고, 실패는 성공을 격려한다. 그 수행의 주기는 상황에 따라 달라질 수 있다.

"굴신왕래(屈伸往來)!

생생지리(生生之理),

자연불식(自然不息).
양이부생(陽已復生),
물극필반(物極必返)!
유생필유사(有生必有死),
유시변유종(有始便有終).
구부리고 펴며, 가고 오는, 저 거대한 움직임! 그것이 이치다!
생겨나고 또 생겨나는 이치는,
저절로 그렇게 결코 쉬지 않는다.
양의 기운이 위쪽에서 사라지면, 아래쪽에서 다시 생겨나는 것처럼,
사물이 정점에 이르면, 반드시 되돌아온다!
삶이 있으면 반드시 죽음이 있고,
처음이 있으면 끝이 있게 마련이다."

이치가 그럴 듯하다. 자로 재듯이 몸을 움직여 나가는, 자벌레가 생각난다. 자벌레는 뼘을 재듯이 꼬리를 가슴 가까이에 붙였다 떼었다 하며 기어나간다. 꽁무니를 머리 쪽에 갖다 대고 몸을 길게 늘이며, 반복하여 움직인다. 어린 시절에는 이 자벌레를 잡아다 나무 가지에 올려놓고 관찰한 적도 많았다. 세상 이치가 자로 재듯이 정확하고 반듯할까?

여기서 '굴신왕래(屈伸往來)~유시유종(有始有終)'에 대한 해석은 별도로 하지 않는다. 마음으로 헤아리며 담아 두련다. 대신, 내 삶의 서로 다른 양상이 동시에 내 몸에 녹아 있음을 심각히 고려해 본다. 어제 밝았다면 오늘은 어두워지게 마련이다. 오늘 어두움이 드리웠다면 내일은 밝음이 찾아올 것이다. 그렇다고 인생을 달관한 것처럼, 모든 것을 꿰뚫은 도인(道人)처럼, 고개만 끄덕이며 앉아 있을 수는 없다. 적극적으로 살아야 하는 인생인 만큼,

그 명암(明暗)과 공과(功過)의 사이 세계에서, 깊은 겸손(謙遜)을 요청한다.

얼마나 경건(敬虔)한 삶이어야, 이런 이치를 터득하고 섭렵하며, 결연(決然)하게 세상을 마주할 수 있을까? 삶의 '극반(極返)/생사(生死)/시종(始終)'이 '생생(生生)/부생(復生)'의 원리 가운데 자연스레, 자기운동을 할 뿐이다.

인(仁)과 성(性)을 비롯하여, 아직도 중요한 성리학의 여러 내용이 남아 있으나, 『근사록』 제1권 <도체(道體)> 읽기는 여기서 접는다. 내일부터는 제2권 <위학(爲學)>, 즉 학문[공부]의 요체에 해당하는 부분을 살펴보기로 한다.

112

귀로 듣고 마음에 새겨라

2019년 5월 17일(금)

『근사록』 스물두 번째 탐색, '공부의 양식'이 별도로 있을까?

오늘부터 『근사록』 제2권 <위학(爲學)>편을 발췌하여 다시 읽어본다. 예전에 읽을 때는 그랬다. 상당히 엄격하다. 빈틈이 없고, 숨쉬기 힘들 정도로, 일상 공부에 관한 압박감이 작용하기도 했다.

<위학>편은 학문의 총론(總論)에 해당한다. 그 후의 제3권 <치지(致知)>나 제4권 <존양(存養)>의 글은 학문의 각론(各論)이다. 그런 만큼 <위학>에는 전통 성리학이 추구하는 공부의 양식을 전체적으로 그리고 있다. 교육이나 연구, 존재와 행위의 탐구 양식으로 의미가 깊다.

"입호이, 존호심(入乎耳, 存乎心)!
온지위덕행(蘊之爲德行),
행지위사업(行之爲事業).

피문사누의(彼文辭陋矣)!
귀로 들어서 마음에 새겨라!
쌓아 올리면 덕행이 되고,
실천하여 만들면 사업이 된다.
글과 말로만 지껄이는 자는 천박하다!"

<위학>의 두 번째 구절이다. 성인(聖人)의 길에 관한 짧은 언급이다. 다시 강조하지만, 우리가 사는 시대는 민주주의다. 군주주의 시대 산물인 성인(聖人)은 결이 다른 인간관이다. 때문에 시대에 맞게 삶의 양식으로 전환하여 이해해야 한다. 성인·군자(聖人·君子)의 경우, '민주 시민으로서의 자질을 가장 아름답게 갖춘 교양 있는 사람', 또는 '인격을 온전하게 갖춘 사람' 등으로 지위를 부여해도 괜찮을 듯하다.

성인(聖人)의 길을 더듬다 보면, 품격을 갖춘 민주 시민은 다음과 같은 공부의 길을 지향해야 한다.

'삶에 필요한 내용을, 잘 듣고 마음에 새기라!'

그것이 인간을 인간답게 만드는, 사람 사이의 세계로 나아가는 길이자, 공부의 기준이다. 학문의 존재 이유, 공부의 근거가 여기에 있다. 그렇다면, 나는 무엇을 들었는가? 어떻게 마음에 새겼는가? 듣고 새김이 없다면, 인간이기를 포기한 것인가? 이런 물음들이 스쳐간다.

일상에서 제대로 듣지 않았다면, 듣긴 해도 새긴 것도 없다면, 공부를 한 것이 아니다. 특히, 마음에 새기지 않고, 경박한 글이나 말로만 떠들어댄다면, 그것은 진정한 학문이 아니다. 천박하게 나불대는 지식 자랑에 머물 뿐, 결코 의미 있는 삶의 공부를 한 것이 아니다! 그런 상황에서는 인간미 가득한 덕행도, 성취감

충만한 그 어떤 사업도 제대로 이루어지지 않는다. 명심하라!

몇 번이나 다시 보아도, 성리학이 내세우는 이런 일상의 학문 지침은 두려움을 주기에 충분하다. 삶을 돌아보게 할 뿐만 아니라, 제대로 성찰하지 않은 경우에는, 전율(戰慄)이 느껴지게 만든다. 즐거운 공포 자체다. 어떻게 보면, 일상의 합리적 운용을 진지하게 고민했던, 선각자들의 배려가 깊게 묻어난다.

어쨌건, 다시 고려해 본다. '입이존심(入耳存心)!' 진지하게 듣고 마음에 보존하자! 배운 만큼 나를 가꾸고 실천하자! 그것이 흔히 말하는 지행합일(知行合一)일 수도 있고, 지행병진(知行竝進)일 수도 있다. 문제는 글로 또는 말로만 인식하며, 맴도는 수준이다. 그런 학문은 적극적으로 포기하고 초월해야 한다.

또 다시, 학인(學人)으로서, 나는 무엇을 하고 있는가?

113

어렵고 험한 일일수록 자신이 해결하라.

2019년 5월 18일(토)

『근사록』 스물세 번째 탐색, '어렵고 험한 일!'

"우간조(遇艱阻),

필사자성어신(必思自省於身)!

유실이치지호(有失而致之乎)!

어렵고 험한 일을 마주했을 때,

반드시 자신에게서 문제해결의 양식을 진지하게 살펴보라!

어떤 잘못이 있어 그렇게 되었는가를!"

내가 세상에 존재한다는 것, 살아간다는 일 자체가 난관을 극복하는 과정이다. 모든 존재는 가만히 있어도 어떤 상황을 조성한다. 자신의 의지와 관계없이, 사태는 이미 다가와 있다. 내가 좋아서 적극적으로 마주하기도 하고, 싫어함에도 불구하고, 아무리 밀쳐내어도, 자꾸 밀려와 부딪친다. 인생이 그 소용돌이 가운데 놓여 있다! 하이데거(Martin Heidegger, 1889~1976)가 실존이나 현

존재를 언급하면서 설정한 기투(企投, Projection)와 유사하다.

그런 점에서 일상은, 어렵고 험한 일로 점철된다. 물론, 거꾸로 이해하면 쉽고 평탄한 길에서 기뻐하고 즐거워할 수도 있다. 어쨌건, 일상을 견뎌내는 사람들은, 어렵고 험한 일을 경험하고, 때로는 고통을 누적하며, 객체가 되어 인생을 살아내야 한다. 주체적으로 얘기하면, 자기 삶을 살아가야 한다. 그 속살을 파헤치면 헤칠수록, 인간 삶의 지속력이 대견스럽다. 자부심(自負心)일까? 누군가 농담처럼 말했다. '역경(逆境)'을 거꾸로 하면 '경력(經歷)'이란다. 고난과 역경을 극복하는 자체가 인생의 자랑거리는 아닐까? 인간의 위대함이 이런 데서 번뜩인다.

오묘한 인식이지만, 뒤범벅된 실수와 모순 가운데, '살아가기'와 '살아지기', 또는 '버텨내기'와 '헤쳐가기', '견뎌내기'와 '이끌어가기'의 사이 세계를 온몸으로 받아들인다. 이런 일상을 지켜보며, 전통 유학의 공부론은 심각하게 지시한다.

'모든 원인을 자신에게서 살펴보라!' 반구저기(反求諸己)!

이유가 있겠지(Must be some reason for that)!, 사연이 있지 않겠는가(There must be a story)? 특히, 간조(艱阻; 어렵고 험한 일)의 시기에는 어떤 실수가 있었는지, 꼼꼼히 점검해 보라!

반드시 내 몸을 살피며 깨우쳐라! 아주 진지하게, 전투적으로 깨달아야 한다. 학문의 가장 높은 차원에서 권고하는 언표는 다름 아니다. 필자성(必自省)!

오늘은 5.18이다. 박정희 유신(維新) 독재시대가 끝나고, 80년대, 나의 20대 대학 생활은 이와 함께 했다. 모든 것이 암흑과 같았던 시절에, '이 풍진 세상을 만났으니 너의 희망이 무엇이냐'라는 <희망가>에서, 김지하의 '타는 목마름으로'를 통해 '민주주의여 만세!'를 목놓아 불렀던, 그 대학시절의 기억조차도 암울하다. 그만큼 대한민국의 역사를 치열하게 이끄는, 시대의 조타수 역할을 하는, 5.18은 활화산 같은 이름이다. 그 시대를 온몸으로 끌어안았던 청년 대학생들, 20여 년 전에는 386세대로, 지금은 586세대로 불리며 사회에 참여한다. 긍정적 역할을 하고 있는 건지, 그 반대인지, 논란도 분분하다.

돌아보면, 5.18을 기점으로, 그 이후에 진행되어온 민주적 사회변화는 현재 진행형인 간조(艱阻)다. 여기저기서 뜬소문처럼 들리는 허위에, 쓸데없이 기웃거리며 휩쓸려가서는 곤란하다. 사실과 진실, 현실을 왜곡하여 포장하는 가짜와 거짓 무리는 척결되어야 한다. 패러다임 전환을 가져오는 역사적 사건은 철저하게 자성어신(自省於身)해야 할, 최고의 난제다. 이 시대 공부의 중심에 두어야 할 교훈이다.

서재 앞의 왕숙천(王宿川)은 고요하게 흐르고, 천마산(天磨山) 자락의 아침 햇살은 숨을 죽이고 있다. 하늘엔 먹구름이 가득하다.

114

이론과 실천이 명확하지 않으면 행동할 근거가 없다.

2019년 5월 19일(일)

『근사록』 스물네 번째 탐색, '앎과 함!' 그 지행(知行)의 세계는?

오랜 만에, 정말 오랜만에, 오늘이 휴일임을 인식했다. 일요일이다! 사실, 나는 특별히 휴일을 의식하지 않는다. 그냥 모든 나날이, 그냥 일상일 뿐이다. 확인할 일들이 있어, 달력을 보았다. 입하(立夏)의 끝자락, 소만(小滿)의 계절이다.

지금까지 앞에서 다룬 글들, 상당수를 페이스북과 카톡 등에 올려왔다. 오늘 글을 올리고, 잠시 휴지기(休止期)로 들어가련다. 다른 날보다 글이 좀 길어질 수도 있겠다. 이유는 뒷부분에 언급할 것이다.

세상사에 관해 분명하게 밝히는 일, 내용을 알았다면 실제로 행동하는 일, 즉 이론과 실천의 문제는 학문의 세계에서 늘 논쟁거리였다. 무엇이 먼저이고 나중인지, 어떤 방식이어야 하는지. 성리학에서 지선행후(知先行後), 지행병진(知行竝進), 지행합일(知行合一) 등등이 그런 문제를 다룬 상징적 표현이다. 『근사록』에는 이렇게 기록하고 있다.

"비명즉동무소지(非明則動無所之).
비동즉명무소용(非動則明無所用)!
명확하지 않으면 움직여 나갈 근거가 없다.
움직이지 않으면 명확함이 쓸모가 없다!"

아는 것이 분명하지 않으면 행동할 수가 없고, 행동하지 않으면 아는 것도 쓸모가 없다! 인간 세상의 정의(正義: justice)에 관해, 아무리 많은 지식을 알고 있다 한들 무엇 하겠는가! 실제 행동으로 드러내어 세상에 응용하지 않는다면 의미가 없는 것을.

우리 모두가 학인(學人)이라면, '명동(明動; 명확히 규명하고 움직여 나감)'과 '지행(知行)'의 문제에 관해, 이런 부분을 음미할 필요가 있다. 그런 것 같다. 인터넷을 비롯한 다양한 문명의 이기(利器)는 삶에 재미를 주기는 한다. 하지만 감당하기 힘든 정보가 세상에 범람한다. 공개된 자료나 정보는 지식처럼 행세하며, 많은 이들의 희로애락을 관장하는 듯하다. 이 지점에서 언뜻 떠오르는 생각이 있다. 너무나 빨리 인지되고, 또 인지하는 순간 사라지는, 삶에서 끊임없이 지워지는 것 같은 정보도, '앎'과 '함'의 문제인 지행(知行)이나 '명확함'과 '움직임'의 문제인 명동(明動)과 연계시킬 수 있을까?

이 글을 시작하기 시작한 2018년 8월, 작은딸에게 '페이스북(facebook)'에 대해 배웠다. 처음 가입하고 개통했을 때, 공간 자체가 참 재미있다고 느꼈다. 지금도 이 재미는 지속되고 있다. 탈퇴하지 않는 한, 앞으로도 여유가 되면 이용할 것 같다.

페북을 열면, 둥근 형태의 프로필 사진이 있고, 바로 오른쪽에

"무슨 생각을 하고 계신가요(What's on your mind)?"라는 말이 나온다. 이거 뭐 하는 곳이지? 처음에는 의아해하면서도, 말 그대로 생각을 공유하는 공간으로만 여겼다. '당신은 무슨 생각을 하고 있는가?' 그 '무슨 생각'을 올리고, 보고, 느끼면서, 아, 이 공간에는 사람들의 생각을 적어 올리는 곳이로구나!

처음에는 진짜 단순하게만 생각했다. 그런데 페북을 이용하는 많은 친구들은, 정말 가지각색의 반응을 드러냈다. '좋아요'에서 댓글달기, 묵묵부답에 이르기까지, 생각의 갈래가 너무나 다양했다. 그 가운데 정말 뜻하지 않게, 내가 전혀 몰랐던 사실들, 충격적인 것들까지, 배우는 내용이 많다. 유익하고 알찬 정보도 있다. 이 시대의 재미가 이런 것인가? 그러면서 다시 생각에 젖어든다.

페북으로 인해 웃을 일이 많아진 건 분명해 보인다. 짜증나는 일도 있다. 그래도 페북을 비롯한 소셜 네트워크 서비스(Social Network Service: SNS)는 일상의 도구로 깊숙하게 자리 잡았다. 이제는 피하기 어렵다. 그만큼 유용하고 실용적인 삶의 양식으로 받아들일 필요가 있다. 아무리 불편하고, 사용하기 어려워도, 배우며 적절하게 활용해야만 하는 시대다.

어쨌건, 지난 2월초 '입춘(立春)'의 절기 무렵부터, 나의 <독서록>을 중심으로 글을 올려 보았다. 그 후, 흔히 말하는 '석 달 열흘'쯤 지났다. 내일 모레(5월 21일) 다가올 '소만(小滿)'의 절기에 이르기까지 100일가량 쓴 셈이다.

나는 개인적으로, 지난 30여 년간 독서를 할 때마다, 특정 사안이 생길 때마다, 조금씩 <학문 일지>를 써 왔다. 그 가운데는 이미 출간한 책의 일부가 된 것도 있고, 이유도 모른 채 사라진 것도 있고, 내가 고의로 없앤 것도 있다. 이번 페북에 올리는 생각도 그런 글의 일부였다. 별도의 글을 쓰기는 그렇고 그 가운데 일부를 올려보았다. 존경하는 선배 동료 후배들께서 주신 반응은 고마웠다. 또 내 삶의 힘과 용기를 주는 계기가 되었다. 재미난 시간이었고 색다른 경험이었다.

페북의 첫 화면인 "무슨 생각을 하고 계신가요?", 다시 봐도, 재미있다. 앞으로도 '내 학문 성찰의 일지를 올리자!'라는 생각이 명령처럼 다가오면, 그때 간간히 올리도록 한다. 나의 개인 기록 공간에서는, 현재처럼 지속적으로 적어 나가겠지만, 매일 올렸던 페북, 그리고 카톡의 공개는 일단 여기에서 접고, 후일을 다시 기다린다.

다른 이유는 없다. 애당초 딸이 개통을 도와준 페북을 기념하여, 100일가량 올려보자는 내 마음의 계획이 있었다. 그러나 무엇보다도 '소만'이라는 절기가 나의 발목을 잡는다. 나는 24절기를 보면서, 내 인생의 굴곡을 돌아보고 예측하는 잣대로 삼곤 한다. 시대가 달라진 만큼, 절기의 순환을 절대적으로 믿는 건 아니다. 하지만, 이 계절의 조화는 인생의 마디마다, 상당 부분, 진지한 의미를 던져주는 경우가 많다. 특히, 소만(小滿)의 시기가 되면, 어렸을 때의 아픈 기억들, 그 상처들을 더듬고 보듬으며, 어른으로서 더욱 성장하는 계기로, 다시 떠올리곤 한다.

소만(小滿)은 24절기 가운데 여덟 번째 절기다. 양력으로는 5월 21일 전후에 자리한다. 음력으로는 4월이고, 태양이 황경(黃經) 60도를 통과할 때라고 한다. 이럴 때마다 천문학(天文學)을 공부하여 천체의 운행에 관해 직접 알았으면 하는 마음이 간절하다. 소만(小滿)은 입하(立夏)와 망종(芒種) 사이에 들어 있는 만큼, 햇볕이 풍부하여 세상의 모든 존재가 생장을 거듭하고 세상을 가득 차게 만들어 간다. 만물이 무성하기 시작하는, 왕성한 생명력을 자랑하는, 그런 의미를 담은 시기다.

정도의 차이는 있지만, 나는 고등학교를 졸업할 때까지 농사일을 경험했다. 어릴 적 기억을 더듬어 보면, 이 시기에 모내기가 본격적으로 시작되고, 농사 일정이 바빠진다. 알곡을 채워가는 보리나 밀도 벨 준비를 해야 한다. 여러 가지 밭작물들 주변에는 잡초가 무성하게 자란다. 그만큼 김매기에 신경 써야 한다. 농사를 기준으로 보면, 이른바 '농번기(農繁期)'로 접어든다.

농번기는 농사일로 바빠지는 '일에 몰입하는 시간'이다. 농민 노동자들은 저렇게 등이 휘도록 일하는데, 학인(學人)들은 상대적으로 육체노동을 하지 않은 것처럼 보인다. 무위도식(無爲徒食)? 물론, 학자들의 삶이 그런 것은, 결코 아니다. 농민들의 노고에 뒤지지 않는, 학인이 겪는 또 다른 고통이 존재한다. 그렇다 하더라도, 여러 풍속화(風俗畵)에서 보아왔듯이, 조선시대의 양반 선비라는 작자들은, 농부들이 땀 흘리는 논밭의 바로 옆 나무 그늘에서, 약 올리듯이, 음주(飮酒)를 즐긴다.

아무리 반상(班常; 양반과 서민)의 구분이 있고, 유학의 논리[勞力者/勞心者; 육체노동과 정신노동의 역할 구분]가 있다고 하지만, 그런 모습은 정당하지 않게 보인다. '누구는 뼈 빠지게 일하고, 누구는 빈둥빈둥 노는 것 같다!'라는 오해는 없도록 하자. 좀 심하게 말하면, '못 배운 사람들은 논밭에서 농사나 짓고, 배운 사람들은 자가용 타고 산과 들로 나들이 다니며 바람이나 쐬러 가는 듯한, 상황'은 자제하자. 나는 최소한의 예의는 차리고 싶다!

소만의 절기가 되면, 그런 생각이 나를 괴롭힌다. 농촌 산골 출신인, 나는 어릴 때부터, 이런 모습을 내면에 각인했다. 한참 밭일을 하고 있는데, 나들이 나온 자동차가 먼지를 날리며 지날 때, 형용할 수 없는 삶의 허무가 밀려든다. 나는 어린 시절 그런 상황을 직접 경험했다. 그 땀방울의 설움에 묻혀버린 눈물. 글을 잠시 접는 이유다.

나의 앞 세대들은, 가난에 시달리며 참으로 고생한 분들이 많다. 나는 그들처럼 체험하지는 못했지만, 그들에게 어린 시절의 뼈아픈 기억으로, 애환이 서려있는 '보릿고개'시절을, 약간은 경험했다. 소만을 전후한 시기만 되면, 그들은 양식이 떨어져 힘겹게 연명했다. 그래도, 아무리 어려워도, 부모님과 형님, 누나는 어린 자식과 동생을 먹여 살리려고, 자신의 배를 움켜쥐었다. 그런 추억을 떠올리면, 간혹, 마음에 눈물이 맺힌다. 내 의식에는 그런 잔상이 아직도 꽤 많다. 그렇다고 과거 추억의 공간에만 머물러서는 절대 안 된다. 시대를 헤쳐나갈 수 없다.

특히, 미래 세대들에게, 이러한 과거의 추억을 반복하도록 강요하거나 미화해서는 곤란하다. 물론, 뼈아픈 과거는 반드시 기억해야 한다. 과거를 모른다면, 현재도 미래도 건전하게 존재할 수 없다. 하지만 그 기억은, 현재와 미래를 창조적으로 건설하는 밑거름이 되도록, 철저하게 성찰하면서 파괴하고 해체해야 할 대상으로 일깨우면 된다. 세상은 '진보(進步)' 그 자체다!

한 달에 두 번, 약 2주 정도마다 돌아오는 절기를 보면서, 나는 학인(學人)에게도 24절기와 같은 마디와 호흡이 존재한다고 생각한다. 생각을 거듭할수록, 나이가 들수록, 그런 느낌이다. 소만의 시기가 되면, 계절은 서서히 나의 정신을 빼놓는다. 바빠지는 듯하다. 그러다가 매듭이 오고 다시 풀어지면서 일하고. 뭐 그러하다. 알고 행하고 명확히 하여 움직여 나가는 작업의 교착(交錯)! 이런 사안이 삶을 가로지르는가? 다시, 회의(懷疑)가 온다.

어제는 서재 밖의 왕숙천과 천마산 위로 먹구름만 가득했다. 오늘 아침은 아예 흐렸다가, 비가 조금씩 내리고 있다. 녹음이 짙어지고 무성해지는 시기에, 더욱 무성해지라는 자연의 외침인가?

이런 생각 또한 살아가는 재미인가! 오랜만에 빙그레, 또는 약간 미친 사람처럼 히죽히죽, 때로는 배가 아플 정도로 호탕하게 하하하! 웃어본다. 비가 온다면, 비를 맞이하자!

115

벗한다는 것 자체가 인생의 행복이다.

2019년 6월 7일(금)

석·박사 학위 논문심사 등등, 긴급한 사안들을 조금 정돈하고, 오랜만에 페이스북을 열어 보니, 2주 정도가 흘러갔다. 기쁨과 즐거움이 교차한다. 김언종, 이충구, 장승구, 임헌규 교수를 비롯한 저명하신 여러 선생님들께서 학위 논문 심사를 위해 어려운 발걸음을 해 주셨다. 제자들의 학문 발전을 위해 유익한 지도가 있었다. 정말 감사한다. 훌륭한 학자와 벗한다는 것 자체가 인생의 크나 큰 행복이다.

그만큼 또 갚아야 할 빚이 늘었다!

아니다 다를까, 페북에 들어서자 마자, 수많은 벗들의 고견(高見)과 의견(意見)이 가득하다. 개인의 일상에서, 시사문제, 유익한 각종 정보, 학술적 의미를 더한 글에 이르기까지. 이 모두가 삶을 살찌우게 만든다.

늘 보는, 아주 익숙한, 오랜 벗들의 글도 그때마다 재미를 더한다. 웃음을 자아내게 한다. 정말 오랜만에, 30여 년 동안 만나지 못했다가, 여기 페북에서 마주한 벗이 올린 글 가운데는, 그 친구의 예전 기억이 중첩되어 마음으로 파고 들면서, 그리운 미소가 입가에 돈다.

이렇게 아름다운 벗들이 계셔, 또 기쁘고 즐거운 날이다.

열락(悅樂)!

116

달마도는 화를 막고 복을 부른다.

2019년 7월 1일(월)

고려대학교 평생교육원에서 <동양고전특강> 무료강좌를 개설하여 강의한 지, 수년이 지났다. 오래 전부터 무료강의 봉사를 생각했다. 구체적으로는 박사학위를 받고 교수로 취직하면서 지식 나눔, 인문학 특강을 하려고 했다. 학부 때부터 석·박사 과정을 거치면서, 많은 분들에게 무료로 배웠기에, 그 학문의 빚을 갚는다는 취지다. 50대에는 반드시 그렇게 하려고 했는데, 40대 후반 무렵부터 봉사를 했던 것 같다. 학자가 가진 재능이라곤 그것뿐인지라, 지식을 내놓는 수밖에 없었다. 그래도 매주 고전을 읽으며 여러 사람들과 공유하니, 기분이 좋다.

그 강의를 수강한 정덕(正德) 스님께서 손수 그린 달마도(達磨圖)를 보내왔다. 스님은 '자비의 전화'를 모태로 하는 조계종 '불교상담개발원장', '인과선원 주지' 등을 여러 직책을 맡아 부처님의 대자대비(大慈大悲)를 실천하시는 공덕이 높으신 스님이다. 그런 분이 보잘 것 없는 내 강의를 수강하셔서 영광이다. 그런데 유학 경전 강의를 왜 들었을까? 유학을 공부하여 유불(儒佛) 융합을 하시려나? 나는 강의 중에 수시로 스님과 스님을 보좌하는 여러 선생님들을 향해 농담을 주고받기도 했다. 스님은 그때마다 천진난만한 웃음으로 재미를 보태주셨다.

지난 몇 년 동안, 스님은 『논어』, 『주역』, 『서경』 등의 여러 경전을 수강하셨다. 특별한 행사가 있지 않은 한 매주 참석하셨다. 명절 때는 꿀을 비롯하여 귀한 선물도 보내주셨다. 함께 한 시간들이 감사할 따름이다. 보내주신 달마대사의 모습도 그러하지만, '심시불(心是佛)'이라는 글에 스님의 자비가 가득 담겨 있다. 그만큼 신중하게 두 손이 모아진다. 달마도는 '화(禍)를 막고 복(福)을 부른다!'라고 하니, 많은 분들에게 빛이 드리워지길. 합장(合掌)!

한해를 12개월로 나눌 때, 오늘은 정확하게 후반부 6개월의 시작이다. 전반부 6개월은 6월 30일 어제, 이미 지나갔다.

어제는 <조선민주주의인민공화국 김정은 국무위원장-미합중국 트럼프 대통령-대한민국 문재인 대통령>의 만남이 있었다. 예견된 회담이긴 했으나, 지금까지 대한민국의 외교사에서 볼 때, 충격 그 자체였다. 이 역사적 사건을 앞에 놓고, 다양한 해석과 평가가 난무한다. 허나, 정확한 진단이나 논평은 잘 보이지 않는다. 어쨌건 기억할만한 사건임에 분명하다. 여기서는 이 정도만 적는다.

여권 만료기간이 얼마 남지 않아, 집사람과 함께 새로 발급 신청을 했다.

그리고 오랜만에 바깥을 응시해 보았다. 집 앞의 벌안산 녹음과 파란 하늘, 그 산자락 위로 아주 느리게 움직이는 하얀 구름을, 한참 동안 바라보았다.

한 30분쯤.

나도 저렇게 움직이며 변하고 있겠지.

오늘부터 시작되는 2019년 후반부, 어떤 삶이 또 나를 단련할까?

♦ 정덕 스님의 〈달마도〉

117

금강경을 잡고 집착을 끊어라

2019년 7월 19일(금)

티베트 불교의 큰 스승인 칸뽀 쉐다지의 『금강경 강의-능단(能斷), 집착을 끊어라!』 번역을 끝내고, 출판사 편집 중이다. 칸뽀 쉐다지의 강의에서 '무주처(無住處)'라는 개념이 자주 등장해서 그런지, 어느 날부턴가, 그냥 '무주처사(無住處士)'로 지내고 싶어지더라!

118

스승은 학문을 지탱하는 힘과 동기를 부여하셨다.

2019년 7월 23일(화)

최근 10여년 사이에, 내 학문의 근원이 되어 주신 여러 스승께서 타계(他界)하셨다. 권우(卷宇) 홍찬유(洪贊裕) 선생을 비롯하여, 수강(修岡) 유명종(劉明鍾, 1925~2003) 선생, 중천(中天) 김충렬(金忠烈, 1931~2008) 선생, 심원(心遠) 김형효(金炯孝, 1940~2018) 선생 등, 직접적으로 내 학문의 그릇을 다듬어주신 스승들이다.

앞의 <권우선생열전>에서 자세하게 밝혀 놓았지만, 권우 선생은 내게 한학(漢學)을 전수해 주셨다. 시간될 때마다 내 조그마한 차로 댁으로 모셔드리곤 했는데, 중곡동 댁으로 가는 도중에 있는 청량리 부근의 '홍능갈비'집을 지날 때면, 반드시 들려 냉면을 사 주셨다. 선생님과 단 둘이 먹는 냉면 한 그릇, 그 맛은 아주 남달랐다. 학문을 향한 동기부여와 격려가 듬뿍 담긴, 지성의 잔치상이었다. 정말이지, 잊을 수 없다.

수강 선생은 선친(先親)과 일본 유학을 함께 한 특별한 인연이 있었다. 일제 강점기 시절, 당시는 도나 군을 대표하는 두어 명의 학생이 겨우 유학을 가는 시대였다. 경북 칠곡군에서는 수강 선생이, 영일군에서는 선친이 갔던 모양이다. 나중에 내가 영일의 신선생 아들인 것을 확인한 수강 선생은, 옛 친구를 만난 것처럼 나를 반기며, 귀여워해 주셨다.

나는 선생님 댁을 드나들며 동양철학을 배웠다. 서너 시간의 강독이 끝나면, 선생은 점심 메뉴로 칼국수와 왕만두를 즐겨 드셨다. 식사 중에는 유학시절을 비롯하여 젊은 시절의 학문 활동에 대해, 이런저런 얘기를 들려주셨다. 그것도 재미난 공부였다. 또한 가끔씩 댁에서 내주신 낫토(納豆, なっとう)를 비롯한 일본식 음식도 매력적이었다. 맛나게 먹었던 기억이 선하다. 그 때문일까? 지금도 나는 낫토를 즐겨 먹는다.

중천 선생은 학부 때부터 중국철학의 학문적 회통(會通)에 대해 일러주셨다. 특히, 『중용』과 『노자도덕경』, 『주역』, 불교의 <화엄학> 등을 차근차근 공부하라고 안내해 주셨다. 그런 영향 때문인지, 박사논문은 『중용』을 텍스트로 연구했는지도 모르겠다.

선생은 내가 철학과 대학원에 진학하여 지도를 받으려고 하자, 극구 말리셨다. 이유는 간단했다. 취직이 잘 안된다고 걱정하신 것이다. 나는 우기지 않고 선생께 학문의 진로지도를 요청했다. 선생은 차근차근 설명해 주셨다. 오히려 학부 때 교육학과 철학을 공부했으니, 교육철학을 하라고 권장해 주셨다. 80년대 당시 고려대학교 교수 데모를 주동하셨던 선생은, 교육철학을 전공하신 김정환 선생과 친분도 있고 해서, 더욱 자세하게 진로지도를 해주셨다. 동양사상은 사실 수양이나 수련, 단련으로 보면, 대부분이 교육과 연관되므로 그쪽을 집중 연구하면 의미가 있을 거라고 지침을 주셨다. 그것이 현재 나를 존재하게 만든 결정적 계기다.

나중에 남명학연구원장으로 계실 때는 진주의 남명학 학술대회에서 모신 적이 있었다. 막걸리를 드시며, 학문의 길이 어떠해야 하는지 강조하시고, 이런저런 얘기를 들려주신 기억이 새롭다.

심원 선생은 석사과정 지도교수님이시다. 대학원을 진학할 당시, 사실 나는 매우 가난했다. 공부는 하고 싶었으나 학비를 마련할 형편이 안 되었다. 그래서 찾은 곳이, 학비 전액을 장학금으로 면제해 주는 한국학중앙연구원[당시는 한국정신문화연구원]이었다. 물론, 김정환 선생과 김충렬 선생의 권유가 있었고, 나는 흔쾌히 그에 따랐다. 이 선택도 내 인생에서 큰 행운이다. 심원 선생을 비롯하여, 지금은 학계의 중견이 된 선후배들, 참 좋은 분들을 많이 만났으니 말이다.

특히, 심원 선생은 동서양 철학에 두루 능통하였기에, 나는 동양철학과 서양철학(특히 프랑스철학)을 융합하는 학술적 영향을 받았다. 대학원 과정에서 수시로 선생님의 연구실을 들락거리며, 학문하는 자세를 많이 깨달았다.

당신께서는 전두환 정권시절 비례대표 국회의원을 지낸 적이 있다. 그것이 학자로서 실수라면 최대의 실수였다. 나는 어느 날, 국회의원 시절의 자료를 모조리 없애라는 선생의 엄명을 받고, 책장을 정돈한 적이 있었다. 그때 선생님의 호(號)가 왜 '심원(心遠)'인지 알았다.

어떤 사연인지 정확히 파악할 수는 없지만, 선생은 세파에 많이 시달린 듯 했다. 그러니 세상으로부터 마음이 멀어져서, 또는 멀어지기 위해, 호를 '심원'으로 하셨단다. 그리고는 정말 댁과 연구실만을 오가며, 연구원 내의 산책 밖에 모르는, 산중 절간의 스님보다도 혹독한 고독을 즐기셨다.

이때부터 선생의 학문은 절정기를 맞는다. 나는 운 좋게도 그 시기에 선생의 지도를 받았다. 석사논문 지도과정에서 선생은 내 논문의 전체를 꼼꼼히 읽고, 하나하나 지적하며 수정해 주셨다. 그 세심함은 아직도 잊을 수 없다. 당시 정해창 선생과 한형조 선생이 함께 논문을 심사해 주셨는데, 그 석사논문은 나중에, 『수기(修己), 유가 교육철학의 핵심』이라는 책으로 출판하여, '대한민국학술원 우수학술도서'로 선정되었다.

또 하나, 선생의 격려를 잊을 수 없는 부분이 있다. 나는 당시 사서삼경(四書三經)을 나름대로 조금 읽었다. 그러나 경전 공부를 깊게 하고 싶어, 한문연수원에서 글을 더 읽으려고 준비하고 있었다. 그런데 주변의 선배들 대부분이, 박사 진학이나 하지 뭘 더 하냐고, 시큰둥한 반응을 보였다. 그때 가장 먼저 격려해 주고 권장하신 분이 심원 선생이시다. 그것은 선생의 유럽 벨기에 유학과 동양철학 경전 해독 과정에서 느낀 학문 경험을 일러준 것이었다.

선생께서는 조용히 당부하셨다. "학문을 하려고 마음먹었으면, 더 해라. 뼈저리게 느끼는 순간이 온다. 동서양을 막론하고 원전의 정확한 독해가 학문의 최고 밑천이다. 그것만 확고하게 해 놓으면, 평생 학문을 즐기게 된다. 명심하고 공부하거라!" 나는 그 길로 조금도 망설임 없이 고전 공부를 심화하러 떠났다. 사서삼경을 비롯한 경전 공부를 만끽하는 길로.

지난 2월에 선생의 1주기 학술행사를 했지만, 선생의 지도편달이 그립다.

이와 같이 여러 스승께서는 한학(漢學)에서 동서양철학에 이르기까지, 정말 큰 학문의 자산을 물려주셨다. 그것이 지금도 내 학문을 지탱하는 힘이자 동기부여의 장이다. 여유나 어떤 계기가 다가올 때마다 그분들의 가르침을 떠올리며, 학문의 즐거움을 그려본다.

지난주, 김정환 선생께서 타계하셨다. 선생님은 내게 교육학을 물려주신 분이다. 아버지 세대의 스승 가운데 마지막으로 돌아가신 것 같아, 마치 고아가 된 느낌이다. 최근까지도 안부 인사를 전했고, 몇 년 전에는 학회에서 선생님의 학문과 사상을 논문으로 발표한 적도 있어 행복했는데, 이제 안 계시니 마음이 잠잠하지만은 않다.

선생께서는 동양·한국 교육철학의 중요성을 누구보다도 강조하셨다. 학부 때부터 그런 길로 갈 수 있도록 이끌어 주셨고, 수많은 관련 자료를 손수 보내주셨다. 선생이 주신 자료는 아직도 연구실에 있다. 내가 출간한 논저를 보내면, 바로 전화를 걸어 격려해 주셨고, 당신의 저서에서도 동양교육철학이나 사상과 관련한 내용은 내가 쓴 논저를 인용하며 자랑스러워하셨다.

이렇게 나를 길러주신 스승께, 새삼 감사의 큰절을 올린다. '스승님, 하늘나라에서 편히 주무세요!' 조만간에 선생께서 잠들어 계신 <천안공원묘원>으로 찾아뵐 것이다.

큰 스승 대부분이 세상을 떠났다고 생각하니, 이제 나의 학문적 삶에 대한 성찰이 더욱 깊어질 수밖에 없다. 나는 그분들의 학문을 얼마나 이어받아 실천하고 있을까? 지도해 주시던 시절을 회상하며, 새롭게 성찰할 사안이 밀려온다. 교만하지는 않았는지, 다른 분들의 학문성과를 깔보지는 않았는지, 내 학문 과정의 오류나 실수가 있지는 않았는지, 두렵다. 무섭다.

나도 스승들처럼, 이 세상에, 사람들에게, 학문적 모범이 되고 싶은데, 제자들에게 어떻게 기억될까?

공자가 정명(正名, rectification of names)을 말했듯이, 나는 내 이름에 걸맞게 학문을 했을까?

다시, 두렵고, 무섭다!

119

집착을 줄이면서도 열정을 간직하라

2019년 9월 7일(토)

지난 8월 하순, 2학기를 시작하기 전에, 『능단(能斷), 집착을 끊어라』가 출간되었다.

앞에서 몇 번 소개했지만, 티베트 불교의 고승이자 불교학자, 교수인 '칸뽀 쒀다지'께서 강의한 『금강경(金剛經)』의 내용을 번역하면서, 내가 붙여본 이름이다. 금강경의 가르침대로 '집착을 끊어' 보려고.

지천명(知天命)의 후반 나이에 들어서면서, 어떤 부분에서는 '집착이 점차 줄어든다'는 생각도 든다. 하지만, 한편, 다른 영역에서는 '열정이 더욱 꿈틀거리기도 한다.' 이 또한 다른 욕망에 집착하는 건 아닐까? 이런 생각이 다시 나를 가두는 느낌이다.

120

후학의 학문 토대에 기여하는 학자의 의무를 다하자.

다시, 2019년 9월 7일(토)

오늘은, 저술 출간 관계로, 하루에 두 번이나 페이스북에 글을 올린다.

인간이 가꾸어가는 어떤 영역이 그렇지 않겠는가마는, 내가 자임한 학자의 삶이란 책무성이 크고 무겁다. 엊그제, 지난 2년 동안 한국연구재단에서 지원받은, 토대사업 1차 년도 연구번역 결과물을 출간하였다.

100년 전, 1921년 호산(壺山) 박문호(朴文鎬, 1846~1918)선생께서 저술한『칠서주상설(七書註詳說)』이다. 칠서는『논어』,『맹자』,『대학』,『중용』,『시경』,『서경』,『주역』등 일곱 경전이다. 이는 조선 유교 경전 주석학의 집대성이자 결정판으로 평가되는 작품이다.

내가 책임을 맡았고, 김언종, 김학목, 임헌규, 조기영, 허동현 교수 등, 문사철(文史哲)에 능통한 중진학자들이 함께 참여하여 알찬 성과를 거두었다.

이번에는 1차로『논어집주상설』(10권),『대학장구상설』(3권)이 출간되어 나왔다. 『맹자집주상설』과 『중용장구상설』은 연구번역이 끝났고, 정돈한 후에 내년에 출간할 예정이다. 현재 『시집전상설』을 연구번역 중이다. 매달 2,000매 이상의 작업량이 보여주듯, 우리 연구진은 온힘을 쏟고 있다.

국가에서 지원하는 사업인 만큼, 국민이 모아준 재원을 헛되게 하지 않아야 한다. 무엇보다도 후학의 학문 토대에 기여하는 학자의 의무를 다하려 할 뿐이다.

연구진에게 다시 감사하며 큰절 올린다. 아울러 선학들의 가르침, 물심양면으로 도움과 격려를 주시는 모든 분들에게 고마움을 전한다.

『논어집주상설』 『대학장구상설』 표지

121

학자로서 나름대로 하나의 학설을 이루라.

2019년 9월 15일(일)

2019년 중추절(仲秋節), 추석 연휴 마지막 날 밤이다. 연휴 기간에 잠깐 잠깐 사마천(司馬遷)에 관한 글을 읽었다. 30여 년 전 학부시절부터 듣고 가슴에 새기고 있었던 글귀, 2016년 수업 도중에 쓰러져 한 달 가량 입원했을 때, 병실에서 다시 새겨 보았던 구절이, 새롭게 눈에 띄었다.

> "구천인지제(究天人之際),
> 통고금지변(通古今之變),
> 성일가지언(成一家之言)!
> 자연과 인간의 관계를 탐구하고,
> 과거와 현재 사이의 변화에 통달하여,
> 학자로서 나름대로 하나의 학설을 이루고 싶다!"

궁형(宮刑)을 자청하면서, 몸부림치는, 사마천의 피눈물 나는 삶의 열정이, 눈앞에 새삼스럽게 어린다.

122

조그만 공간은 담소하는 장소다.

2019년 9월 29일(일)

저녁 산책을 하다, 재미있는 현실을 발견했다. 동네 선술집 이름이다. 아래 사진과 같은 상호를 사용하는 가게.

<짝태 & 노가리>! 그리고 부제가 '이 새끼 저 새끼 씹지 말고 노가리 씹읍시다.'다.

손님이 꽤 계시다. 수술 후에는 술을 못 먹으니, 저 집에 가본 적이 없다. 저 조그만 공간에서, 사람들은 무슨 말씀들을 나누실까? 나도 노가리처럼 씹히고 있는 걸까? 술집 간판을 보며, 묘한 웃음이 저절로 나왔다. 세태가 이런 건가? 아마, 사람들의 눈길을 끌기 위해, 자극적인 문구로 이름을 정했겠지! 아닐까?

예전에 살던 동네에, '자, 여기서부터 시작하자!'라는 선술집 가게가 있었다. 집 앞이기도 하고, 서울에서 한잔 하고 버스 정류장을 내려서 걸어오면, 바로 그 간판 불빛이 보인다. 그때는 문자 그대로, 아무리 술이 취했어도, '자, 여기서 시작하자!'라고 하며, 그 가게 앞으로 돌진했다. 오래전 이야기다. 허허허!

남양주 진접 동네 선술집

123

중국의 지혜와 지속가능한 발전은 몇 가지 요소에 기인한다.

2019년 11월 4일(월)

10월 한 달은 페이스북을 거의 하지 않았다. 여러 가지 일들이 겹쳤고, 논문 발표 등등으로 다른 데 신경을 썼던 모양이다.

지난 주 금요일 11월 1일에는 강릉에서 '율곡학 국제학술대회'가 있었다. 나는 「율곡의 학문수련 단계와 리더십의 의미」라는 주제로 발표했다.

중국 칭화대(淸華大)의 루펑(盧風)교수는 「중국의 지혜와 지속가능한 발전」이라는 주제로 기조 강연을 했는데, 전통 중국 문명 5000년 역사를 이어 온 몇 가지 요소를 다음과 같이 제시했다.

첫째, 친환경적 농잠(農蠶) 기술에 기반했다.

둘째, 농업을 숭상하고 상업을 억제했다.

셋째, 기업가나 상인이 아닌 철학자가 통치했다.

넷째, 천인합일(天人合一) 사상에 근거한 세계관이 지속되었다.

다섯째, 내재적 초월(超越)이 우선되는 사조가 중시되었다.

상당히 일리 있는 지적으로 판단된다.

124

청대 학술의 특징은 문예부흥과 매전익진이다.

2019년 11월 15일(금)

2019년도 한중철학회 추계학술대회가 있었다. 연구이사와 총무이사 등 학술위원회에서 고생해준 덕분에, 회장으로서 한 일이 별로 없다. 또 많이 배웠다. 참여해주신 모든 학자들께 감사할 따름이다.

이번 발표회는 <청대 학술과 한국 역학>이라는 주제로, 『주역절중(周易折中)』을 비롯하여 정약용, 홍석주 등 조선 후기 역학(易學) 문제가 진지하게 다루어졌다.

기조강연에서 곽신환 교수님은 청대 학술이 '문예부흥(文藝復興)'과 '매전익진(每轉益進)'이라는 점을 상기시켜 주었다. 이후, 심의용, 서근식, 이난숙 교수의 주역 전문가의 발표가 이어졌고, 조희영, 김병애 교수 등 여러분들의 논문 수준에 가까운 논평이 있었다.

무엇보다도, 비가 오는 궂은 날씨에도 대우재단빌딩 세미나실을 꽉 메워주시고, 함께 해주신 여러 선생님들께 감사드린다.

참 의미 있는 학술의 시공간이었다.

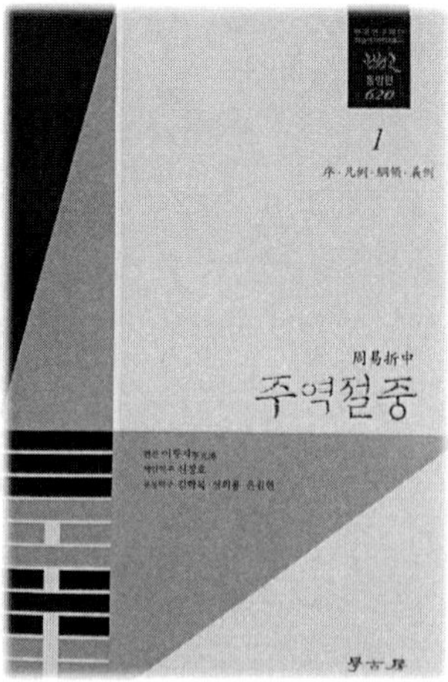

『주역절중』 번역본 표지

2019년도 한중철학회 학술대회

125

한중 학술교류와 역학 관련 저술을 출간하다.

2019년 12월 25일(수)

12월 21일 또는 22일은 절기(節氣; 節候)상 동지(冬至)다. 북반부에서는 밤이 가장 긴 날이다. 이를 기점으로 낮의 길이가 점점 길어진다.

나는, 일반 달력과 상관없이, 늘 이 절기를 한 해의 시작으로 삼아왔다. 어머니가 일러주신 대로, 팥죽도 꼭 먹는다. 2019년도 마찬가지다.

올해 동지는 조금 다른 느낌이다. 2020년대라는 21세기의 2/5를 시작하는 시간이자, 내 직장생활의 마지막 10년을 보낼 세월에 접어 들어서 그런지도 모르겠다.

반백 년(半百 年)의 인생에서 '임중도원(任重道遠)'인가? 맡은 일은 많고, 갈 길은 멀다!

엊그제 동지 때, 서재 앞산을 카메라에 담았다.

내 마음이 그래서일까? 산의 자세가 잔뜩 움츠리고 있는 듯하다. 아마, 다가올 소한(小寒)과 대한(大寒), 그리고 입춘(立春)을 맞이할 대비이리라. 그래도 저 황금빛 자연의 의상(衣裳) 속에 농축한 생명력이 단단하게 느껴진다.

페이스북을 비롯하여, 밴드와 카카오톡 등, 첨단 과학 문명의 이기(利器) 덕분에, 이렇게 기록하는 재미도 있다.

지난 12월 20일 금요일에, 한국과 중국의 학술교류를 위해, 중국 하북성에 있는 형수학원(衡水學院)과 무한과기대(武漢科技大) 교수 등 여섯 분의 학자를 초청했다. 모두 동중서(董仲舒, 기원전 176?~기원전 104) 사상 관련 논문을 발표했다. 왜냐하면 형수학원이 중국 동중서 사상연구의 메카이기 때문이다.

형수학원은 북경대학이나 인민대학, 청화대학, 복단대학 등, 중국의 대규모 대학에 비해, 상대적으로 한국에 잘 알려져 있지는 않다. 하지만 형수학원 내의 동자학원(董子學院)은 중화주의(中華主義)의 선구, 동중서 사상 연구의 중심이 되는 기관이다. 형수가 동중서의 고향이기 때문이기도 하다.

내가 볼 때, 동중서는 공자·맹자·순자(孔子·孟子·荀子)의 원시유학과 주자(朱子)의 성리학을 연결하는 사상의 가교(架橋) 역할을 한다. 동중서는 사실, 공맹(孔孟)이나 주자에 비해 상대적으로 연구가 적게 되어 있는 인물이다.

그러나 그는 '유술독존(儒術獨尊)', '천인감응(天人感應)', '음양오행(陰陽五行)' 등 매우 정비된 융·복합적 사유를 통해, 한(漢)나라의 이념을 정돈했다. 그것은 공맹이나 주자가 철학적 사유를 펼친 것과는 상당히 차원을 달리한다. 어떤 측면에서는 그들을 능가한다. 유약한 학인의 이론이나 이상 추구에 머무는 것이 아니다. 강력한 행위를 동반하며 중화 문명의 시스템을 갖추도록 만들었다. 그야말로 대일통(大一統)의 실천 철학을 구가했다.

여유가 되면, 동중서 연구에 적극적으로 나설 계획이다. 공맹과 주자를 중심으로 유교를 연구해온 나로서는, 그날 중국의 동중서 연구자의 만남을 아주 소중하게 생각한다. 향후, 유학 연구에서 의미 있는 교류가 될 듯하다.

아울러 <한중철학회>에서 '역학(易學)'과 관련한 두 권의 책을 발간했다. 한중철학회 회장을 맡으면서, 꼭 이루어 놓으려던 사업이었는데, 회원님들의 적극적 참여로 빨리 성과가 나온 듯하다. 한 권은 『주역의 연원과 한중 역학의 지평』이라는 '역학[주역]' 연구 논문집이다. 의미 있는 논문 31편을 수록했는데, 역학 전공 학자들이 발표한 최근의 주요 연구 성과를 모았다. 2000년대 들어 10여년 이상, 이런 부류의 역학 관련 단행본이 출간되지 않았기에, 학계에도 긍정적인 영향을 미칠 것으로 생각된다. 또 한 권은 『주역, 삶에 미학을 입히다』라는 에세이집이다. 아마, 최초의 주역 관련 에세이집일 것이다. 내용에서 필자들의 삶이 진지하게 묻어난다.

이 모두 한중철학회 회원들의 정성으로 이루어졌다. 특히, 법정공휴일을 제외하고, 30년 가까운 세월을 연중무휴 지속해온 강독회(講讀會)가 그 원천이 되었다. 지금도 특별한 사유가 없는 한, 매주 금요일 3시 대우재단빌딩 7층 세미나실에서는 어김없이 한중철학회 세미나가 열린다. 요즘은 『주역전의대전(周易傳義大全)』을 읽으며 토론하고 있다.

강독위원회를 비롯하여 편집위원회 등, 학회 발전에 기여해준 여러 회원에게, 다시 고마운 마음을 전한다. 회장으로써 감사할 따름이다. 여유가 되면, 내년 회장 임기가 끝나기 전에, 한두 권을 더 발간하고 마무리하고 싶다.

◆ 한중철학회 강독 세미나

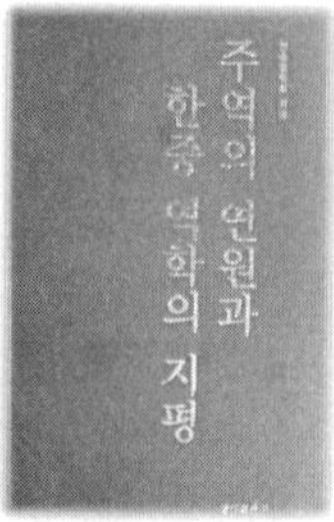

◆ 한중철학회 발간 논문집과 에세이집 표지

126

한중 학술교류가 새로운 시대 문화를 만든다.

2019년 12월 26일(목)

지난 12월 20일에 열렸던 한중국제학술대회와 관련하여, 중국 형수학원 측에서 아래와 같이 보도된 학술대회 사진 자료를 보내왔다. 이 모두가 한중철학회 회원들이 강독하며 연찬해온 결과다. 형수학원의 동자학원과 한중철학회와의 학술협력과 마지막 부분에 이충구(李忠九, 한중철학회 전임 회장) 시습학사 원장님의 한시(漢詩)가 돋보인다. 한중철학회의 이름에 걸맞게, 앞으로도 한중 학술교류가 더욱 활기차게 이루어지길 기대한다.

이제 곧, 가족 모두가 독일로 가기 위해 공항으로 갈 시간이다. 독일은 크리스마스를 전후로 연말연시 휴일을 즐긴단다. 10여일 정도의 휴가 기간을 이용하여, 독일에서 공부하는 큰딸과 상봉한다. 한국의 경기도 남양주에서 독일의 프랑크푸르트를 거쳐 카셀까지, 약 15시간 이상을 가야 할 것 같다. 다음 페이스북 이용은 독일에서.

◆ 형수학원 한중철학회 국제학술대회

《한중 학술 교류와 주역 논문집 출간》 축시 4수

- 이충구(時習學舍 院長, 韓中哲學會 前任會長)

〈韓中交遊〉

韓中友好幾千年　箕子孤雲史蹟傳
如弟如兄親莫及　及今矜式古人賢

〈한국 중국 교유〉

한국 중국 우호가 몇 천 년인가!
기자와 고운 최치원 선생이 역사에 전하지.
형제 같은 친함은 당할 수 없어.
지금 옛 현인들을 본받아야지.

〈韓中學術〉

同源異派久因緣　孔孟先驅退栗傳
天道人心發明盡　相磨相琢究淵泉

〈한국 중국 학술〉

같은 샘에 다른 갈래의 오랜 인연
공자와 맹자는 선구자이고 퇴계와 율곡이 전승자이지.
천도와 인심을 모두 밝혀내어
서로 절차탁마하며 근원을 연구하지.

〈永樂大全〉

其一

聖祖崇文編大全　經書眞本賜朝鮮

世宗奉讀教多士　多士相傳五百年

其二

周易大全眞集成　古今諸說盡言明

東儒不顧他書籍　傳義專攻學益精

〈영락대전〉

그 첫째

성조(영락황제)께서 문화를 숭상하여 영락대전을 편찬하고

경서의 진본을 조선에 하사하셨지.

세종께서 받들어 읽고 많은 선비들 가르치시니

많은 선비들 서로 전승하기를 5백년 하였지.

그 둘째

주역전의대전은 진실로 집대성이라

고금의 여러 설명을 모두 말해 밝혔지.

한국 유학자들은 다른 책을 돌아보지 않고

정자 역전 주자 본의를 전공하여 학문이 더욱 정밀해졌지.

〈董先生(仲舒)中興儒學〉

賢良對策起文風　驚動士林動漢宮
貶斥道家千世業　褒揚儒術萬年功
古今通誼宜權變　天地常經守正中
一統春秋明大義　平治四海用無窮

〈동선생(중서)이 유학을 중흥시키다〉

동선생이 한 무제에게 올린 현량대책은 학문 기풍을 일으켜서
사림을 놀래키고 한나라 궁중도 놀래켰지.
도가를 배척함은 천 대(代)의 사업에 해당하고
유술을 찬양함은 만 년의 공로이지.
고금에 통하는 의리는 임기응변에 마땅하고
천지에 일정한 법은 정도와 중도를 지킴이라.
춘추로 통일시켜 대의를 밝히니
천하를 평안케 하고 다스리는 데 한없이 쓰이지.

127

유학 생활의 애환을 가족여행으로 풀다

2019년 12월 28일(토)

새벽 4시. 독일 카셀이다. 한국에서 출발할 때도 잠깐 언급했지만, 연말연시 약 2주간 주어지는, 독일 대학의 방학 같은 연휴를 이용하여, 이곳에서 음악[지휘] 공부를 하고 있는 큰딸에게, 이른바 한국형 '생필품'을 전달하러 왔다.

도착하자마자, 딸의 원룸에서, 먼지 낀 선풍기도 분해하여 청소하고, 숙소 곳곳에 필요한 물품도 재정비했다. 유학생 대부분이 그러하듯, 딸도 나름대로 고생이다. 자식의 고생이니, 곧 부모의 걱정이기도 하다. 성인이 되었으나, 부모가 볼 때는 그냥 어린 애다.

한국에서 예술 중고등학교를 나온 것도 아니고, 그 흔한 비싼(?) 과외도 제대로 받지 못했다. 부모로서 뒷바라지가 매우 소홀했다. 일반계 고등학교를 졸업하고, 혼자서, 이 먼 독일 대학의 '지휘과'에 들어가, 여러 외국인들과 함께, 철학성이 가미된 음악 이론 공부를 하고 있으니, 그 긴장의 폭과 깊이를 짐작할 만하다. 흔히 말하는, '학업 스트레스'가 만만치 않으리라.

스스로 찾아 공부하는 만큼, 애비로서 자식이 '기쁘고 즐겁고 재미나게', 인생을 가꾸길, 의미 있게 개척하길, 소망할 뿐이다.

어제는 큰딸이 안내하는 대로 프랑크푸르트에 있는 '괴테 생가'와 '괴테대학'을 둘러보며, 독일이 낳은 위대한 작가의 삶을 새삼 들추어보았다. 괴테 전기를 담은 책도 한 권 샀다. 마인강과 주변의 공원, 교회, 성당도 둘러보며, 겉으로나마 그들의 사유를 추측해 보았다.

여행사에서 단체로 유람하는 일반 여행과는 달리, 우리 가족끼리만 즐기는 아주 의미 있는 경험이었다. 우리 가족은 매년 방학을 이용하여, 한두 차례 꼭 해외여행을 다닌다. 하지만, 이번 독일에서의 가족 모임은, 이전 여행과는 완전히 다른 느낌이었다. 큰딸이 유학 중인 나라에서, 큰딸의 안내를 받으며, 마치 한국에서 가족 나들이를 하듯이, 그렇게 연말연시를 보낸다. 부쩍 커서 대학생 성인이 되어 버린 두 딸, 언제 저렇게 자랐나 싶다. 내일의 독일 여행을 또 기대하며.

오늘 찍은 괴테 생가의 서재, 책상, 괴테대학, 성당, 교회의 조각상, 성탄 축제 야외시장 등 사진 몇 장을 올려본다.

괴테대학

♦ 괴테 생가

♦ 괴테 생가 안에 진열된 책상과 책장

♦ 크리스마스 마켓과 연말연시를 즐기는 시민들

♦ 서커스 공연장

♦ 베를린 장벽의 흔적들

128

올해 마주할 모든 일에 미리 감사한다.

2020년 1월 1일(수)

2020년 새해를, 가족들과 독일에서 맞이했다. 가슴 뭉클하다. 다시, 보았다. 두 딸이 언제 저렇게 성장하여, 어른이 되었나!

새해를 맞이하던 시각, 2020년 1월 1일 0시 전후, 독일 카셀, 각자의 집 앞과 길거리, 하늘에 폭죽이 터졌다. 불꽃놀이가 신명나게 벌어졌다. 한두 판이 아니라, 여러 판이다. 이들 모두도 새해 소망을 거기에 담았으리라.

나 또한, 마음 저 바닥에 올해의 바람을 다시 다져본다. 큰 변화는 원치 않는다. 이미 2개월 전에, 또 동지 무렵에 올해 계획을 점검했고, 다시 절기마다 확인할 것이니. 건강, 학업 등 내 직분을 성찰할 뿐이다.

연말연시, 새해를 맞으며, 이국(異國)에서 잠이 잘 오지 않았다. 조그만 호텔의 객실, 인터넷도 제대로 되지 않는다. 와이파이가 있으나 연결이 시원찮다. 이런 상황을 대비하여, 몇 권의 책들을 피디에프(pdf)로 태블릿에 담아왔다. 오래전에 몇 번씩이나 읽었던 글이지만, 이국(異國)에서 깨달음의 방편이 되어 준다.

양수달의 『논어소증』, 사르트르의 『지식인을 위한 변명』, 베버의 『직업으로서 학문』, 하이젠베르크의 『현실의 질서』, 아리스토텔레스의 『니코마코스 윤리학』, 홍자성의 『채근담』, 손국중의 『하도낙서해석』 등등, 모두가 나와 너, 우리, 세상을 독해하려는 몸부림으로 느껴진다. 그냥 보이는 대로 책장을 넘기며, 슬렁슬렁 눈요기로 읽으며 밤을 보낸다.

그 가운데 '행복'이라는 화두(話頭)가 눈을 즐겁게 한다. 인간사회의 삶을 추동하는 힘이 서려 있어서일까!

페이스북의 친구들을 비롯하여, 함께 살아가는 모든 사람들에게, 2020년에도 행운이 깃들기를 바라며, 두 손 모은다.

그리고, 나에게 다가오는 올해, 다시, 또는 새롭게 마주할, 모든 일에도 미리 감사한다!

운명이건 숙명이건, 나의 임무와 사명과 목숨은 스스로 거두어야 한다. 그래야 인생에 대한 예의를 조금이라도 차리는 게 아닐까?

새해 1일 저녁에는, 마틴교회에서 신년음악회가 열렸다. 뮌헨에서 온 교향악단이 베토벤의 합창교향곡을 4악장까지 연주했다. 합창단과 오케스트라의 협연이 웅장했다. 80여명의 합창단이 어울려 노래하는 화음이 60여명의 오케스트라 악기 소리보다 크게 울리는 것처럼 느껴졌다. 1시간 반 정도의 공연 동안, 사람들은 숨소리 하나 내지 않고 조용히 앉아 감상했다.

연주가 끝나자 약 10여 분 이상을 박수로 축하하며 서로 인사를 나누었다. 여기 사람들의 수준이 보였다. 우리와는 상당히 다른, 일상에서 음악을 즐기는 분위기였다. 이런 신년 맞이가 그들의 삶의 품격으로 드러난 듯 했다.

♦ 새해를 맞이하는 독일 카셀 거리

♦ 루터교회

♦ 루터교회에서 열린 신년음악회

129

박물관은 지나간 시대의 삶을 담고 있다.

2020년 1월 2일(목)

카셀은 독일의 '헤센'주에 속한다. 그 지역을 알기에는 박물관(博物館, museum)이 제격인지라, <헤센주 박물관>을 찾았다. 서너 시간 관람했다. 가까운 곳에 '그림 형제(Jakob Grimm/Wilhelm Grimm)' 동화로 잘 알려진 <그림 박물관>도 있고, 주변에 루터성당, 마틴교회 등 천주교와 개신교 예배당도 있었다. 크리스마스 마켓이 끝난 광장의 한쪽에는 서커스단이 공연하고 있었다.

헤센주 박물관에 보니, 17~18세기 중국 강희제(康熙帝, 1661~1722 재위) 때 유물을 비롯하여 동서 문명 교류의 흔적도 꽤 있다. 또 예수님, 성경(聖經), 성화(聖畫), 조각 등 다른 곳에서 보기 힘든 이 지역만의 기독교 유물이 눈길을 끈다. 박물관을 돌다가, 학교 <수업시간표>를 하나 발견했다. 새벽 5시부터 수업이었다. 이곳의 귀족 자제들에게 엄격한 교육이 시행되었음을 직감했다. 당시 국가 사회를 유지하기 위해서는 그럴 수밖에 없었으리라.

루터교회의 마당 쪽 바깥에, 좀 특이한 듯이 보이는 묘지가 있어 가보았다. 아니나 다를까? 그림 형제의 가족 묘지였다. 그림 형제의 어머니와 누이의 묘라는 비석이 눈에 들어왔다.

사진 몇 장 올려본다.

♦ 헤센 주 박물관

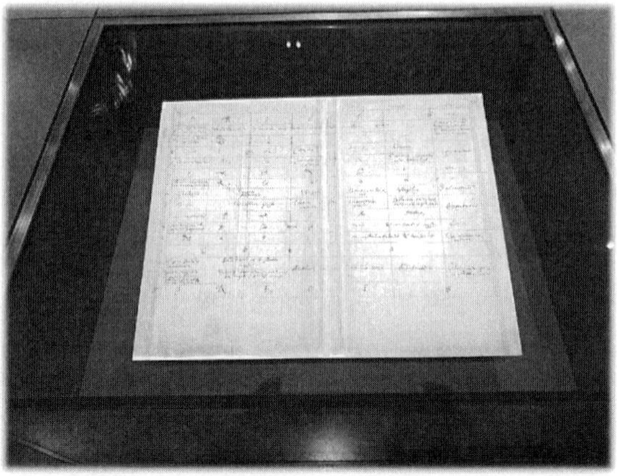

♦ 박물관 내에 전시되어 있는 수업시간표

♦ 마리아와 예수 상

♦ 『성경(Bible)』과 성화

♦ 그림박물관과 그림 형제 가족묘지

카셀대학과 대학 앞 지하통로 그라피티

130

봄기운 온화하고 경치 청명하다.

2020년 3월 15일(일)

독일을 다녀온 후, 시간이 한참 지났다. 1월과 2월에는 아예 페이스북을 열지 않았다. 건너뛰었다.

그렇게 된 이유는 너무나 간단하다. 사실, 독일에서 귀국하자마자, 정진택 총장님으로부터 평생교육원장직을 맡으라는 명을 받았다. 임기는 2020~2021년, 2년간이다. 만만한 자리가 아니다. 학교 발전을 위해, 여러 가지를 고민해야 한다. 잘 할 수 있을까? 그렇게 전전긍긍하며 업무를 파악하다 보니, 1월이 훌쩍 지나가 버렸다.

1월 하순, 설날 연휴가 끝나자마자, 바로, '코비드(COVID) —19', 바이러스 사태가 터졌다. 걱정 속에서도 일상의 업무는 진행되어야만 했다. 평생교육원의 학생 모집, 등록, 개강 준비 등등, 업무처리가 꽤 복잡했다. 이렇게 바이러스가 창궐하고 감염자가 늘어나는 가운데, 2월 24일(월), 지금까지 파악한 현황과 향후 발전 방향 등 간략한 내용을 정돈하여, 총장님께 업무보고를 했다.

총장님께서는 평생교육원의 발전에 상당한 기대를 하고 계신 듯 했다. 연구비까지 확보해 주시며, 시대정신에 맞게 발전계획안을 마련해 보라고 주문하셨다. 20여년이 넘는 고려대학교 평생교육원 역사상, 이런 관심은 처음이었다. 최고의 고등교육기관으로서 학교의 위상에 맞는 평생교육원을 만들어 보란다. 정말 어깨가 무거워졌다. 이전보다 훨씬 성숙하고, 성장을 배가해 나가는 그런 평생교육원을 구상해야 할 것 같다. 아니, 창출해내야 한다. 할 수 있는 데까지 최선을 다해, 차근차근 힘을 모아 보련다.

페이스북 사용으로만 보면, 두어 달 만에, 정말 오랜만에 기록해 본다. 2020년도 두 달이 훌쩍 넘었다. 아니, 석 달째다. 원래는 3월 1일을 기준으로 1학기를 개강해야 하지만, 설날 연휴가 지나면서, 중국 우한(武漢)에서 발생한 바이러스 감염의 우려 때문에, 2주간 미뤄졌다. 그 시간이 내일이다.

3월 16일 월요일부터 '코비드-19' 사태로 2주간이나 미뤘던 2020학년도 1학기가 본격적으로 개강한다. 코비드(COVID)는 '코로나바이러스 감염증(coronavirus disease)'의 약자이고, 숫자 '19'는 2019년에 발생하였기에 '19'로 표기했다고 한다. 한국에서는 편의상 '코로나(corona)-19'로 명명하고 있다.

앞에서 언급한 것처럼, 2016년 3월, 내 몸은 면역체계가 무너졌다. 바이러스 감염으로 쓰러졌다. 그런 경험 때문인지, 코비드-19는 나에게 정말 두려운 존재다. 아, 아직도 몸이 온전하지는 않은 듯한데, 이걸 어쩌지? 걱정이 앞선 것도 사실이다. 할 수 없다. 그냥 조심하자!

나이가 들어가면서, 생각이 더욱 복잡해진다. 그래도 페이스북 친구들의 역동적 삶의 현장을 보니, 코비드-19 사태도 조만간 해소될 것 같은 기운이 다가선다.

내일부터 개학이니, 서재(書齋)라도 정돈하자. 서재의 한쪽 귀퉁이에서 나의 중국인 제자 린쟈바오(林家寶)가 보내준 글씨가 보인다. 춘화경명(春和景明)! 린쟈바오는 내가 아들처럼 아끼는 대학생이다. 몇 년 전, 중국 청소년 서예대회에서 1위를 했다. 할아버지가 중국 명덕학원(明德學院)의 교수였는데, 맹자(孟子) 사상을 전공했단다. 그런 영향 탓인지, 특히, 철학 사상에 관심이 많다. 내년에 대학원에 진학할 예정이다.

'춘화경명(春和景明)'은 '봄기운 온화하고 경치 청명하다!'는 의미다. 송나라 때의 학자 범중엄(范仲淹, 989~1052)의 <악양루기(岳陽樓記)>에 나오는 구절이다. '춘화경명(春和景明)'처럼, 오늘 세상을 어지럽히고 꽁꽁 얼어붙게 만드는, 사악한 저 바이러스 무리들이, 봄기운에 녹아내리길 기대한다.

몇 년 전에 바오가 써준 글이 또 보인다. 『논어』의 "지어도 거어덕 의어인 유어예(志於道 據於德 依於仁 遊於藝)"에서 '어(於)'자를 생략하고 줄여 쓴, "지도 거덕 의인 유예(志道 據德 依仁 遊藝)"다. 도에 뜻을 두고, 덕에 근거하며, 인에 의지하여, 예에 노닐어라!

혼란한 시기일수록, 차분하게 마음을 가라앉히자. 기쁘고 즐겁게 멋진 시간을 가꾸어 나가자.

걱정과 근심, 기쁨과 즐거움의 사이 세계를 두고, 범중엄이 노래했듯이, "세상이 근심하는 것보다 먼저 걱정하고, 세상이 먼저 즐거워 한 후 나중에 기뻐하라!"

♦ 춘화경명(春和景明)

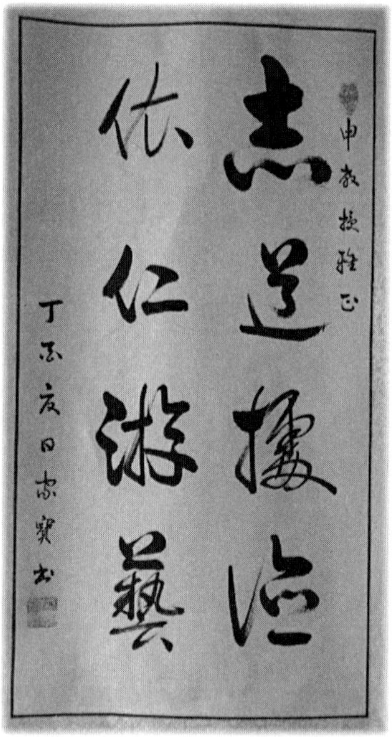

♦ 지도거덕의인유예(志道據德依仁遊藝)

131

이름은 사람이 진짜 사물을 그대로 드러내는 근거다.

2020년 3월 16일(월)

오전에 북경에 있는 중국인 제자, 구어윈팅(郭雲婷)이 페이스북을 통해 안부를 물어왔다.

"선생님! 별일 없으시지요? 건강해야 합니다! 마스크 필요하면 보내드리겠습니다!"

그냥 안부만 전해도 기분 좋은 제자인데, 이렇게 바이러스 사태에 건강 걱정을 하며 소식을 전하니, 마음이 찡하다.

그녀는 중국 감숙성(甘肅省) 란주(蘭州) 출신으로 인민대학(人民大學)을 졸업했다. 중국의 외곽지역에서 중심부인 북경의 명문대학에 진학했으니, 수재급 인재다. 대학을 졸업하고는 바로 한국으로 유학을 왔다. 그것도 중국에서 어떻게 나를 알았는지, 나한테 배우겠다고 한국까지 직접 찾아왔다.

윈팅을 처음 만나던 날, 나는 좀 당황했다, 그러나 이내 기분이 좋아졌다. 멀리 중국에서 공부하겠다고 찾아왔으니. 『논어』에서 말한 그대로, "유붕자원방래 불역락호(有朋自遠方來 不亦樂乎)ㅡ

벗이 먼 곳에서 찾아오니 즐겁지 아니한가!"였다. 그리하여 그녀는 나를 지도교수로 대학원 석사를 마쳤다. 1년여 만에 한국어를 마스터하고, 석사 논문도 한국어로 썼다. 『회남자(淮南子)』에 담긴 교육사상을 연구했는데, 정말 실력 있는 친구다. 여유가 되면, 다시 한국으로 와서 박사 과정을 마치고 싶어 한다.

학문뿐만 아니라, 마음씨도 참 곱다. 한국에서 공부할 때는 동료 학생들과 언니 오빠라 부르며 잘 어울렸다. 내가 지도학생들을 이끌고 북경 답사를 갔을 때는, 그래도 한국에서 자기 나라까지 왔다고, 지도교수인 나와 제 동료들을 융숭하게 대접했다. 한국에서 공부하며 중국에 갔다 올 때마다, 지도교수와 친구들을 잊지 않고, 자기 고향의 특산물을 선물로 가져와 나누어 주던 그런 제자였다. 페이스북을 통해, 가끔씩 보내는 짧은 안부 문자지만, 정말 고맙다! 윈팅아! 시간 여유가 될 때, 만나도록 하자꾸나.

마침, 중화주의(中華主義)의 서막을 연 동중서(董仲舒)의 『춘추번로(春秋繁露)』를 들추고 있었는데, 문득, 예전에 읽었던 그의 ＜명호론(名號論)＞이 생각났다. 코비드-19 사태로 오늘부터 공식 개강인데, 나는 내 이름에 걸맞게 살고 있는가?

동중서는 이렇게 설명했다.

"명생어진(名生於眞)!
비기진, 불이위명(非其眞, 弗以爲名).
명자, 성인지소이진물야(名者, 聖人之所以眞物也).
명지위언, 진야(名之爲言, 眞也)!
이름은 진짜배기에서 비롯된다!
참이 아닌 것으로 이름을 만들어서는 안 된다.

이름은 가장 인간다운 분이 진짜배기 사물을 그대로 드러내는 근거다.

이름이라는 말은 참을 뜻한다!"

세상에 존재하는 사물에는 저마다 이름이 붙여져 있다. 사람들은 세상에 이름을 드날리고 싶어 한다. 그것은 인간사회라는 각축장을 만들고, 존재들을 몰아세운다. 나도 너도, 우리 모두, 거기에 우두커니 서 있다!

코비드-19도?

그렇다면, 나를 지칭하는 저 많은 이름은 진짜배기, 참인가?

오늘부터 2주간 온라인(동영상) 강의로 대체하라고 했다. 한꺼번에 교수자와 학습자가 몰려서 접속할 텐데, 학교 온라인 강의 운영체계에 무리가 오지 않을까! 걱정이다.

132

무기나 장비를 제대로 갖추고 용감하게 분투하라.

2020년 3월 17일(화)

오랜 벗, 이영광 시인(詩人)과 간만에 통화를 했다. 개인적인 일을 비롯하여 강의 등등, 늘 그렇지만, 30여분 이상을 참 재밌게 얘기를 나누었다.

이 시인 왈(曰), "코비드-19 사태 4월을 넘기겠는데, 전 세계적 문제, 아......?!" "그럴 것 같다"고 공감하며 말을 이어갔으나, 마음이 아주 무거워짐을 느낀다.

사무실에서 거의 자발적 감금을 하고 있는 상태다 보니, 좀 답답하다. 어떻게 하면 이 사태를 보다 현명하게 탈출할 수 있을까?

감기약처럼, 코비드-19에 대응할 수 있는 마땅한 처방도 없다. 마스크가 만능 대책처럼 느껴지며, '사회적 거리두기'라는 말이 진리처럼 유행되어, 참 씁쓸하다.

강태공(姜太公)의 『육도(六韜)』에 <필출(必出)>에 관한 기록이 있다. '필출(必出)'은 적에게 포위당했을 때, 반드시 포위망을 뚫고 나오려는 대책이다. '코비드-19'를 '적군'으로 본다면, 어떻게 해야 할까? 물론, 바이러스나 세균의 경우, 유해한 녀석도 있고 유용한 것도 있다고 한다. 무조건 사람의 '적'은 아니다. 우리 몸의 일부에 녹아들어 살아간다면, 내 삶의 일부이기도 하다.

무왕이 태공에게 물었다.

"군대를 이끌고 적군 깊숙이 들어갔다. 포위를 당하여, 아군이 돌아갈 길이 차단되고, 군량미 수송로도 끊어졌다. 더구나 적군은 병력도 많고, 식량도 풍부하며, 험난한 요새에 자리하여, 수비가 견고하다. 아군이 이 포위망을 뚫고 나오려면, 어떻게 하는 것이 좋겠습니까?"

태공이 대답하였다.

"반드시 포위망을 뚫고 탈출할 수 있는 방법! 그것은 무기나 장비를 제대로 갖추고, 용감하게 분투하는 데 달려 있습니다. 적군의 빈틈, 사람들이 없는 곳을 구체적으로 안다면, 반드시 이 포위망을 돌파할 수 있습니다."

그렇다면, '코비드-19'라는 적지(敵地)에 놓인 나는 어떤가?

무기나 장비를 제대로 갖추었는가? 기껏해야 마스크 하나다!

용감하게 분투하고 있는가? 가끔씩 별일 아닌 듯이 긴장의 끈을 늦추고 있다!

적군의 빈틈을 구체적으로 아는가? 아직까지 빈틈은 보이지 않는다!

133

용감하게 싸우면 살고 용기내지 않으면 죽는다.

2020년 3월 18일(수)

지난 월요일부터 대학들이 온라인 강의를 통해 개강을 했다. 우려는 현실이 되었다. 서버다운 등등. '코비드－19'발(發) 교육 대혼란이다. 초·중·고등학교 개학도 한 주간 연기되었다. 모든 교육과정을 조정해야만 하는 사태가 빚어졌다. 정말 지혜가 필요한 시기다.

내가 근무하는 평생교육원의 경우에도 비상이다. 성인학습자들이 대부분이라, 여러 사안을 고려하여 4월에 개강하려고 했다. 그런데 점점 심각해지는 느낌이다. 전 세계적 사태 추이를 보면서, 다시 머리를 모아야 한다.

지금, 점심시간인데도, 영 입맛이 없다. 그냥 우유 한잔으로 만족한다.

독일에서 공부하는 큰딸은, 며칠 전에는 마스크를 샀다고 했고, 엊그제는 휴지를 사러 다닌다고 난리다. 독일 국민들도 생필품을 사재기하여, 좀 혼란스러운 모양이다. 현명하게 대처하여 극복하길 소망한다. 그것이 현장에서 체험하는 진정한 공부다. 먼 훗날 되돌아보면, 그 긴장했던 경험이, 삶을 지속하는 큰 힘으로 축적되어 있으리라.

다시, 어제 보던 강태공의 『육도(六韜)』를 펼쳤다.

"용투즉생(勇鬪則生),
불용즉사(不勇則死)!
용감하게 싸우면 살고,
용기를 내지 않으면 죽음일 뿐!"

나는 '여기-이때', 2020년 3월 18일 13시 무렵, 대한민국 현재에서, 선인(先人)들이 남겨준 지혜를 삶의 무기로 삼았다. 그것이 살아남은 이유다.

현실 인간으로 코비드-19와 '살아지기-살아가기'의 용기를 줄다리기 하고 있다.

이 혼란 사태를 최소화 할 수 있는 용맹!

그것은 강태공의 언급처럼, "개치기사(皆致其死)!-모두 죽는 힘을 다해 싸워라!"에 달려 있을지 모르겠다.

강태공은 위수(渭水)가에서 바늘 없는 낚싯대를 드리우고, 세상을 고민했다. 시대를 기다렸다. 동일한 비유 대상은 아니지만, 코비드-19를 모조리 하나씩 낚시로 잡아 망태기에 담았으면...... 제발, 최대한 빠르게, 그렇게 되길, 과감하게, 소망한다.

134

봄이 오는 소리가 스쳐 지나간다.

2020년 3월 22일(일)

아침나절에 아파트 주변 이곳저곳을 산책했다.
엊그제가, 봄을 가로지르는, 춘분(春分)의 절기였는데,
이미 봄이 오는 소리가 스쳐 지나갔나 보다.
내 귀가 어두워 듣지 못했을 뿐!

2020년 봄에 움트는 싹들

135

평소에 하고 싶었던 공부를 하면서 잘 지켜보자.

2020년 3월 25일(수)

중국 전국시대 진(秦)나라 효공 때의 재상인 공손앙(公孫鞅, ?~기원전 338)은 유명한 『상군서(商君書)』를 남겼다. 공손앙은 일반적으로 상앙(商鞅)으로 잘 알려져 있다. 『상군서』의 마지막 부분에 이런 말이 있다.

"미묘의지지언(微妙意志之言),
상지지소난야(上知之所難也)!
미묘한 뜻이 담긴 말은,
뛰어난 지혜를 가진 사람도 곤란해 한다!"

'미묘한 뜻이 담긴 말'은, 분명, 의미심장한 그 무엇이 들어 있을 테다. '뛰어난 지혜를 가진 사람'은 최고의 지성임이 분명할 테다. 그런데 어찌 이런가?

세상일이 참 어렵다.

의미가 모호하거나 복잡하여 해석의 가능성이 지나치게 열려 있을 때, 정말, 도무지, 감(感) 잡을 수 없단 말인가?

비유가 적절하지는 모르겠으나, 갑자기, 문득, 한심하게, 이런 생각이 닥친다.

'팬데믹(pandemic)'이라 하듯이, 지금 창궐하고 있는 '코비드–19'가, 상앙이 언급한 '미묘의지(微妙意志)'에 해당할까? 도대체, 파악이 안 된다!

코비드–19! 넌 누구냐? 무엇이냐? 이 뭣고?!

첨단우주 과학기술 문명이 난무하는, 이 시대조차도, 저 '미묘의지[코비드–19]'에 대해, '상지소난(上知所難)', 아니, '불가항력(不可抗力)'의 영역인가?

다시, 기도해 본다. 코비드–19야! 제발 부탁이다. 이제 더 이상, 치사율(致死率)을 높이지 말자!

네 스스로 죽거나 사라지지 않고, 인간과 함께 살아야 한다면, 일상에서 흔한 감기처럼, 일주일쯤 몸조리 잘하면 누구나 나을 수 있는, 그런 바이러스로 살아가자!

독일에서 공부하는 큰딸이 코비드–19 문제로 새벽에 연락이 왔다. 귀국해야 하는 건지, 학교는 휴학해야 하는 건지, 걱정이 태산 같다. 거기도 대학 개강과 수업 문제로 난리인 모양이다.

아내는 담담한 척 발을 구르며 애태우고, 애비로서 해줄 수 있는 말도 별로 없었다.

"흔들리지 말고, 수강신청하고, 과제 잘 제출하며, 학교 다녀라! 최대한 조심하고."

이게 내가 해줄 수 있는 말의 전부였다. 그리고는 '하루 세끼 꼬박꼬박 챙겨 먹기, 푹 자기, 가벼운 운동, 생필품 확보, 사회적 거리두기, 병원 위치 확인해 두기' 등등, 걱정하면서도 조심하라는 뻔한 말들을 나열했을 뿐이다.

오히려, 마지막에는, “차라리 이렇게 시간이 있을 때, 집안에서, 방콕 상태이긴 하지만, 평소 하고 싶었던 공부들을 하면서, 잘 지켜봐라!”라는 말로, 다시 공부로 돌아왔다.

귀국하여 가족들과 함께 있고 싶은 마음, 어찌 간절하지 않겠는가?

허나, 큰딸! 오히려 한번 이겨 나가보자! 현지에서 적응하여, 현지에서 견뎌내고, 현지에서 살아 남고, 살아지고, 살아가는, 직접 경험, 몸소 체험이야말로, ‘공부, 그 인생의 긴 여정’에서 최고의 학문이 아니겠느냐!

모두의 건강을 소망하며, 다시, 저 ‘미묘의지(微妙意志)’를 의미심장하게 노려본다. 아니, 째려본다!

136

지려와 용기는 장수가 갖추어야 할 덕목이다.

2020년 3월 26일(목)

출근은 했으나, 멍하다! 강의는 온라인(on-line)에서 진행 중이고, 필요에 따라 학생들의 문의가 올 뿐, 강의실에서의 역동성에 비하면, 아주 재미가 적다. 생기발랄(生氣潑剌)하게 캠퍼스를 누비며 청춘(靑春)을 만끽(滿喫)해야 할 제자들에게, 오히려 미안하다.

자연의 봄은 무르익고 있으나, 인위적 삶은 시들어 축 늘어진다! 더구나, 다음 주까지 학교의 모든 건물이 출입제한 또는 폐쇄 조치가 취해져 있다. 직장의 동료들과 관계자들만이 사회적 거리두기를 하며, 조심스럽게 조용히 움직일 뿐이다.

'기다림'만이 '미덕(美德)'인가!

진(秦)나라 때, 황석공(黃石公)이 장량(張良)에게 전해 주었다는 『삼략(三略)』을 펼쳐 보았다.

"려야, 용야, 장지소중(慮也, 勇也, 將之所重).

동야, 노야, 장지소용(動也, 怒也, 將之所用).

'지려(知慮)'와 '용기(勇氣)'는 장수가 갖추어야 할 중요한 덕목이다.
'움직임'과 '성냄'은 장수가 때에 따라 맞게 활용해야 한다."

장수(將帥)는 일반적으로 군대를 이끄는 지도자를 지칭한다. 하지만, 확대 해석하면, 어떤 공동체의 리더일 수도 있고, 민주사회의 주체인 우리 모두가, 제각기 종사하는 분야에서 장수일 수 있다. 그러기에, 현명하게 생각하고 판단하는 지려와 용맹정진(勇猛精進)하는 기상은, 장수가 겸비해야 할 품격이다. 대신, 함부로 나대며 움직여서는 곤란하다. 무조건 화를 내며 날뛰어서는 더욱 암담할 뿐. 신중하자!

다시, 생각해 본다. 나의 심리(心理)를 아주 복잡하게 만들고, 심기(心氣)를 흔들어 대며, 삶을 불편하게 만드는 '코비드-19', 넌 도대체 뭐냐? 정말, 누구냐?

이럴 때일수록, 먼저, 지려와 용기를 인격으로 담은, 나의 명예를 확인하자! 그리고 움직여야 할 때 움직이자! 성내야 할 때 성내자! 그것이 장수의 품격이렷다!

137

도당은 떼거리마다 칡덩굴처럼 엉켜 있다.

2020년 3월 27일(금)

『논어』에서 "군자(君子), 화이부동(和而不同)! 소인(小人) 동이불화(同而不和)!"라고 했다.

소인배(小人輩)들이 악(惡)으로 똘똘 뭉친 '패거리'를 짓고, '파벌(派閥)'을 형성하는 짓거리는, 공동체 파괴[亡國]의 근원이다!

『삼략』에 이런 기록이 보인다.

"강종취간(强宗聚奸)!

무위이존(無位而尊),

위무부진(威無不震).

갈류상련(葛藟相連),

종덕립은(種德立恩).

탈재위권(奪在位權),

침모하민(侵侮下民).

국내화훤(國內譁諠),

신폐불언(臣蔽不言).

시위란근(是謂亂根).

조금 강대해진 종족이 그 세력의 당당함을 믿고 간사한 인간들을 모아 나쁜 짓을 하고 있다!

지위가 별것도 아닌데 스스로를 존귀하다고 추켜세우며,

그 위세를 부리며 사람들을 두려움에 떨게 만든다.

그 도당은 떼거리마다 칡덩굴처럼 서로 엉켜 있고,

조그마한 은덕을 베풀고 사사로운 은혜를 부풀려 내세운다.

고위층 관리의 권력을 빼앗고,

하층 인민을 침범하여 얕본다.

때문에 공동체의 내부에는 원망의 소리로 귀가 아플 지경이고,

주요 인사들은 그 세력을 두려워하여, 그들의 패악한 짓거리를 덮어두고 말하지 않는다.

이것을 난리, 즉 공동체의 파괴[망국]를 불러일으키는 근원이라 한다."

138

일을 미리 대비하면 성취할 수 있으리라.

2020년 3월 30일(월)

2020년 3월을 하루 남겨 놓고, 일기(日記) 같은 고백록(告白錄)을 써 본다.

3~4년 전부터, 매년 3월은 내 인생에서 의미심장(意味深長), 그 자체다. 2016년 3월 한 달을 병실에서 보냈다. 학기 초 강의 도중에 교단에서 쓰러졌다. 병원으로 실려가자마자, 뇌, 눈, 전립선, 간 등 주요 부위의 건강 상태를 긴급 점검했다.

응급실에서 벌벌 떨다가, 간의 절반 이상이 바이러스 감염으로 곪아 터졌다는 판정을 받았다. 2주 정도는 사경(死境)을 해맸다. 죽는 줄 알았다. 그래도 80여 봉지의 항생제 투여와 100여병을 뽑아내는 혈액검사를 진행하며, 현대의학 덕분에 생명은 건졌다.

다시, 당시 담당 의사들께 고맙다. 아울러 견디며 버텨준 내 몸의 소생 능력에도 감사한다. 아내의 정성스런 간호에도 눈물이 난다. 두 딸이 느꼈을 근심은 어땠을까? 애비 없는 자식으로 남게 해서는 안 되겠다는 의지가 작동했을까? 여러 사항이 나를 깨웠으리라. 관심을 기울여준 분들에게 고마울 따름이다. 그리고 이 모두가 내 남은 인생의 거룩한 빚이다.

그때 이후, 꼭 4년이 지났다. 아파 가만히 엎드리고 있던 그 시간 동안, 사회 정치적으로 엄청난 일들이 발생했고, 지금도 진행 중이다. 촛불, 탄핵, 천안함, 세월호, 5.18, 남북한, 국제 문제 등등. 우리 사회 패러다임을 전환할 수 있는 사건들이 시대를 파고들었다.

그러나 나는 '자발적 왕따'를 자처했다. 조용히 살았다. 지금, 코비드-19사태가 나면서, 나의 자발적 왕따, 그 자가 격리의 심리 상태는 연장선이 더욱 늘어났다.

어떤 사람들은, 그때의 병원 생활 이후, 나의 행동 변화를 의심의 눈초리로 보기도 했다. 변했다! 상황이 바뀌었는데, 당연히 변할 수밖에! 재미있게 말하면, 그때 이후, '또라이가 되었단다. 돌았단다!' 허허. 하지만, 나는 어떤 평판에도 개의치 않는다. 그것이 비난이건 걱정이건. 나는 현실을 사랑하며, 현실을 품은 만큼, 나로서 이 시대를 살아갈 뿐이다.

하나는 자신 있게 말할 수 있다. 생명을 새롭게 인식한 만큼, 세상과 인간에 대한 원망이 줄었다. 여기 이때, 이 시공간에서 살아가고 있는 사실에 감사한다. 옛말을 인용하면, 나는 4년 전부터 '은둔(隱遁)'의 길을 택했다. 고독을 요청했다. 그것은 세상을 회피하거나 도피하는 작업이 아니다. 적극적으로 살아가려는, 구도(求道) 장치다. 숨지 않고 숨는 법!

어린 시절, 전기불도 없던 산골에서, 손으로 흙을 갈고, 닭과 염소를 치고, 지게로 나무를 하며, 형님과 누나와 오손도손 지냈던, 내 '심산유곡(深山幽谷)의 디엔에이(DNA)'는 원초적으로 고독(孤獨, solitude)을 즐겼다. 숨지 않았으나 숨겨져 있었고, 은둔하지 않았으나 은둔의 시스템이 작동했다. 그 홀로 있을 때의 기쁨과 즐거움에는 상당한 환희가 담보되어 있었다. 어쩌면 오늘도, 나 스스로 조차도 정확하게 인지하지 못하는, 그 시골 산촌의 저력이 내 생(生)을 이끌고 있을지도 모르겠다.

어쨌건, 여러 사안이 복합적으로 작동하며 연장되는, 이 자가격리가 내 인생에 던지는 메시지는 무엇일까? 아니, 무엇이어야 할까?

가만히 엎드려, 또, 심사숙고(深思熟考)해 본다.

『중용(中庸)』에서 안내한 것처럼, "예사즉립(豫事則立)! – 일을 미리 대비하면 성취할 수 있으리라!"

『육도(六韜)』에서 강조하듯이, "려선설(慮先設), 기계비(器械備), 교정신(教精信)! – 앞서 염려하며 대책을 강구하라! 기구를 마련하고 도구나 장비를 갖추라! 가르침을 자세하고 믿음직스럽게 하시라!"

단 한 번밖에 없는, 2020년 3월의 막바지에서,

4월을 이어가는, 기후(氣候) 가운데, 장승처럼 우두커니 서 있다.

139

웃음 없는 하루는 잃어버린 하루다.

2020년 3월 31일(화)

지난 2월 중하순 무렵, 코비드－19가 창궐할 때, 아주 단순하게 이렇게 생각한 적이 있다. 치사율 1%가 넘고, 확진자 1만명이 넘으면, 곤란하다. 세상이 뒤집힐 정도로, 사태가 정말 커질 수 있다! 4월을 맞이하기 전에, 탁 보니, 지금 그렇게 된 듯하다. 좀 무섭게 느껴진다.

노자(老子) 『도덕경(道德經)』 81장의 마지막 구절에 이런 말이 있다.

> "천지도, 리이불해(天之道, 利而不害),
> 성인지도, 위이부쟁(聖人之道, 爲而不爭)!
> 하늘의 도는 이롭게 하면서도 해치지 않고,
> 성인의 도는 위해 주면서도 다투지 않는다!"

저 자연의 길은, '이로움을 주고 폐해를 끼치지 않는다.'라고 했다. 그런데, 이 무슨 영문인가? 이 성스러운 인간의 길은, '열정적으로 살면서도 다투지 않는다.'라고 했다. 그런데, 정말 무슨 연유인가?

아침에 출근하니, 원장실 내 자리 뒤편에 놓아둔, 난초가 꽃망울을 터트리고, 나를 맞이한다. 지난 1월 초에 부임할 때는 5㎝ 남짓한 한 줄기의 싹에 불과했으나, 이렇게 30㎝ 가량이나 자라나, 3월 마지막 날, 은근하게 자기의 꽃 얼굴을 내밀었다.

전 세계 1만 5천여 종의 난초 가운데 하나에 불과하지만, 자신만의 특성으로 자연을 뽐낸다. 노자가 언급한 그대로 '리이불해(利而不害)'다. 향기는 거의 없으나, 나름대로 벗 삼아 볼 만하다.

근데, 코비드-19! 다시, 말을 걸어본다. 넌 정말, 도대체 뭐냐? '19'라는 상징적 숫자를 넘어, '20'이라는 새로운 숫자, 그 초월의 계절이 무르익고 있다! 넌, 아직도 그대로냐? 바이러스, 너는 자연 아니냐? 난초는 자기 본성대로 성장하여 저렇게 피어나는 존재지만, 너는 다 피었으면, 이제 좀 수그러들 줄 알아야 하는 것 아니냐! 예의가 없는 거냐? 천성이 그런 거냐?

이게 아닌가? 천도에서 벗어나 인도로 넘어와, 변이를 일으킨 건가? 별의별 생각이, 내면을 흔들어 댄다.

사회 제반 영역이 위태롭다. 특히, 각종 학교를 비롯한 교육의 세계가 안정을 찾지 못하니, 너무나 안타깝다. '오늘도 무사히!' 기도하자.

찰리 채플린(Charles Chaplin, 1889~1977)의 언표처럼, "웃음 없는 하루는 잃어버린 하루다(A day without laughter is a day wasted)!" 웃자! 울음이 모세혈관까지 파고 들더라도, 웃어야겠다!

♠ 사무실에 핀 난초

♠ 독일의 어느 카페, 독일어로 쓴 찰리 채플린의 명언
- "웃음 없는 하루는 잃어버린 하루다" -

140

바이러스 전쟁이 우리 삶의 패러다임을 전환한다.

2020년 4월 1일(수)

인류가 빚어온 최대의 갈등! 그것은 다름 아닌 전쟁(戰爭, war)이다.

오늘은 한 해의 2/4를 시작하는 4월 1일, 만우절(萬愚節, April Fool's Day)이다. 어린 시절 우스꽝스런 장난으로 재미난 추억을 많이 남겼지만, 요즘은 말을 꺼낼 때마다, 이른바 '아재 개그'가 되어, 자식이나 제자들에게 호응도 못 얻는다! 허허허허!

'진달래 먹고 물장구치고, 다람쥐 쫓던 어린 시절에, 눈사람처럼 커지고 싶던, 그 마음 내 마음......'을 노래하던 시절, 그 천진난만한 낭만은 상당히 식었다. 개인적으로 조금 씁쓸하다. 그래도 소월이 읊은 시구처럼, '나보기가 역겨워 ...... 엄마야 누나야 강변 살자!'라는 마음속 무지개 추억을 떠올리며 위안을 받는다.

오늘도, 홀로 있을 때 괴로운 상태인 '외로움(loneliness)'이 아니라, 홀로 있을 때 즐거움을 만끽하는 '고독(solitude)'이라는 자발적 왕따를 끌어안는다. 그리고 '자가 격리(自家隔離)'를 벗 삼아, '만우

(萬愚)'를 찾아 나선다.

아니, 이것만이 아니지.

작금(昨今), 코비드-19와 전쟁 중이니, 이 자체가 만우절에 어울리는 코미디나 개그이기를……

조금만 신경 써서 보면, 세상을 바꾼 전쟁에는 몇 가지 대립의 유형이 존재한다. 해양국과 대륙 국가 사이의 '가치관 충돌'도 있고, 기독교와 이슬람의 대립과 같은 '종교 분쟁'도 있다. 제국주의 사이의 '경제 대결'도 있고, 동서 분쟁과 같은 '민족 문제'도 있으며, 민주주의와 전체주의 사이의 '이념 갈등'도 있다. 이 대립의 극치가 전쟁을 유발한다.

어떤 사람은 '코비드-19 사태'를 '제3차 세계대전'이라고도 표현했다. 코비드-19가 '팬데믹'이고 '전쟁'이라면, 기존의 대립과 갈등 유형과는 상당히 다른 양상을 보인다. 이게 과연 전쟁일까? 전쟁을 능가하는 초 전쟁(超戰爭)일까? 각각의 측면에서 벌어지는 전투일까? 그냥 일상의 잔잔한 갈등일까?

아직도 헷갈리는 사실이 있다. 이게 지금, '사람과 코로나 바이러스' 사이의 대결인가? '사람[확진자]과 사람[비확진자]' 사이의 대립인가?

전쟁에는 대부분 승자와 패자가 있게 마련이다. 그 결과는 세계 지도를 바꾸기도 하고, 다양한 차원에서 인류 역사를 이전과 다른 양태로 흘러가게 만든다.

어떻게 인식하건, 코비드-19도, 그런 전쟁의 후속 조치를 보여줄 게 분명하다. 이미 현실로 나타나는 사안도 있고, 가까운 미래에, 우리 삶을, 패러다임 쉬프트 할 것 같다! 이건 진리에 가까운 진실이자 사실이다. 확실하게 표출될 현실이다.

이번 학기, 대한민국의 각급학교는 사상 초유의 '온라인' 개학을 맞이한다. 내가 소속된 고등교육기관도 앞으로 한 달간 온라인 강의를 연장했다.

이제 전쟁은, 내면의 심리(心理) 틈새를, 너무나도 깊게 파고들었다!

극한의 자체 심리전이다!

만우절에 이 불안한 심리(心理)를 심리(審理)하는, 혼돈(混沌)의 시간을 맞이할 수도 있겠다.

141

화는 복이 기대고 복은 화가 누워 있는 곳이다.

2020년 4월 2일(목)

두어 달 이상의 혼돈(渾沌) 때문일까? 복잡한 심경으로 시간이 메꿔지고, 또 그렇게 흘러가서 그런가?

오래전, 중국 신화(神話)를 공부할 때의 기억이 새롭다. '혼돈(渾沌)'은 천지개벽(天地開闢) 시기에 살았다는 정체불명의 괴물을 지칭한다. 모습은 개처럼 생겼고 긴 털을 가지고 있다. 발은 곰을 닮았으나 발톱이 없다. 눈은 있으나 볼 수 없고, 귀도 있으나 들을 수 없다. 아니, 보이지도 들리지도 않는다! 늘 자신의 꼬리를 물고 빙빙 돌 뿐, 앞으로 나가지 않는다. 그저 하늘을 보며 흐흐흐 웃고만 있다. 그런데 이 녀석의 주특기가 하나 있다. 덕망이 높은 사람을 미워하고, 흉악한 자에게 딱 달라붙는 성품! 이게 혼돈이다.

조금 일찍 출근한 날엔, 부조화처럼 보이지만, 커피와 녹차를 한 잔씩 앞에 두고, 번갈아 가면서 마셔 본다. 서로 다른 맛을 자아내기에, 독특하게 음미할 만하다. 그런 취향으로 20여 년을 누려왔으니. 내 취미도 참, 촌스럽다!

그런데 오늘은, 개강을 앞둔 일과를 재기획하면서도, 할 일에 관한 열정의 솟구침보다 약간의 허탈감에 젖어 든다. 사람들의 건강과 안전을 위한 각종 조치가, 평소에 비해 일 처리를 제한하고, 일상의 사무 습관이 새로운 상황에 대처하지 못하면서 오는 혼란에, 몸이 적응하지 못한 탓도 있으리라.

노자 『도덕경』 58장에는 아래와 같은 함축적 사유로, 생각거리를 던진다.

> "정사(政事)가 흐리멍덩할수록 사람들이 순박하고 순진해진다.
> 정사가 자세하게 살펴질수록 사람들이 이지러진다.
> 화(禍)는 복(福)이 기대어 있는 곳이고, 복은 화가 누워 있는 곳이다.
> 누가 그 기준을 알겠는가? 아마, 바로 잡음이란 없는 듯!
> 바르게 한다는 것이 다시 속이는 일이 되고,
> 좋게 만든다는 것이 다시 괴이하게 될 수 있다.
> 사람들이 미혹된 지, 꽤 오랜 시간이 흘렀다.
> 때문에, 성인(聖人)은 바르게 하면서도 잘라내지 않는다.
> 청렴하게 하면서도 상처 주지 않는다.
> 정직하게 하면서도 멋대로 하지 않는다.
> 환하게 하면서도 드러내지 않는다."

이런 '이중인화(二重印畵, superimpose)'가 '사람의 사이 세계'인가? 우리 인간의 삶일까?

앞에서 말한 '혼돈(渾沌)'은 '혼돈(混沌)'과 상통한다. '혼돈(混沌)'은 '카오스(chaos)'다. 남성적 에너지와 여성적 에너지의 통합 리듬! '레가토(legato, 흐름)'와 '스타카토(staccato, 끊음)'가 신비롭게 결합한 창조적 에너지!

혼돈이 던지는, 이 연금술(鍊金術), 그 온갖 뒤섞임으로 단련(鍛鍊)되는 현실을 직시하며, 인간이 구가할 예술의 세계, 그 힘에 기대본다! 삶의 미학.

142

어제-오늘-내일-훗날에 이르기까지 한 발 한 발 단련하라.

2020년 4월 2일(목)

두 달에 한 번씩 정기진료 차, 집 앞에 있는 의원에 들렀다. 혈압이나 혈당 등등, 건강 유지 수준은, '수치상' 무난하다고 한다. 다행이다 싶으면서도 뭔가 심심하다. 정신력이 나약해진 느낌이다.

생애의 남은 시간, 내 학문 연구는 잘 마무리 할 수 있을까? 집에 와서, 그냥 서재를 멍하니 둘러보았다.

책꽂이 한쪽에 일본의 전설적인 검객, '검성(劍聖)'으로 불리는 미야모토 무사시(1584~1645)에 관한 책들이 눈에 들어왔다.

오래전에 그의 전기를 읽었다. 무사시의 검법(劍法) 정신이 담긴 『오륜서(五輪書)』를 살펴볼 때는 희번덕거리는 칼날의 이미지에 눌리듯, 간담이 서늘했다. 일본의 봉건 윤리, 사무라이 정신의 기둥이 되는 그의 검법은 정말 무섭게 느껴졌다.

'정신력이라도 조금 강하게, 뭔가 높여 볼까?'라는 생각에, 예전에 읽었던 그 책을 꺼내 보았다. 펼친 곳을 보니, 밑줄로 체크가 되어 있었다.

"오늘은 어제의 자신에게 이겨라!

내일은 한 수 아래인 자에게 이겨라!

훗날에는 한 수 위인 자에게 이기리라!"

무사시는 '어제－오늘－내일－훗날', 이렇게 한 발 한 발 '단련(鍛練)'해 나가라고 했다.

이때, 1,000일의 연습을 '단(鍛)'이라 하고, 10,000일의 연습을 '련(練)'이라 한다.

1,000일이라면 3년쯤 되는 시간이고, 10,000일이면 30년 가까이 되는 세월이다. 다시, 온몸을 침잠(沈潛)해 본다.

학문에 들어선 지 30년쯤 되는 듯하나, 내 단련의 수위는 어느 지점에 있을까? 심각하고 신중하게 너 자신을 음미(吟味)해 보라!

143

늘 병을 염려하고 죽음을 근심하자.

2020년 4월 4일(토)

오늘은 24절기(節氣)로 다섯 번째 절기인 '청명(淸明)'이다. 청명! 맑고 밝은 시절이다. 세상이 상쾌하고 맑은 공기로 가득 차는 시기다.

시골에 살았다면, 논밭을 갈고 흙을 고르며, 농사를 시작할 시기다. 이젠 아련한 추억으로만 남았다. 어린 시절 심산유곡(深山幽谷)의 일상을 더듬어 보면, 인생사의 마디마다 거리 차이가 너무나 멀고, 굴곡이 심한 듯 느껴진다.

서구에 파스칼의 『팡세』가 있다면, 동양에는 홍자성의 『채근담』이 있다. 수시로 곁에 두고 꺼내 보는 명상록[어록집] 가운데 하나다.

문득, 『채근담』을 펼쳐 보았다. 이런 사유가 마음을 일깨운다.

"눈에 보이는 저 끊임없이 미끄러지는 욕망(慾望)의 대상들! 그것이 불길처럼 타오를지라도, 생각이 조금이나마 병(病)들어 있다면, 삶의 흥취는 싸늘하게 식은 한 줌의 재처럼 사라질 뿐이다!
찌들어 너덜거리는 저 세속(世俗)의 명성(名聲)과 이익(利益)들! 그것이 꿀처럼 달콤할지라도, 생각이 조금이나마 죽어 있다면, 삶의 보람은 밀랍을 씹는 것처럼 무미건조한 텁텁함에 빠질 뿐이다!
일상에서, 늘 병을 염려하고, 죽음을 근심하시라! 그러면, 너끈하게, 헛된 잡념을 없애고 건강한 마음을 가꿀 수 있다!"

이맘때면, 온갖 식물이 싹을 틔우고 꽃망울을 터트리며, 종달새는 하늘과 땅을 오르내리며 지저귄다. 그 하늘 가운데 구름 떠다니고, 버들피리 하나 물고 있을 때가 꽤 많았다.

만물이 소생하는 이 계절에, '병을 염려하고 죽음을 근심하며 마음을 다 잡으라!'는 선인의 훈계는 충분히 수긍할 수 있다. 그러나 집안에서, 가족 간에도 사회적 거리두기로, 그렇게만 일상을 허비하기에는, 이 봄날이 좀 잔인하다.

그래도 농사를 짓기 위해, 논밭을 갈고 씨를 뿌리라는 청명절의 지시! 희망을 각성시킨다. 상쾌한 공기로 가득하기를.

144

바이러스를 품고 명상하며 삶의 예의를 생각한다

2020년 4월 5일(일)

휴일 아침, 서재 책상에 앉았다. 허나, 이상하리만큼 뭔지 모를 생소함, 거리가 느껴진다. 할 일은 많은데, 갈 길은 멀다. 생각해보니, 식목일이다. 지금 나무를 심고, 저 나무가 시나브로 자라듯, 보이지 않게 뿌리내리듯, 그렇게. 아직도 멀다!

'아득히 먼 곳!'

혼자서 자주 흥얼대는 대중가요다. 대학 다닐 때, 발표된 노래이니, 나온 지 40년이 다 되어 가는 듯하다.

노랫말 가운데, '찬바람', '먹구름', '황금빛 저녁노을', '호숫가 푸른 숲속' 등 여러 정감은, 어린 시절부터 지금까지도 내 삶의 분위기를 북돋는 포근함과 시원함이 서려 있다. 동시에 아쉬움과 안타까움, 허전함, 형언하기 어려운, 못다 채운 그 무엇이 어울려, 오묘한 감성을 자극한다.

아득히 먼 곳! 공자도 예수도 부처도 무함마드도 아득하다. 사랑도 증오도, 열림도 닫힘도, 포용도 배척도, 모두 그러하다.

불가사의(不可思議)의 세계가 곳곳에 자리하듯이, 세상은 온통 아득한 것처럼 느껴진다.

요즘은, 더욱 그러하다.

아파트 담벼락의 노란빛 개나리를 보아도, 앞산의 분홍빛 진달래를 보아도, 가로수로 늘어진 하얀 빛 벚꽃의 축제조차도, 기쁨과 즐거움의 현장으로 다가오지 못한다.

이 또한 정말, 아득히 먼 곳이 될 뿐인가?

그곳에 접근하기 위해서는 한 발짝씩 차근차근, 삶의 유영(游泳)을 진행해야 하리라.

예전에 성철(性徹) 스님이 3,000배(拜) 이후의 만남을 강조했듯이, 그의 법명(法名)처럼 '본성을 꿰뚫는' 시공간!

그 깨달음은 진짜 아득히 먼 곳일까?

아득히 먼, 아니, 너무 가까워 아득한 코비드－19! 너도 세상의 다른 바이러스들처럼, 그냥, 살 만큼 살다 가라! 아니면, 사람을 죽음으로 인도하지 말고, 더불어 살자!

봄－여름－가을－겨울, 저 계절도 3개월을 단위로 바뀌는데, 너도 3개월쯤 네 세상을 누렸으니, 이제 좀, 누그러뜨려라!

그게 인간에 대한 예의(禮義)다!

에필로그

- 마무리와 닫는 말 -

1. 나의 페이스북은 2020년 4월 15일자로 정지되어 있다. 그 이후에 글을 올리지 않았다. 이 바이러스 명상록이 출간될 때까지는 페북에 글을 올리지 않으련다.

2. 이유는 아주 단순하다. 모친(母親)이 돌아가셨다. 원래의 자리, 하늘나라로 떠나셨다. 생전에 늘 하시던 말씀처럼, 다른 나라로 여행을 가셨다. 아니, 하느님이 부르셔서 그 곁으로 이사 하셨다. 지상의 삶을 마감하고, 천상의 영생을 예비하는, 천국의 계단을 오를 때, 임의재 · 임용덕 두 분 목사님께서 예배 · 기도로 인도해 주셨다. 깊이 감사드린다.

3. 나는, 어머니께서 나중에 가져가시려고, 아직 챙겨가지 않은 이삿짐을 정돈한다. 그것은 자식으로서 권리이자 의무다. 세상 사람들이 '상중(喪中)'이라는 표현으로 자숙하며 조용히 지내는 시기를 상당 기간 보내야 한다. 3년 심상(心喪)으로 족할까?

4. 다시, 어머님의 남은 이사 보따리를 챙겨본다.
2020년 4월 15일(陰. 庚子年. 3. 23). 水. 09 : 36. 향년 93세. 꿈사랑그린요양원 조그만 방. 엄마가 하늘나라로 갔다. 내 인생에서, 군대생활 3년을 제외하고, 지난 50여 년을 엄마와 함께 했다. 하루로 환산하면, 20,000일 남짓하다. 엄마는 그 시간 동안 무엇으로 살았을까? 유품(遺品) 몇 가지가 고생한 일생의 전부인가? 평생 사용한 것 같은 선조(先祖) 제사 기일과 자식들 전화번호가 기록된 조그마한 때 묻은 수첩 하나. 30여 년 전, 한창 학문을 고민하던 시기에, 내가 엄마에게 사 드린 성경책, 그 빈 공간 곳곳에 의미심장한 성경 구절이 빽빽하게 기록되어 있다. 그리고 10원짜리 동전까지 합쳐 7,360원이 들어 있는 마지막 지갑, 등등

5. 평소 엄마가 온몸으로 보듬어준 만큼, 훈계(訓戒)해 준대로 살아갈 수 있을까?

6. 2020년 4월 17일, 아침에 성남시영생관리사업소에 잠시 들렀다가, 17 : 37. 아버지 묘소 곁에 안장(安葬)했다.

7. 생전에 엄마가 일러준 그대로 이사 준비를 했다. 일체의 조문(弔問), 조화(弔花) 없이, 마치 일상에서 하늘나라 여행 가듯, 직계만이 모여 기도하며 가족장(家族葬)으로 모셨다. 특별히 상복도 입지 않았다. 일상복 차림으로, 엄마를 배웅했다. 원래는 유지(遺志)에 따라, 부의금(賻儀金)도 안 받으려고 했다. 부득이 받은 것은, 엄마가 마지막으로 머물렀던 요양원을 비롯하여 몇 군데 기부했다.

8. 가족장으로 하다 보니, 조문을 하지 못한 여러 지인께 죄송한 마음도 크다. 보내준 분들의 마음 하나하나 기억해 놓고, 잊지 않으려고 노력하련다. 내 직장의 최고 어른이신 총장님의 말씀하나를 대표로 기록해 둔다.

"신 원장님, 많이 힘 드셨지요? 직접 찾아뵙고 위로해 드

리지 못해 죄송합니다. 슬픔이 크고 시간이 걸리겠지만, 잘 이겨내시기 바랍니다. 곧 뵙겠습니다."

총장님을 비롯하여 따스한 위로 말씀을 주신 모든 분들의 사랑이 고마울 따름이다.

어머니는 평소에 늘 그러셨다. "아들아, 지금 살고 있는 이 귀한 삶에 늘 감사해야 한다!"

이제 열정을 품고, 생(生)에 감사할 시간만이 남았다!

9. 이 모든 그리움을 가슴에 품는다. 내 몸을 숙주 삼아 기생하는, 이름 모를 바이러스까지도.

2020. 5. 15.

어머니, 천국으로 이사한 지 한 달 되는 날 저녁

저자약력

신창호(申昌鎬)

현) 고려대학교 교육학과 교수

주요 학력

고려대학교 학사(교육학/철학)

한국학중앙연구원 석사(철학)

고려대학교 박사(Ph. D, 교육철학 및 교육사학)

주요 경력

고려대학교 입학사정관실장/교양교육실장/교육문제연구소장/평생교육원장

한국교육철학학회장/한중철학회장/아람청소년센터 이사/독서문화연구원 부설연구소장

주요 논저

≪네오 에듀케이션-시대정신에 부합하는 교육학 창조≫, ≪한국교육 무엇을 고민해야 하는가≫(1·2), ≪한국교육사의 통합적 이해≫, ≪교육철학≫, ≪교육철학 및 교육사≫, ≪교육과 학습≫, ≪수기, 유가 교육철학의 핵심≫, ≪유교의 교육학 체계≫, ≪율곡 이이의 교육론≫, ≪세계 종교의 교육적 독해≫, ≪톨스토이의 서민교육론≫, ≪존 듀이 교육학의 원류를 찾아서≫, ≪사서-한글 논어/맹자/대학/중용≫(역), ≪논어의 지평≫, ≪배려≫, ≪관자≫(공역), ≪주역절중≫(전12권, 공역), ≪논어집주상설≫(전10권, 공역), ≪대학장구상설≫(전3권, 공역) 외 100여 편.

연구 관심

고전(古典)의 현대 교육학적 독해

이메일: sudang@korea.ac.kr

바이러스를 품은 명상
- 어느 은둔 교육철학자의 일상과 독서록, 페이스북에 담은 고전 -

초판발행 2020년 6월 1일

지은이 신창호
펴낸이 노 현

편 집 배근하
기획/마케팅 노 현
표지디자인 박현정
제 작 우인도·고철민

펴낸곳 ㈜ 피와이메이트
서울특별시 금천구 가산디지털2로 53 한라시그마밸리 210호(가산동)
등록 2014. 2. 12. 제2018-000080호
전 화 02)733-6771
f a x 02)736-4818
e-mail pys@pybook.co.kr
homepage www.pybook.co.kr
ISBN 979-11-6519-071-2 03370

정 가 18,000원

박영스토리는 박영사와 함께하는 브랜드입니다.